AF192503

Cibercrimen

Guía para entender y combatir el delito digital

Miguel Ángel Águila Sánchez

Cibercrimen

Guía para entender y combatir el delito digital

Miguel Ángel Águila Sánchez

La ley prohíbe
fotocopiar este libro

Cibercrimen. Guía para entender y combatir el delito digital
Código THEMA: TQJX Delitos informáticos / Cibercrimen
Código BISAC: COM053000 – Computers / Security / General
© Miguel Ángel Águila Sánchez
© De la edición: Ra-Ma 2025

MARCAS COMERCIALES. Las designaciones utilizadas por las empresas para distinguir sus productos (hardware, software, sistemas operativos, etc.) suelen ser marcas registradas. RA-MA ha intentado a lo largo de este libro distinguir las marcas comerciales de los términos descriptivos, siguiendo el estilo que utiliza el fabricante, sin intención de infringir la marca y solo en beneficio del propietario de la misma. Los datos de los ejemplos y pantallas son ficticios a no ser que se especifique lo contrario.

RA-MA es marca comercial registrada.

Se ha puesto el máximo empeño en ofrecer al lector una información completa y precisa. Sin embargo, RA-MA Editorial no asume ninguna responsabilidad derivada de su uso ni tampoco de cualquier violación de patentes ni otros derechos de terceras partes que pudieran ocurrir. Esta publicación tiene por objeto proporcionar unos conocimientos precisos y acreditados sobre el tema tratado. Su venta no supone para el editor ninguna forma de asistencia legal, administrativa o de ningún otro tipo. En caso de precisarse asesoría legal u otra forma de ayuda experta, deben buscarse los servicios de un profesional competente.

Reservados todos los derechos de publicación en cualquier idioma.

Según lo dispuesto en el Código Penal vigente, ninguna parte de este libro puede ser reproducida, grabada en sistema de almacenamiento o transmitida en forma alguna ni por cualquier procedimiento, ya sea electrónico, mecánico, reprográfico, magnético o cualquier otro sin autorización previa y por escrito de RA-MA; su contenido está protegido por la ley vigente, que establece penas de prisión y/o multas a quienes, intencionadamente, reprodujeren o plagiaren, en todo o en parte, una obra literaria, artística o científica.

Editado por:
RA-MA Editorial
Calle Jarama, 33, Polígono Industrial Igarsa
28860 PARACUELLOS DE JARAMA, Madrid
Teléfono: 91 658 42 80
Fax: 91 662 81 39
Correo electrónico: info@grupoeditorialrama.com
Internet: www.ra-ma.es y www.ra-ma.com
ISBN impreso: 979-13-88059-14-8
ISBN ePub: 979-13-88059-15-5
El e-book de esta obra es accesible y cumple con la norma WCAG 2.2 nivel AAA.
Depósito legal: M-26172-2025
Maquetación: Antonio García Tomé
Diseño de portada: Antonio García Tomé
Filmación e impresión: Safekat
Impreso en España en diciembre de 2025

A mi familia.

ÍNDICE

ACERCA DEL AUTOR

Miguel Ángel Águila Sánchez

Doctor en Análisis y Prevención del Terrorismo y Licenciado en Ciencias del Trabajo por la Universidad Rey Juan Carlos (Madrid). Ha sido Profesor Adjunto Doctor en la Facultad de Criminología, Grado de Criminología y en el Grado de Psicología en la Universidad Internacional Isabel I de Castilla (Burgos). Asimismo, Profesor Doctor del Departamento de Derecho Público I y Ciencia Política, Grado de Criminología y Doble Grado de Criminología y Derecho, en la Universidad Rey Juan Carlos, Campus de Vicálvaro y Alcorcón (Madrid). Y profesor en la Academia del Cuerpo Nacional de Policía (Madrid) en el Seminario "Policía de Barrio".

Ha pertenecido al Ministerio del Interior desempeñando el cargo de Subinspector como: Jefe de Sección, Nivel 22, Dirección General de la Policía, División Económica y Técnica, Área de Gestión Financiera y Presupuestaria, Sección de Contabilidad Presupuestaria (Madrid). Jefe de Turno en la Inspección de Guardia en la Comisaría de Policía Nacional de Buenavista (Madrid). **Jefe de Sección de Estudios en la Academia Especial de Policía Nacional**.

Es autor de diversas publicaciones: "Crónicas, relatos e historias de la Mafia y sus capos", Editorial Punto Rojo, Sevilla.

▶ Coautor de "En torno al 23-F", editado por La Albolafia, Revista de Humanidades y Cultura, Revista científica de periodicidad cuatrimestral, número 19, Madrid.

▶ Autor de "Criminalística e investigación", Facultad de Criminología, Grado de Criminología, Cursos 2016-2018, Universidad Internacional Isabel I de Castilla (Burgos).

▶ Autor de "Psicología del terrorismo", Facultad de Ciencias de la Salud, Grado de Psicología, Cursos 2016-2018, Universidad Internacional Isabel I de Castilla (Burgos).

▶ Autor de "Diáspora islamista –origen, causas y consecuencias–", Editorial Círculo Rojo, Almería.

▶ Autor de "Retrato de un hombre gris", Editorial Círculo Rojo, Almería.

▶ Autor de "Tipos y Formas de Delincuencia", Editorial Universitas, Madrid.

▶ Coautor de "La incorporación de la mujer a las Fuerzas Armadas -Historia, Testimonios y Fuentes de información-", editado por la Universidad Rey Juan Carlos, Estudios Estratégicos del Ministerio de Defensa y el Instituto de la Mujer del Ministerio de Sanidad, Política Social e Igualdad, Madrid.

▶ Autor de "Las treguas de ETA desde una perspectiva comparada", Editorial Visión Libros, Madrid.

Y, participado en diversas ponencias: "La vulnerabilidad energética como riesgo para la seguridad", Universidad Rey Juan Carlos, Facultad de Ciencias de la Comunicación, Campus de Fuenlabrada (Madrid). Ponencia "Terrorismo y Seguridad Energética".

"La comunicación de la defensa y los conflictos armados", Universidad Rey Juan Carlos, Facultad de Ciencias de la Comunicación, Campus de Fuenlabrada (Madrid). Ponencia "Los Comunicados de la Policía y los Medios de Comunicación".

PRÓLOGO

La tecnología, en esencia, constituye un conjunto de herramientas y conocimientos que el ser humano ha ido incorporando a su actividad diaria para resolver problemas y satisfacer las necesidades que le iban surgiendo adaptando sus recursos para un mayor bienestar.

La tecnología a lo largo de la historia ha ido transformando la sociedad, mejorando la productividad y eficiencia en el desarrollo de los problemas planteados, y surgiendo nuevos cambios en la interacción social de las personas. Su uso representa una mejora de la calidad de vida, facilitando múltiples tareas en todos los ámbitos de la vida social, laboral, cultural, científica, deportiva, etc.

La relación entre el ser humano y la tecnología es intrínseca y evolutiva, al utilizar las herramientas para adaptar y transformar su entorno. Es fundamental que su utilización sirva para avanzar y facilitar las condiciones del ser humano y un mayor bienestar social, por lo que resulta imprescindible que su uso sea para el desarrollo integral de las personas, pero no para su aislamiento del resto de la sociedad.

Atrás quedan en el pasado innovaciones técnicas que han supuesto un gran desarrollo para la humanidad como la aparición de la imprenta (1440), el teléfono (1876), la bombilla incandescente (1879), la radio (1897), o la televisión (1927), son fechas aproximadas, que se presumen como las iniciadoras de su aparición y desarrollo, aunque pueden existir diversas interpretaciones al respecto.

Entre los avances tecnológicos más significativos y cercanos a la actualidad, podemos referenciar los siguientes:

- **Sistemas Operativos**. Consiste en un *software* fundamental que actúa como intermediario entre el *hardware* de un dispositivo y las aplicaciones que se ejecutan en él. Cuando se enciende el ordenador, el sistema operativo se encarga de ver las ventanas, gestionar tus archivos, instalar software, etc. Algunos son Mac OS de Apple, Windows de Microsoft y Android para Smartphone.

- **Microprocesador**. Conocido como CPU, es el circuito integrado central de un sistema informático, que ejecuta las instrucciones de los programas y realizar cálculos. Puede afirmarse que es el cerebro de la computadora.

- **Computadora personal**. A partir de esta fecha comienza su comercialización aunque su revolución comienza en 1975, que aunque no poseían teclado ni pantalla, si marcó un hito en la popularización del uso de los microprocesadores y lenguajes de programación como BASIC para uso personal.

- **Correo electrónico**. Es un sistema que permite enviar mensajes entre diferentes computadoras a la red, introduciendo el uso del símbolo @ para identificar la dirección del destinatario.

- **Internet**. En este año se presentó ARPANET demostrando que el sistema era operativo creando una red de 40 puntos conectados en diferentes localizaciones.

- **Computadora portátil**. Supondrá una innovación y un gran beneficio para el trabajo de científicos, militares, empresarios y otras profesiones, al poder contar con la información que contenían pudiendo trasladarla de un sitio a otro.

- **Navegadores de Internet**. El primer navegador que se difundió por la red fue el *Mosaic*, después se transformaría en el *Nestcape*, que dominaría el mercado hasta la llegada de Microsoft con la aparición de Internet Explorer en 1996.

- **Bluetooch**. Fue desarrollada por la empresa sueca Ericsson como alternativa inalámbrica a los cables para conectar dispositivos electrónicos, permitiendo la comunicación entre dispositivos fijos y móviles a corta distancia a través de una frecuencia de radio de onda corta.

- **Memoria USB**. Se creó en 1996, pero no disfrutaría de una amplia aceptación por sus limitaciones de corriente. Tendrá su aparición en el mercado con el lanzamiento USB 1.1 en 1998.

▶ **Big Data**. Se refiere a la capacidad de almacenamiento y procesamiento de grandes volúmenes de datos, a menudo en tiempo real, superando las capacidades de los sistemas tradicionales.

▶ **Wi-Fi**. Permite la conexión de dispositivos, intercambiando información entre sí. Creando una red. La conexión se realiza a Internet a través de un *router* inalámbrico. Al acceder al Wi Fi, se conecta a un router inalámbrico permitiendo a sus dispositivos compatibles con Wi-Fi que se conecten a Internet.

▶ **Redes sociales**. Son las plataformas digitales que facilitan la conexión, comunicación e intercambio de contenido entre los usuarios.

▶ **YouTube**. Otra plataforma *online* donde los usuarios pueden subir, ver, compartir o comentar vídeos. Es una red social de vídeos donde se pueden encontrar todo tipo de contenido.

Esta relación, obviamente no es completa, representa una mínima parte de los avances tecnológicos y los constantes desarrollos informáticos que se suceden de forma simultánea y con una rapidez difícil de sincronizar. El mundo tecnológico y, en consecuencia, el espacio virtual, está comenzando un camino con perspectivas infinitas donde no se vislumbra sus límites, ni las consecuencias que puedan reportar dichas innovaciones en el devenir de los casos.

El ser humano debe ser consciente de que la tecnología y sus avances deben estar al servicio de la humanidad y no caer en la tentación o en el error de que sea el hombre quien dependa de la tecnología.

Toda innovación tecnológica representa un gran avance, siempre y cuando, esté bajo el dominio y el control del ser humano.

INTRODUCCIÓN

Con la aparición de Internet en 1969, estableciéndose la primera de conexión de computadoras, va a experimentar un crecimiento exponencial en la década de 1990 en el hemisferio occidental y un mayor crecimiento a nivel mundial en la primera década del siglo XXI alcanzando a la tercera parte de la población mundial. Esa primera conexión tiene lugar entre las universidades de UCLA y Stanford, a través de una línea telefónica conmutada. Con la primera conexión se construyó el mito de que se había realizado con el fin de evitar posibles ataques nucleares, extremo este que continúa en la clase popular, aunque también su finalidad era evitar los continuos fallos que se producían en la red.

Internet sirve como enlace de redes pequeñas dándolas una mayor cobertura al incluirlas en una red global, lo que facilita utilizar un lenguaje común o protocolo conocido como TCP/IP (*Transmission Control Protocol/Internet Protocol*, Protocolo de control de transmisión/Protocolo de Internet), constituyendo y dando lugar a Internet como la "Red de redes".

Consecuencia de ello la sociedad humana va a experimentar una transformación con la implantación de las tecnologías digitales que supondrán un cambio total en todos sus aspectos. Este cambio afectara de forma directa a comportamientos que se han ido sucediendo a lo largo de la historia y que de alguna forma eran considerados como métodos de trabajo incuestionables e irremplazables. El mundo del papel como método primario como transmisión de órdenes, emplazamientos, conocimiento de actuaciones o simplemente como medio de comunicación, quedara obsoleto y ambiguo fuera de todo contexto de relación tanto en el ámbito laboral, académico, social y de cualquier estamento de relación entre las personas. La aparición de nuevos métodos tecnológicos hará que poco a poco esos anteriores recursos vayan siendo arrinconados en el olvido y que su desaparición sea cuestión de tiempo.

La era digital ha llegado para quedarse y su aparición implica un mayor conocimiento constante de los avances que se suceden con una velocidad inusitada. Esta constante innovación no solo responde a las necesidades que se siguen produciendo sino que la digitalización implica de un esfuerzo de seguimiento que, en gran parte de ese avance hace que su progresiva actualización vaya por delante de lo que el ser humano, en su concepto general, pueda absorber y asimilar tal cantidad de información.

El uso de Internet ha experimentado un gran crecimiento. A principios del siglo XXI el número de usuarios pasó a tener cerca de 2.000 millones y una cuarta parte de la población mundial tenia conexión a computadoras. Su uso se encuentra extendido en todos los ámbitos de la sociedad. En el mundo laboral a través del *Teletrabajo* va a suponer una mayor colaboración y rapidez en sus tareas, además de representar un menor coste y mayor agilización en su intercambio de ideas y de información que dan como resultado un mayor beneficio. A nivel *académico*, su información resulta infinita ya que ofrece un espectro de divulgación de información que en tiempos pasados era inimaginable poder abarcar en un estado físico para poder ser consultado y almacenado. Atrás quedan las enciclopedias y las bibliotecas tradicionales donde el mundo del papel abarcaba grandes espacios donde dormían los volúmenes en espera de ser capturados por cualquier lector ávido de información y cultura. Como medio *social* de comunicación entre personas hace que la presencia social, en la relación, no sea imprescindible para poder mantener una conversación en directo, tanto física como temporal, redundando en una mayor celeridad en la comunicación e intercambio de ideas o pareceres, lo que refleja que la evolución del individuo no va a necesitar de la presencia de un congénere de forma presencial sino que se podrá efectuar de manera virtual. Así como los logros de la digitalización han traído nuevos desafíos y avances que han facilitado mejoras en la sociedad, no solo a nivel individual sino globalmente, también es necesario resaltar que lo mismo que ocurre con el campo de la criminalidad, este avance ha supuesto un retroceso en la armonización de las relaciones interpersonales, haciendo del individuo un ser cada vez más aislado y separado de la colectividad encerrado en un mundo virtual que, en ocasiones, le aleja de la realidad social.

La libertad encubierta que posee el delincuente cibernético hace que este explore multitud de campos que la red le proporciona buscando nuevos retos para sus inclinaciones delictivas, amparadas en el anonimato y que le dan inmediatez a todos sus deseos criminológicos, como ciberterrorismo, ciberamenazas, ciberacoso, sexting, etc., ya que el abanico resulta infinito a la vez que se compone de un gran entramado para su persecución y localización, y su posterior, detención.

La expansión y crecimiento de Internet como medio de comunicación ha supuesto un intercambio masivo de información masiva que adquiere una trascendencia social que tiene lugar en tiempo real y que va a abarcar a todo tipo de actividades de todo tipo, desde el acto lúdico, como los de carácter político, económico, cultural, social, etc., y por supuesto, tendrá un espacio reservado y de gran proyección para el ámbito delictivo o criminal.[1]

La aparición tecnológica hace que el contexto de la criminalidad no tenga por qué coincidir el hecho delictivo con la presencia física del delincuente y su víctima, al igual que ocurre con el tiempo para su realización. La figura del individuo que ejecuta el acto criminal sigue presente en la casuística del delito como factor fundamental para la realización del hecho punible pero no así para su entorno espacio-temporal, donde el espacio puede tener su configuración sin presencia física de la víctima, y donde el espacio temporal, no necesariamente es en el momento en que el autor lleva a cabo el mismo, por lo que el espacio geográfico resulta intrascendente al mismo que resulta intemporal.[2]

Todo avance de la ciencia implica un mayor desarrollo de todos los ámbitos en la sociedad. El ser humano a través de la historia ha ido progresando en conocimiento ampliando su campo intelectual que con el transcurso del tiempo se ha ido adaptando a las necesidades que su entorno le iba exigiendo. El mundo laboral, académico, sanidad, social, armamentístico, climatológico, comunicativo, y de otras órdenes interrelacionados, han aprovechado los avances que la tecnología les ha ido aportando a sus metodologías facilitando sus doctrinas y sus métodos de aplicación redundando en un mayor beneficio y simplificación de sus tareas repercutiendo en beneficio de la sociedad. Pero como todo avance también aparecen sus inconvenientes, el mundo de la criminalidad aprovechara estos recursos para adentrarse en el mundo tecnológico, el cual, además de facilitarle sus múltiples campos delincuenciales, le va a aportar una mayor rapidez en sus acciones delictivas dotándolas de una invisibilidad que la proporciona el anonimato en las múltiples facetas que abarca su conducta criminal.

Aquí comienza una nueva escala del crimen organizado donde sus acciones delictivas se van a ver multiplicadas exponencialmente y, donde sus autores, van a poseer de un tiempo necesario para que muchos de sus delitos tarden en aparecer para su persecución e incluso muchos de ellos quedar en el anonimato de las redes sociales, dando lugar a lo que comienza a extenderse, y entenderse, como ciberdelincuencia.

---

1   Cfr., ÁGUILA SÁNCHEZ, Miguel Ángel, Tipos y Formas de delincuencia, Editorial Universitas, Madrid, 2013, p. 263.

2   Ibídem., p. 264.

1

CIBERDELINCUENCIA

La sociedad al igual que ocurre con el mundo laboral está en constante transformación añadiendo cada vez más una compleja radiografía social difícil de delimitar en su configuración. Los intentos por clasificar y controlar el amplio espectro delictivo que se viene sucediendo con el paso del tiempo hacen que la delincuencia, pueda transgredir e ir por delante de la normativa jurídica, al sobrepasar a esta con delitos que surgen con modalidades que eran inimaginables en tiempos recientes.

El cambio en el concepto laboral que se viene produciendo y normalizando, en la actualidad, hacia el denominado teletrabajo hace que los modelos desarrollados a lo largo de la historia se vean superados por su rápido avance y no puedan garantizar una seguridad a sus partidarios.

La ciberdelincuencia al igual que ocurre con el mundo digital y el uso de Internet han ido evolucionando y surgiendo nuevos avances tecnológicos, los delincuentes han adaptado su metodología asediando de TIC (Tecnologías de Información y Comunicación) a los equipos de seguridad a poder introducirse en las organizaciones encontrando las debilidades que encuentran en sus sistemas.

El delito en sentido genérico es inherente con el ser humano. Desde los tiempos más remotos de la humanidad el hombre ha establecido una serie de conductas y normas que reglamentaban el comportamiento del individuo con el resto de la sociedad. Estas normas o preceptos, o si se prefiere de bandos, llevaban a la sociedad a mantenerse dentro de unos límites de convivencia que permitían el normal desarrollo de la vida en comunidad. Pero dentro de esa unión siempre han existido individuos que han transgredido esas cláusulas de convivencia y han adoptado una conducta antisocial desobedeciendo el ordenamiento establecido por esa sociedad, donde el sujeto lejos de seguir con los principios básicos de sus ciudadanos establecidos en un orden social, causan un perjuicio al resto de la ciudadanía enfrentándose a su estructura social.

1.1 ¿QUÉ ES LA?

El término "ciberdelincuencia" tiene múltiples acepciones según los contextos en los que aparece. No obstante, la palabra "ciberdelincuencia" tiene múltiples interpretaciones que han sido recogidas por numerosos tratadistas, si bien, no hay una definición concisa. Una de estas definiciones se encuentra recogida en el Diccionario de la Real Academia Española (RAE) donde se cita que "ciberdelincuencia" es toda: "Actividad delictiva que se lleva a cabo a través de Internet".[3]

La "ciberdelincuencia" podría ser entendida como cualquier forma de criminalidad que tiene lugar en el ámbito de interacción social determinada por el uso de las Tecnologías de la Información y la Comunicación (TIC). La sociedad ha sufrido una gran transformación al pasar de una etapa industrial a otra postindustrial, que han ejercido una influencia en todos los ámbitos de la estructura social. El desarrollo de las tecnologías va a suscitar un cambio cualitativo en el concepto de riqueza, no solo a nivel individual sino que será transnacional, donde las naciones con grandes inversiones en tecnología alcanzarán grandes cotas de riqueza económica, a la vez que van a experimentar un progreso exponencial en su desarrollo, no solo económico, sino en lo social. El cambio va a suponer un nuevo concepto de sociedad donde los valores instaurados van a relegar a un segundo plano todo lo que en la etapa industrial supuso un gran hito revolucionario quedara desbancado por una vertiginosa carrera industrial por organizaciones dedicadas el sector tecnológico donde las últimas novedades tienen un tiempo limitado.

Esta vertiginosa transformación de la sociedad que denominaríamos industrial va a sufrir un cambio exponencial donde su sociedad se va a ver inmersa en todos los aspectos de su día a día, tanto en el ámbito doméstico como en el laboral, abarcando a todos los estamentos de la sociedad y, en consecuencia, de las naciones. Es aquí donde hace acto de presencia lo que venimos denominando "ciberdelincuencia", al estar interconectados todos los estamentos de la sociedad, desde el ámbito familiar, educativo, empresarial o el propio Estado, haciendo acto de presencia el ciberdelincuente.

La transformación analógica-digital da lugar a mayores oportunidades y cambios en las estructuras socioeconómicas, empresariales, organizaciones nacionales e internacionales, y en todos los ámbitos culturales, sociales, políticos y de relación del individuo. La nueva tecnología va a facilitar el acercamiento y el crecimiento de todos los sectores, desde un prisma personal hasta el colectivo, pasando y estableciéndose en todos los estamentos, tanto privados como públicos.

---

3   Diccionario de la Real Academia Española (RAE), 23ª edición, de octubre de 2014. Disponible en https://www.rae.es/obras-academicas/diccionarios/diccionario-de-la-lengua-espanola.

El ciberdelincuente al igual que sucede con la criminalidad genérica, puede realizar los ciberdelitos, tanto de forma individual, grupal o como grupos organizados. Una característica de la ciberdelincuencia, que la diferencia de cualquier otra actividad delictiva, radica en el anonimato y la dificultad que supone el rastreo de estos ciberdelincuentes debido en gran parte a la globalización digital que ha tenido lugar en las últimas décadas, constituyendo una red de conexiones de dimensiones infinitas lo que procura un difícil seguimiento para la localización del autor del hecho delictivo dotándole de un anonimato que le permite actuar con gran rapidez y desaparecer de un primer plano.

Dentro de los objetivos de los ciberdelincuentes consisten en dañar los sistemas informáticos de personas o de entidades privadas o públicas, para poder acceder a sus sistemas informáticos y hacer un uso fraudulento de sus datos personales con la finalidad de obtener un beneficio que puede abarcar desde una suplantación de la personalidad, ciberamenazas, extorsiones, económico, etc.

La globalización ha traído un constante intercambio de información que se recoge en las redes y que gran parte de esa información queda de forma permanente en el espacio digital, lo que permite a los ciberdelincuentes un constante rastreo del campo digital en busca de víctimas que en ocasiones son conscientes de haber sido objeto de un delito transcurrido un tiempo de su ejecución. Lo que facilita a su transgresor un beneficio real y en el acto, facilitando su enriquecimiento, a la vez que permite disponer de un periodo de escape para su desaparición y dificultando su persecución.

1.2 LA CONSTANTE EVOLUCIÓN DE LA CIBERDELINCUENCIA

La aparición del fenómeno de Internet ha supuesto una revolución tecnológica de incalculable alcance donde el concepto de sociedad en su amplio concepto ha experimentado un cambio sustancial en todos los órdenes de su comportamiento y hábitos de la vida cotidiana. Desde que en 1969 hiciera acto de presencia la "Red de redes" los sistemas informáticos han pasado a ocupar un papel primordial en todos los campos y registros de la sociedad. En la actualidad, todas las organizaciones tanto públicas como privadas, y el propio individuo como ser singular, han pasado a tener una dependencia total de los sistemas informáticos que se apoderan de los procesos de toda índole como los políticos, económicos, deportivos, culturales, sociales, donde se interrelacionan haciendo una gran tela de araña donde se ubica toda una información que transciende de manera global, no solo desde una perspectiva del individuo como ser único y aislado sino como una parte del mundo global. Esto supone un gran avance en cuanto a las posibilidades de facilitar una serie de actos que redundan en beneficio de la persona, economizando tiempo y espacio para resolver asuntos de carácter personal, administrativo, laboral o de cualquier otra índole, pero también ocurre esta innovación que nos facilita múltiples labores, hace que aparezca otra modalidad encauzada hacia la criminalidad, a la cual, le facilita y amplía su espectro delictivo dejando atrás la considerada delincuencia tradicional.

Con este desarrollo exponencial de Internet, comienzan a surgir nuevos términos hasta entonces no conocidos como ciberdelincuencia, cibercrimen, ciberterrorismo, ciberamenazas, ciberacoso, y otros similares todos ellos vinculados al desarrollo tecnológico que comienza a invadir el espacio cibernético dejando atrás aspectos y actitudes ya consideradas anticuadas y obsoletas dentro del campo delincuencial.

La evolución como forma de transformación implica una serie de cambios que tiene lugar en una actividad determinada. En el campo criminal el avance tecnológico, además de representar una innovación delictiva, agiganta otro modelo más efectivo y de mayor profundidad. El ciberespacio facilita para las tareas delictivas una mayor facilidad en su ejecución, al contar menos riesgos u obstáculos por parte de la víctima para realizar el acto punible; no precisan de notables recursos para ejecutar su acción; no precisan de la presencia física del perjudicado toda vez que se puede llevar a cabo por medio del ciberespacio y, por último, un hecho relevante y primordial, la impunidad de sus delitos al no contar algunos Estados con una legislación que contemple y recoja la tipificación de dichos actos, quedando en la impunidad al contener lagunas dentro de su campo jurídico que no puedan sancionar las conductas criminales.[4]

La comisión de estos actos delictivos basados en el ciberespacio suele acontecer basándose en una relación cuadrangular. Si nos basáramos en la actividad delictiva tradicional tendríamos esa misma relación en cuanto a los requisitos para su ejecución: el sujeto activo o delincuente, el pasivo o víctima, el espacio de su ejecución y la temporalidad para ser llevado a cabo la acción criminal. En el caso del ciberdelito, igualmente, está el *sujeto activo* que es el encargado de insertar en la red la acción destructiva o dañosa, a través de los sistemas informáticos. Los *coadyuvantes*, o los facilitadores, carentes de intencionalidad, que propulsan la ejecución al ser el proveedor de los servicios de Internet, al conectar al usuario a través de la línea telefónica a Internet. *El servidor de web* donde se aloja en un disco duro la información destructiva. Y, por último, el *sujeto pasivo* -la víctima-, donde en ocasiones esa acción delictiva o dañina puede resultar desconocida carente de una decisión determinada movida por el ánimo de causar un mal a la víctima y un

---

4   Cfr., SUBIJANA ZUNZUNEGUI, Ignacio José, El ciberterrorismo: una perspectiva legal y judicial, Eguzkilore, número 22, San Sebastián, 2008, p. 171.

beneficio al autor criminal, pero sin conexión ni animadversión conocida, al tratarse de una acción virtual, es decir, a través del ciberespacio.[5]

Esta innovación tecnológica provocará un nuevo contexto en la existencia del concepto de la oportunidad criminal donde deja de ser necesaria la presencia del delincuente y de la víctima en un tiempo real y un espacio común. La figura del criminal sigue presente en la casuística del delito siendo necesaria su participación para el acto delictivo, pero no ocurre lo mismo con el entorno espacial o temporal, los cuales pueden ser ubicados fuera del espacio del autor y, en tiempo no presente. Es decir, que la víctima percibe el hecho delictivo en un espacio geográfico distinto al causante del hecho punible y de forma intemporal.[6]

La ciberdelincuencia se fundamenta en los avances tecnológicos pero sus raíces proceden de la delincuencia tradicional. Los delitos actuales no difieren en su esencia de los practicados en tiempos pretéritos, sus figuras delictivas siguen siendo las mismas, si bien se ven actualizadas con la aparición de las nuevas tecnologías informáticas que hacen que su forma de ejecución difiera en ciertos aspectos a la hora de la consumación del acto criminal. Dos aspectos que diferencian el modelo tradicional y el tecnológico radican en la necesidad del espacio y tiempo para su consumación.[7]

En consecuencia, para hacer realidad el hecho punible y, ante la falta de necesidad de la unión del espacio y tiempo para su ejecución, se hace precisa la aparición de un nuevo ciberespacio denominado *espacio virtual*. Espacio donde se intercambian informaciones siendo necesaria la ubicación de un espacio terrestre donde tenga lugar la ubicación de los terminales informáticos donde se reciba la información emitida por el agente a fin de ser recibida por la presunta víctima y donde a través de este espacio virtual tiene lugar la conexión del espacio-tiempo. También esta premisa de su ubicación en un espacio terrestre fijo y, con las innovaciones posteriores, han dejado de ser imprescindibles al poder seguir recibiendo la información tanto el emisor como el receptor en movimiento a través de la denominada: *telefonía móvil*.[8]

El hecho de que el desplazamiento espacial no sea necesario y que su coste pueda verse minorado, no implica que no tenga una importancia temporal para

---

5   Ibídem., p. 171.

6   Op. cit., ÁGUILA SÁNCHEZ, Miguel Ángel, p. 264.

7   Ibídem., p. 264.

8   Ibídem., p. 264.

su ejecución en el ciberespacio.[9] El coste estará en función del delito de que se trate. En los supuestos económicos, tanto su desarrollo como su ejecución, exige la presencia de los *hackers* en busca de las vulnerabilidades que pueda ofrecer el sistema informático objeto de su manipulación. Y, en esa selección de la víctima por parte del agresor radica la elección de la creación del *software* pertinente para que sea la propia víctima la que al interaccionar sea "expoliada".[10]

Lo realmente característico del ciberespacio radica en dos causas fundamentales: la *primera*, en que al no ser necesario el desplazamiento para la acción delictiva hace que conlleve un incremento en el número potencial de víctimas al poder hacer una mejor selección a la hora de decidir su mejor objetivo. Y, la *segunda*, porque supone una reducción del coste espacio-temporal. Aunque esto no implica que no exista un precio temporal, el cual, estará supeditado al tipo del acto punible que se trate de realizar.[11]

Los ciberdelitos han pasado a ser dentro del panorama social actual una fuente de enriquecimiento presente, no solo a nivel individual del delincuente, ocasional o habitual, sino que ha representado un campo productivo de múltiples facetas para grupos u organizaciones criminales. La aparición de las nuevas tecnologías en el siglo XX va de alguna manera a arrinconar o dejar en un segundo plano a la delincuencia tradicional.

Estos ciberdelitos comienzan su andadura en 1834, donde dos ciberdelincuentes consiguen piratear el sistema del telégrafo francés consiguiendo información del mercado financiero, lo que es considerado como el primer ciberataque registrado en el mundo.

Los primeros vestigios de los ciberdelitos podrían ser considerados en una primera etapa entre las décadas de 1940 y 1960, donde sus primeras conexiones a través de los ordenadores conectados entre distintos organismos eran considerados de una cierta seguridad en la creencia de que tanto los sistemas como los datos que pudieran ser recogidos en los mismos gozaban de mecanismos que eran inaccesibles a terceros. Sin embargo, surgirán ejemplos en este periodo donde se tiene constancia de diversos sucesos que servirán de aviso que la Red puede ser reconducida por terceras personas hacia un fin delictivo a través de su infiltración en las bases de datos de otros interlocutores. Un primer *hacker* ético, es el realizado por Rene Carmille,

---

9   Cfr., MIRÓ LLINARES, Fernando, El cibercrimen. Fenomenología y criminología de la delincuencia en el ciberespacio. Derecho Penal y Criminología, Editorial Marcial Pons, Madrid, 2012, pp. 171-172.

10 Op. cit., ÁGUILA SÁNCHEZ, Miguel Ángel, p. 265.

11 Cfr., MERLOS, Alfonso, Terror.com. Irak, Europa y los nuevos frentes de la Yihad, Ediciones Universidad de Navarra (EUNSA), Navarra, 2008, p. 150.

miembro de la Resistencia Francesa durante la ocupación nazi en la Segunda Guerra Mundial, experto en computadoras de tarjetas perforadas que el gobierno de Vichy (Francia) usa para el procesamiento de información, y donde detecta que los nazis utilizan *punch* –máquinas de cartas para procesar y rastrear a los judíos voluntarios para permitirles usar el suyo, y posteriormente, piratearlos para eliminar su plan–.[12]

En las dos décadas siguientes 1970-1980,[13] en esta segunda etapa, las computadoras se convertirán en el gran objetivo a ser manipuladas con la intencionalidad de extraer la información necesaria para utilizar sus datos para lucrarse mediante su desviación de su contenido en beneficio particular, tanto a nivel individual como grupal u organizativo. Con su expansión y con el crecimiento exponencial que surgía en los sistemas informáticos las lagunas penales cada vez más notorias dejan a las víctimas sin un amparo legal y, mucho menos, una satisfacción al agravio sufrido.

La rapidez en los sistemas informáticos unido en estos primeros periodos de clandestinidad, desde el prisma de su persecución, hace que los ciberdelitos crezcan no siendo amparados por una legislación que se veía desbordada para su tipificación ante la novedad y aparición de un modelo delictivo carente de los recursos necesarios para ir al ritmo que las organizaciones criminales contaban al invertir grandes sumas de capital en su implantación de medios informáticos. Una de las primeras manifestaciones de la delincuencia informática tendrá su base en el sistema económico, dando lugar al fraude informático, manipulación de datos y, otra serie de actividades basadas en el sabotaje industrial.

En la segunda etapa de estas décadas citadas, el aumento y adquisición por parte de la población de forma generalizada, va a suponer el surgimiento de la piratería del *software*, incidiendo de forma notoria en infracciones contra la propiedad intelectual y extendiéndose a la década de 1990, donde tendrá su impacto de forma directa en el mundo audiovisual.[14]

La tercera etapa en la década de 1990, tiene lugar la gran expansión de los ordenadores ocupando un papel predominante en el mundo de la comunicación. Los hogares, oficinas, centros oficiales y todo un entramado comercial, van a acaparar este medio tecnológico haciendo desaparecer toda documentación y su sistema de archivo tradicional. La información comienza a ser globalizada y los constantes avances

---

12 Cfr., Historia del cibercrimen, Observatorio Guatemalteco de Delitos Informáticos (OGDI). Disponible en: https://ogdi.org/historia-del-cibercrimen (2016-2024).

13 Cfr., CORDERO RUIZ, Nuria Fernanda, La Ciberdelincuencia. The Cybercrime, Alcalá de Henares (Madrid), 2021, p. 6.

14 Cfr., HERNÁNDEZ DÍAZ, Leyre, El delito informático, Eguzkilore, número 23, San Sebastián, 2009, pp. 229-230.

tecnológicos tendrán un sinfín de adeptos y consumidores que irán incorporándose a un nuevo tipo de comunicación.

La información personal se encuentra en el ciberespacio donde todo dato que se cuelga en la Red automáticamente es absorbido en tiempo real desde cualquier lugar del mundo.[15]

En el siglo XXI los avances tecnológicos continúan expandiendo su campo de acción encontrándose en todos los estamentos oficiales almacenando toda su información y convirtiéndose en un foco de atracción para organizaciones criminales que contemplan un panorama delictivo de forma inmediata y de grandes recursos para incrementar su riqueza económica.

1.3 CARACTERÍSTICAS DE LA CIBERDELINCUENCIA

La globalización ha traído una revolución en el mundo de la comunicación sin precedentes en lo relativo a conceptos tanto genéricos como específicos, como son la economía, la seguridad, el ocio, la comunicación social, el mundo laboral, y otra serie de procedimientos que encuentran su acomodo en el ciberespacio, convirtiéndose en una fuente de almacenamiento y distribución que no tiene límites.

---

15 Op. cit., CORDERO RUIZ, Nuria Fernanda, p 7.

La Red va a suponer para la población un gran avance en cuanto a su forma de adquirir información de forma instantánea, ahorrándole un tiempo para obtener su contenido. Pero igualmente surgirá un mundo paralelo al margen de la legalidad haciendo acto de presencia grupos y organizaciones criminales basadas en la ciberdelincuencia, cibercrimen o el ciberterrorismo.[16]

El uso de los TIC (Tecnologías de la Información y las Comunicaciones) hace que la seguridad en el tratamiento de nuestros datos provoque gran incertidumbre en cuanto a la seguridad. Debido a ese flujo de información que transcurre por la Red los estados han tratado de establecer unos sistemas de seguridad que puedan servir de barrera ante ataques exteriores. El concepto de ciberdelito es difícil de tipificar y de dar una definición que cubra el espectro delictivo que abarca ya que a través de la Red su abanico es infinito, desde el delito económico, pasando por ciberamenazas, coacciones, robo de datos, acoso, pornografía infantil, suplantación de identidad, *cyberbulling, grooming, phishing,* etc., por lo que se hace preciso implantar unos sistemas de seguridad que contrarresten estas modalidades delictivas.

Existen diversas interpretaciones sobre que debe entenderse por delito informático entendiendo este en un primer momento como: "un acto delictivo que se comete a través de la informática teniendo como objetivo una computadora, o la utilización de esta, de una red de computadoras o de cualquier dispositivo en red". En consecuencia, y ante la aparición y extensión de Internet estas acciones comenzaron a generalizarse en el espacio virtual dando lugar a la denominación del ciberdelito.

En consecuencia, y en base a las definiciones expuestas por numerosos tratadistas expertos en el tema se podría afirmar que: "el ciberdelito es toda acción delictiva realizada a través de un equipo informático o de Internet, con la finalidad de causar un daño a terceros o de obtener un beneficio propio utilizando el ciberespacio".

Dentro de las características de la ciberdelincuencia al tratarse de delitos que pueden ser cometidos desde cualquier lugar físico del planeta y sin necesidad de asociación para ejecutar sus acciones delictivas con otro organismo o persona, lo que origina una mayor dificultad para su localización creando una mayor incertidumbre motivo por el cual se precisa un plan general de ciberseguridad que resguarde nuestra información y base de datos de ataques externos.

---

16 Op. cit., ÁGUILA SÁNCHEZ, Miguel Ángel, p. 279.

Entre las características de las nuevas tecnologías podríamos citar las siguientes:

1. Carencia de barreras geográficas. Los ciberdelincuentes poseen un campo de actuación global para sus actuaciones delictivas dotándoles de múltiples posibilidades para llevar a cabo incluso varias tareas simultáneas lo que le permite un mayor beneficio y una mayor dificultad para su rastreo.

2. Inmediata. Esta es de una celeridad que se produce en el mismo instante en que se está ejecutando la acción criminal, es por tanto, de una rapidez instantánea lo que facilita al autor del acto delictivo unos beneficios en el momento en que lleva a cabo el ciberdelito.[17]

3. Anonimato. El sistema jurídico actual se encuentra con múltiples dificultades para combatir estos delitos que tienen lugar a través de Internet. La gran cantidad de actos cometidos en la Red y, el gran numero de organizaciones criminales que operan en el ciberespacio, unido a la celeridad de sus actuaciones representan un obstáculo para su persecución por lo que muchas de ellas quedan sin poder ser controladas.

   Los ordenadores tienen asignado una dirección IP (*Internet Protocol*) por lo que su seguimiento resulta complejo pudiendo detectar su dinamismo. Sin embargo, el problema surge cuando esos protocolos son manipulados no garantizando la autoría de la acción. El anonimato viene motivado precisamente porque no requiere de un espacio concreto para su realización sino que se puede realizar de forma universal, es decir, no precisa de una cercanía entre el delincuente y la víctima.[18]

4. Universalidad del espacio. En el delito tradicional resultaba necesaria la cercanía para la comunicación entre emisor y receptor. En la actualidad, el ciberespacio elimina esta característica y dota al ciberdelincuente de la posibilidad de realizar el hecho punible sin tener que llevarlo a cabo en un espacio común lo que facilita evitar una serie de obstáculos en su ejecución, pudiendo incluso ser intemporal.[19]

---

17 Op. cit., CORDERO RUIZ, Nuria Fernanda, p. 11.

18 Op. cit., ÁGUILA SÁNCHEZ, Miguel Ángel, p. 280.

19 Ibídem., p. 280.

5. Reproducción masiva. Los múltiples contenidos que alberga Internet hacen que su expansión no tenga límites y sean una fuente de consulta por parte de organizaciones criminales para sus actividades delincuenciales.[20]

6. Dificultad para su persecución. El entramado del ciberespacio hace que la dificultad para el seguimiento de los ciberdelincuentes resulte de una complejidad extraordinaria lo que facilita su rápida desaparición una vez realizadas sus acciones delictivas en esa tela de araña que constituye el espacio en la Red.

7. Propagación de noticias falsas o *fake news*. Los países tratan de articular estrategias que puedan combatir de forma eficaz la desinformación que circula a través de Internet intentando manipular a la opinión pública a través de bulos o de información adulterada constituyendo una amenaza global para los estados y suponiendo grave perjuicio para la libertad de los ciudadanos, lo que conlleva un riesgo para las democracias, ya que puede crear un clima de inestabilidad en la sociedad al difundirse noticias falsas que puedan desestabilizar el normal funcionamiento de la población.

1.4 PERFIL DEL CIBERDELINCUENTE. EL DELINCUENTE INFORMÁTICO

La Criminología según nuestra Real Academia Española es: "La ciencia que estudia las causas y circunstancias de los distintos delitos, la personalidad de los delincuentes y el tratamiento adecuado para su represión".[21]

El delincuente tradicional se ha caracterizado por poseer una habilidad determinada para la comisión de su actividad delictiva en función de las características y de su *modus operandi*. Así, a lo largo de la historia delincuencial, y todavía en tiempos presentes podemos apreciar diversas modalidades relazadas por delincuentes habituales como: robos, hurtos, estafas, amenazas, coacciones, de la trata de seres humanos, agresiones sexuales, acoso sexual, calumnia, injurias, lesiones, homicidios, asesinatos, extorsión, etc., y un sinfín de conductas que han precisado, en algunos de sus casos, de una maestría para su realización. Sin embargo, el perfil del ciberdelincuente requiere en principio de una preparación más cuidada desde un prisma de su especialización. En principio es necesario poseer un mínimo nivel de conocimiento del sistema informático en cuanto a su utilización. En cuanto a su grado de conocimiento sus actividades o hechos delictivos podrán abarcar un

---

20 Op.cit., CORDERO RUIZ, Nuria Fernanda, p. 13.

21 Diccionario de la Real Academia Española (RAE), 23ª edición, de octubre de 2014. Disponible en https://www.rae.es/obras-academicas/diccionarios/diccionario-de-la-lengua-espanola.

campo cibernético más amplio desde el robo de identidad, la infección del *malware*, el *phishing*, la extorsión, las estafas, el acoso, etc.

Tratar de establecer un perfil criminal concreto del ciberdelincuente resultaría posiblemente algo inexacto e incompleto debido al múltiple espacio que abarca Internet y sus innumerables campos delictivos que pueden ser objeto de un mismo perfil del delincuente informático dada su heterogeneidad. Sin embargo, lo que resulta necesario es que por parte del sujeto activo del hecho punible tenga unos mínimos conocimientos de la informática. En base a estos conocimientos se estaría en poder establecer una categorización de los usuarios del medio. Por un lado, los que se podrían denominar especialistas que estarían interesados en profundizar en el sistema en busca de la información que necesita para realizar su acción delictiva, requiriendo un gran conocimiento informático para acceder a los datos que precisa para perpetrar el delito. Mientras que, en un segundo plano, no se trata de un fin en sí mismo, sino que su meta es conseguir el objetivo que perseguía.[22]

Por lo que se viene manifestando al delincuente cibernético, el procesamiento electrónico de datos le acrecienta las posibilidades de éxito en su actuación ilícita convirtiendo esos conocimientos en un factor criminógeno para llevar a cabo su actuación.[23]

La informática ha ido evolucionando de forma exponencial convirtiéndose en un elemento indispensable para cualquier tipo de actividad. En principio, el delincuente informático, era en su gran mayoría jóvenes que eran atraídos por un mundo virtual que les ofrecía un panorama de actuaciones hasta ahora desconocidas. Su utilización era un modo de aparecer entre sus colegas como alguien con unos conocimientos que destacaba del resto de sus compañeros. En el mundo laboral y cuando las empresas comenzaron a estandarizar su uso como método de trabajo para sus planteamientos el abanico de posibilidades de su utilización fue incrementándose dejando de ser un objeto lúdico convirtiéndose en una herramienta de infinitas vertientes.

Sin embargo, su utilización no siempre va a estar destinada con fines lícitos, sino que aparece el delincuente informático cuyo propósito, al igual que ocurriera con el delincuente tradicional, basara su experiencia y conocimiento en la búsqueda del enriquecimiento personal. En un principio, de forma más limitada, para posteriormente y, de acuerdo con su conocimiento y posibilidades de obtener medios más sofisticados, ampliar su campo de acción delictiva contra empresas,

---

22 Cfr., CÁMARA ARROYO, Sergio, Estudios criminológicos contemporáneos (IX): La Cibercriminología y el perfil del ciberdelincuente, Derecho y Cambio Social, nº 60, abril-junio 2020, pp. 486–487.

23 Cfr., DE LA CUESTA ARZAMENDI, José Luis y PÉREZ MACHÍO, Ana Isabel, Parte II, Aspectos Criminológicos y Victimológicos, Ciberdelincuentes y cibervíctimas, Capítulo 3, p. 100.

instituciones, estamentos gubernamentales, de forma indiscriminada con la finalidad de causar un daño en sus bases de datos o reclamar una compensación económica para volver a restituir su sistema.

Con esta forma delincuencial del delito informático se deja atrás conceptos de la delincuencia tradicional, la cual, se muestra arcaica y obsoleta en comparación con este *modus operandi*. Cierto es que los delitos tradicionales continúan vigentes en la actualidad, a pesar de que su realización desde el prisma tecnológico que existe hoy en día supongan en muchas de sus actividades delictivas un marco diferencial que se encuentran a años luz con el actual sistema delictivo. Delitos como la estafa, el robo, el hurto, la amenaza, coacción, suplantación de identidad, acoso sexual, espionaje, y un sinfín de delitos que se siguen produciendo con la única salvedad y diferenciación en el modo de su ejecución, es decir, en su *modus operandi*. Atrás queda lo que según la Criminología hacía cierto hincapié en que la delincuencia tradicional pudiera verse condicionada, en algunos de sus comportamientos, por la exclusión social o el marginamiento que ciertos de estos individuos se inclinaran por el campo de la delincuencia, al verse marginados de una sociedad donde no encontraban su sitio para poder alcanzar o establecerse dentro del sistema productivo. El delincuente cibernético no se encuentra dentro de este estamento social, no se encuentra excluido, sino que posee una preparación, en menor o mayor conocimiento, lo que le permitirá un mayor campo de acción en su delito y, de una mayor agresividad en su concepto delictual, lo que redundará en un mayor beneficio para su propósito.[24]

Por tanto, se puede afirmar que el abismo entre la delincuencia tradicional y el delito informático no radica precisamente en los actos delictivos que se cometen, ni siquiera en que el sujeto activo pueda estar o no excluido del sistema productivo de la sociedad, sino que viene propiciado en gran parte por el grado de preparación y de conocimiento a nivel informático del sujeto activo que lleva a cabo la comisión del delito. Todo ello, obviamente, con los recursos necesarios que el sistema informático le facilita y, que el autor del hecho punible posea, tanto en medios materiales como de conocimientos.

Debido a la amplitud del espacio virtual existente para la consecución de la materia delictiva se hace difícil el poder encasillar o definir con exactitud lo que hoy en día pudiéramos considerar y definir como delincuente cibernético, en donde se aglutinan una serie de condicionantes que resultan un obstáculo a la hora de encajar la figura del perfil criminal debido a sus múltiples facetas como pueden ser su exclusión social, la profesión que posee, el anonimato en su consecución en el ciberespacio, la edad de sus autores, la singularidad de sus actos criminales o su pertenencia a grupos u organizaciones criminales donde llevar a cabo sus acciones punibles, lo que supone un reto para los postulados clásicos de la Criminología y,

---

24 Ibídem., p. 101.

en consecuencia, una dificultad añadida en cuanto a su configuración dentro de la técnica del perfilado criminal.[25]

Ante el avance del delito tecnológico la Criminología se ha visto en la necesidad de establecer unos nuevos paradigmas con la finalidad de poder encuadrar estos perfiles criminales que han aparecido en el contexto de la sociedad. Es cierto, y dada la aparición del fenómeno tecnológico, el perfil del delincuente informático se perfila como una persona joven, principalmente masculina, y con un grado de conocimiento de la informática, constituyendo el 76% de los *hackers* con una franja de edad que oscila entre los 14 años –con un 8%– y los 50 años –con un 11%–.[26]

Conviene señalar que las Tecnologías de la Información y la Comunicación (TIC) suponen una combinación de medios informáticos con medios de comunicación y comprenden: sistemas informáticos, redes sociales, ordenadores, foros virtuales, etc. Por tanto, representan las TIC un marco idóneo donde la ciberdelincuencia y el ciberdelito, van entrando a desarrollarse en el ciberespacio, donde se aglutinan páginas web, chats, y los usuarios y los servicios de Internet, lo que le diferencia del delito informático, que utiliza medios informáticos para su comisión.[27]

Un hecho trascendental tendrá lugar en 1969, cuando tiene lugar la primera conexión entre las universidades de UCLA y Stanford. Y, en la década de 1980, se produce una transformación en Internet que dará lugar a su uso globalizado y cotidiano, originando el cambio de protocolo de información NCP –este protocolo precedió al Protocolo de Control de Transmisión, este era un protocolo simplex que utilizaba dos números de puerto, estableciendo dos conexiones para comunicaciones bidireccionales, reservándose un puerto par, y uno impar, para cada aplicación– a las TCP/IP– constituidas por cuatro capas: capa de aplicación, capa de transporte, capa de red y capa de interfaz de red y *hardware*. Estas capas constituyen un conjunto de protocolos. Este modelo pasa los datos por estas cuatro capas en un orden concreto cuando el usuario envía información y después en el orden inverso cuando se reciben los datos–.[28]

Por tanto, una vez expuesto que para la realización del delito informático es necesario que el sujeto que interviene en las prácticas de la cibercriminalidad tenga

---

25 Op. cit., CÁMARA ARROYO, Sergio, p. 483.

26 Ibídem., p. 484.

27 Cfr., Sistematización del Curso Virtual. Ciberdelincuencia. Curso la ciberdelincuencia: tratamiento preventivo, procesal y sustantivo desde una perspectiva internacional, Consejo General del Poder Judicial. Aula Iberoamericana. Cooperación Española, Conocimiento/Intercoonecta, Segunda edición, 2021, p.7. Se encuentra disponible en: https://bibliotecadigital.aecid.es/bibliodig/pub_ae cid/es/consulta/registro.do?id=12725.

28 Ibídem., p.7.

los conocimientos técnicos informáticos imprescindibles para poder ejecutar el acto punible, dependiendo del perfil informático que posea sus objetivos podrán ser más o menos ambiciosos, desde causar un daño a los sistemas informáticos de seguridad, o el acceder al sistema, introduciendo un *software* malicioso con la finalidad de obtener un rédito, fruto de su actividad delictiva. Mientras que, el nivel inferior, carente de esa especialización y de un grado intelectual medio, se limita a obtener un objetivo concreto para sus fines pero no como un ataque al sistema.[29]

Al igual que ocurre con la ciberdelincuencia al tratarse de un modelo delictivo instaurado en las últimas décadas debido a su heterogeneidad y, su incipiente presencia, se hace ardua la tarea de proponer una clasificación de los cibercriminales basándose en sus habilidades y conocimientos informáticos y de los objetivos que se proponen alcanzar.

Marcus Rogers (1999), clasificó en su obra *The Psychology of Hackers: The Need for a New Taxonomy*, como experto en el comportamiento de los *hackers*, en cinco modelos a los ciberdelincuentes:

1. *Toolkit /newbies y scriptkiddies*: son neófitos en el uso de la tecnología, con conocimientos muy bajos y algunas habilidades técnicas. Suelen utilizar un *software* ya preparado.

2. *Cyberpunks*: utilizan el ciberespacio para realizar actos vandálicos, para escribir programas pequeños, que los utilizan para alterar páginas *web*, enviar correos *spam*, etc.

3. *Internals*: sus ataques no se basan en habilidades técnicas, sino en el nivel y el tipo de seguridad existente dentro de la organización. Suelen ser empleados o ex empleados cuya finalidad es causar un daño en el sistema de la organización o empresa como venganza.

4. *Old-guard hackers*: son piratas informáticos auténticos, de una alta cualificación, siguen los preceptos establecidos por los primeros *hackers*, también denominados *true hackers* o piratas informáticos auténticos, sin una finalidad criminal, sino con un código de comportamiento en el mundo virtual.

5. *Professional criminals y cyberterrorists*: supone la categoría más peligrosa, al tratarse de los *crackers*, cuyos conocimientos son elevados y especializados en el espionaje industrial y operaciones de inteligencia contra gobiernos, agencias de seguridad nacional, etc.[30]

---

29 Op. cit., CÁMARA ARROYO, Sergio, pp. 486–487.

30 Cfr., https://www.lisanews.org/ciberseguridad/como-es-el-perfil-del-ciberdelincuente/.

El campo virtual está constantemente en funcionamiento, y su amplitud, vigencia y novedad, relativamente naciente, hace que su complejidad suponga un obstáculo en el que todavía resulta algo imprecisa establecer una única categorización del perfil del delincuente informático dada la envergadura que supone el espacio cibernético que parece no tener límites en cuanto a su frontera virtual. En un principio, el cibercrimen tenía una finalidad económica, el delincuente informático a través de sus conocimientos tecnológicos, poseía un arma novedosa que le abría un gran abanico de posibilidades para sus actuaciones delictivas. Sin embargo, en la actualidad esta inclinación se ha ido disipando para entrar de lleno, no solo en el aspecto económico, sino que amplía su campo de acción entrando en nuevas gamas delincuenciales que abarcan desde actos terroristas, espionaje, fraude fiscal a través de paraísos fiscales, amenazas, coacciones, acoso sexual, interferencias en datos y en el sistema, contra la propiedad intelectual e industrial, suplantación de identidad, *phishing* masivo –robar información sensible y contraseñas o claves confidenciales haciéndose pasar por una persona o empresa de confianza– al estar amparados en el anonimato, etc.

De ahí y como continuación se continúan añadiendo nuevas tipologías delictivas y, en consecuencia, surge la aparición de nuevos sujetos que encuentran su acomodo en el amplio espectro virtual para continuar y ampliar su campo de acción dando lugar a nuevas técnicas y recursos en los que encontrar su franja criminal donde poder extraer sus beneficios, tanto desde el aspecto económico hasta el resto de los ya expuestos anteriormente.

Así, y continuando con el mismo autor (Marcus Roger, 2006) establecerá una nueva tipología, basándose en las motivaciones de los *hackers* y sus capacidades técnicas, dando lugar a la aparición de otra clasificación de grupos cibercriminales:

1. El novato, busca su oportunidad dentro del espacio virtual para hacerse con un nombre mediante la utilización de las herramientas automáticas de que dispone.

2. El *cyberpunk*, con mayor preparación que su antecesor, con conocimientos de programación y, en busca de fama, y como consecuencia sacar un beneficio económico.

3. El iniciado, cuya función radica en perjudicar a su empleador con la intención de perjudicarle como un acto de venganza.

4. El delincuente tradicional, que trata de evolucionar en cuanto a su modo de actuación, dejando atrás su *modus operandi*, para incorporarse a las nuevas tecnologías adaptando su operatividad, pero con una misma finalidad e idénticos objetivos contra los que dirigir sus operaciones delincuenciales focalizando estas en los bancos y tarjetas de crédito.

5. El programador de virus.

6. El pirata de la vieja escuela en busca de una nueva estimulación intelectual.

7. El profesional que busca en la oportunidad de los delitos informáticos una mayor envergadura para su campo criminal y la forma de obtener mayores beneficios económicos con una menor exposición.

8. El guerrero encargado de desestabilizar la información de los centros de la toma de decisiones, guiado por el patriotismo.

9. Y, por último, el activista político.[31]

Asimismo, y basándose en conocimientos técnicos que las nuevas generaciones han ido heredando como consecuencia de la evolución de la informática y de ese denominado espacio virtual cada vez con una mayor profundidad en el campo criminal, se establecen una serie de prototipos muy delimitados en cuanto a su tipificación y encasillamiento a la hora de encuadrar su actividad delictiva. Este colectivo se caracteriza por poseer una preparación y unos conocimientos en informática que les permiten acceder al sistema para realizar su actividad ilícita, estaríamos en presencia de grupos como los denominados *hackers*, *black hat —crackers* y *phreackers—*, *grey hat*, *white hat* o *hackers éticos*, *newbies*, *viruckers*, etc.[32]

▶ *Hackers: el hacker o pirata informático*, son términos que en la actualidad nos vienen sonando con asiduidad. Esta palabra la asociamos rápidamente a una persona que delante de su ordenador se encuentra en un sitio aislado lejos del resto de personas intentando a través de ese aislamiento y anonimato obtener un beneficio con sus actividades ilícitas accediendo a una red para sustraer grandes sumas de dinero.

Su apelativo surge en 1959, cuando un grupo de programadores desarrollan un conjunto de programas que eliminaban a otros programas dentro de un mismo sistema operativo.

En principio, los *hackers* se rigen por una serie de normas cuya finalidad no es causar un daño intencionadamente sino introducirse en los sistemas de seguridad para encontrar su vulnerabilidad y, una vez encontrado sus puntos débiles, proponer como solucionar dichos fallos. Sin embargo, esta imagen también sufre una mutación y su camino se desarrolla en el

---

31 Cfr., https://www.lisanew s.org/ciberseguridad/como-es-el-perfil-del-ciberdelincuente/ citado en CÁMARA ARROYO, Sergio, p. 488.

32 https://www.campusciberseguridad.com/blog/item/133-tipos-de-hackers.

mundo delincuencial surgiendo una larga lista de los tipos de *hackers* que existen:

▸ *Black hat*: también conocidos como ciberdelincuentes. Estos *hackers* se encargan de acceder a los sistemas o redes no autorizadas con la finalidad de acceder a la información financiera, referencias personales y demás datos que les resulten propicios para su actividad delictiva introduciendo virus que imposibiliten el normal funcionamiento del sistema atacado. Dentro de estos están los —*crackers*— cuya especialidad radica en modificar *softwares*, crear *malwares*, lo que provoca el colapso de los servidores e infectando las redes.

El *cracker* debe conocer tanto el *software* como el *hardware*. Estos grupos tienen una relación muy limitada y restringida, son grupos pequeños y de difícil acceso. Denominados en ocasiones *cyberpunks* según informe de Criminología Virtual de McAfee -delincuente en línea que utiliza sus habilidades computacionales para irrumpir en sistemas y redes computacionales- que les llevan a atacar los sistemas informáticos de las grandes corporaciones por su filosofía anti sistema. Este comportamiento le diferencia del *hacker*, cuyo comportamiento no se focaliza en destruir o modificar, solo consiste en la observación. Mientras que el *cracker* su intención es causar un daño o lucrarse con su acción. Entre sus modalidades nos encontramos con dos de sus especialidades como son:

El *carding* que consiste en el uso ilegal de las tarjetas de crédito. Se fundamenta en la adquisición y utilización de datos de las tarjetas de crédito o débito sin la autorización de su titular. La forma de obtener la información por parte de los ciberdelincuentes radica en el robo de bases de datos, ataques a sistemas de pago en línea. Una vez que han obtenido los datos los utilizan para la realización de compras en línea o ser introducidos en el mercado negro.

Estos delincuentes manejan técnicas muy sofisticadas para impedir ser descubiertos, utilizando redes de computadoras comprometidas, conocidas como *botnets*, para ocultar su identidad y ubicación.[33]

Y, el *trashing* que constituye el basurero de la información que desechamos, como pueden ser números de tarjetas de crédito, directorios, recibos, contraseñas, y otros valores de información que consideramos sin un valor de aprovechamiento, pero cuya información es rastreada por los delincuentes rebuscando en ese basurero que hemos desechado, como puede ser el ordenador del que nos hemos desprendido o inutilizado

---

33 Cfr., https://www.unir.net/derecho/revista/que-es-ciberdelincuencia/.

donde continúan vigentes gran cantidad de archivos y datos que pueden ser utilizados con fines lucrativos u otros fines delictivos.[34]

Mientras, los —*phreackers*— encuentran su campo de actuación en el mundo de las telecomunicaciones. Son *hackers* que enfocan su actividad en manipular las telecomunicaciones, principalmente los sistemas telefónicos, tanto fijos como móviles. Poseen grandes conocimientos de la informática siendo capaces de construir equipos que interceptan o realizan llamadas desde móviles sin que su propio usuario sea consciente de ello.

Su objetivo principal se centra en las empresas de telefonía y, en las grandes multinacionales, donde derivan las facturas de los servicios que utilizan. Su actividad posee un ego altruista, en el sentido, de que no buscan el enriquecimiento personal, sino que su comportamiento va dirigido contra las estafas que las compañías telefónicas ejercen contra sus usuarios, ya que considera abusivas las facturas que presentan al consumidor. Sin embargo, ese comportamiento altruista es relativo, ya que aunque no busca el enriquecimiento personal si se vale del mismo para no asumir el gasto que genera con sus actividades. Son similares a los *crackers* pero no cuenta con la ética de los *hackers*. Sin embargo, su actividad es considerada más peligrosa que la de los *hackers*, ya que pueden llegar a controlar los sistemas de telefonía realizando escuchas telefónicas que les pueden ser útiles para sus fines delictivos.[35]

▼ *Grey hat*: prestan sus servicios a gobiernos, agencias de inteligencia o grandes empresas a cambio de una prestación económica. Es un tipo de *hacker* que no se sujeta a las normas éticas de seguridad informática pero tampoco tiene una voluntad maliciosa en sus acciones.

Entre sus características se encuentran el dedicarse en la búsqueda de las vulnerabilidades de los sistemas informáticos, redes y aplicaciones con la finalidad de encontrar las debilidades de los sistemas de seguridad y así poder informar a sus propietarios, para que estos puedan actuar y subsanar los fallos o debilidades encontradas en su sistema.[36]

▼ *White hat* o *hackers éticos*: se encargan de encontrar las vulnerabilidades en el sistema de seguridad o sus fallos notificando su investigación. Son especialistas en seguridad informática, que se encargan de proteger los

---

34 Op. cit., DE LA CUESTA ARZAMENDI, José Luis y PÉREZ MACHÍO, Ana Isabel, pp. 105–106.

35 Ibídem., p. 107.

36 https://www.asperis.es/glosario-ciberseguridad/grey/.

datos digitales de una organización invadiendo su sistema informático previa petición realizada por el solicitante. Ayudan a optimizar los sistemas de seguridad además de prevenir posibles ataques piratas informáticos Entidades financieras o empresas con aplicaciones informáticas cuentan en su personal con un experto en *hacking* —consiste en la explotación de vulnerabilidades en las redes y sistemas informáticos de una organización con la finalidad de acceder y tener el control de los archivos digitales sin la autorización de la titularidad— para ofrecer seguridad a sus clientes. Con este sistema de ciberseguridad se evita la filtración de datos.

▶ *Newbies*: son los denominados novatos del *hacking* ya que no poseen los conocimientos y la experiencia necesaria en el mundo de la ciberseguridad, al ser unos neófitos en el ámbito virtual. Es decir, es un *hacker novato*. Tratan de ingresar en los sistemas a base de tropiezos tratando de poder avanzar en sus conocimientos de la informática para poder conseguir alcanzar la categoría de *hacker*.

▶ *Viruckers*: su función consiste en la introducción de virus en el sistema informático con la intención de destruir o alterar la información almacenada.

También y dentro del espectro delictivo virtual tienen acogida otros grupos con actitudes similares a sus colegas anteriores, y cuyo comportamiento, y su forma de actuación, se asemejan tanto en los métodos como en sus fines. Entre estos nuevos grupos o especialistas estarían:

1. *Hacktivistas*: pueden ser individuos o grupos que utilizan técnicas de *hacking* con la finalidad de apoyar una causa política o social. En ocasiones, realizan ataques *DDos* (ataques de denegación de servicios distribuidos) para infiltrarse en las *web* gubernamentales con la finalidad de difundir información.

2. *APTs* (Amenazas Persistentes Avanzadas): grupos o individuos que realizan ataques cibernéticos dirigidos y personalizados. Son ataques complejos y avanzados como el espionaje industrial o el robo de la propiedad intelectual.

3. *Script kiddies*: individuos cuyas habilidades técnicas son limitadas que utilizan herramientas de *hacking* automatizadas para realizar ataques cibernéticos básicos. Su finalidad es acaparar fama en línea.[37]

---

37   https://msmk.university/ciberdelincuente/.

1.5 TIPOS DE CIBERATAQUES

Los ataques informáticos o ciberataques tienen como propósito la búsqueda de explotar las vulnerabilidades o debilidades de las redes o sistemas informáticos, tanto en *software* como *hardware*, con la finalidad de obtener un beneficio económico, o por el simple hecho de causar un caos global a determinadas organizaciones, a nivel local, nacional o internacional.

La dependencia que se tiene tanto a nivel de usuario como de grandes empresas u organizaciones de las tecnologías de información y de comunicación, al estar conectados a Internet hace que la exposición de múltiples datos navegue por el ciberespacio lo que constituye un riesgo que puede ser utilizado por los ciberdelincuentes.

Entre las causas que pueden desencadenar un ataque cibernético destacan:

▼ Ingeniería social: sirven para chantajear a colaboradores con la finalidad de obtener información confidencial de la organización para acceder a los sistemas.

▼ Colaboradores mal intencionados: que se alían con los ciberdelincuentes para causar un daño a la empresa o para obtener un beneficio económico.

▼ Seguridad deficiente en los sistemas informáticos: deficiencias en los sistemas en su instalación que son aprovechados por los ciberdelincuentes.

▼ Propagación de datos confidenciales: por parte de los propios empleados que son divulgados o expuestos, unas veces de forma fortuita, y otras, intencionadas.[38]

El robo de las credenciales de los usuarios y los descuidos relacionados con las contraseñas puedan facilitar o dar lugar al robo de cuentas permitiendo a los atacantes acceder de forma ilícita a los sistemas para filtrar y utilizar los datos necesarios para su finalidad delictiva.

▼ Los ataques de *ransomware* —tipo de *malware* o código malicioso que impide la utilización de los equipos o sistemas que infecta, tomando el

---

[38] https://www.google.com/search?q=tipos+de+ataques&oq=tipos+de+ataque&gs_lcrp=EgZjaHJvbWUqBwgAEAAYgAQyBwgAEAAYgAQyBggBEEUYOTIGCAIQRRhAMgcIAxAAGIAEMgcIBBAAGIAEMgcIBRAAGIAEMgcIBhAAGIAEMgcIBxAAGIAE0gEKMTE3MTFqMGoxNagCCLACAQ&sourceid=chrome&ie=UTF-8.

control el ciberdelincuente del equipo o sistema infectado cifrando la información, bloqueando la pantalla, etc.—.

Una vez que el *malware* se ejecuta, va cifrando los archivos y carpetas del dispositivo, impidiendo su acceso sin una clave. Finalizada la tarea el delincuente nos remitirá un correo con las instrucciones para el pago, para posteriormente, enviarnos la clave para descifrar el equipo.

Una forma de protección es similar a otro tipo de *malware*, consistente en mantener el equipo actualizado y las medidas de protección activadas —antivirus—.[39]

Los ciberdelincuentes y los *hackers* de estado lo utilizan para penetrar y paralizar tanto a organismos oficiales como grandes multinacionales.[40] Es una forma de ciberextorsión. El ciberdelincuente hace uso de estrategias de ingeniería social para acceder al sistema de la organización. Una vez dentro utiliza el *malware* para cifrar los ficheros y las carpetas, de esta forma la empresa deja de tener el control de su propia información, momento en que los autores de la actividad delictiva contactan con la misma para exponer las condiciones que plantean para su rescate.

▸ Un ataque *DDOS* —ataque de denegación de servicio distribuido, donde el atacante inunda un servidor con tráfico de Internet evitando que los usuarios accedan a servicios y sitios en línea conectados— tiene como finalidad inhabilitar un sitio *web* o de cualquier otro recurso en red, como los operadores de telecomunicaciones, sobrecargando el normal funcionamiento de los sitios *online*. Para efectuar su ataque los ciberdelincuentes infectan los sistemas de *malware*, mediante técnicas de ingeniería social o explotación de vulnerabilidades.[41]

Los tipos de ataques han ido proliferando debido como venimos señalando por el cambio radical que ha experimentado la información y el sistema de almacenamiento de datos por parte de todas las organizaciones gubernamentales, empresariales, culturales, sociales, y de todo tipo de concentración de referencias, apuntes o reseñas, que aglutinan el funcionamiento de los sistemas informáticos a nivel global.

---

39 https://www.incibe.es/sites/default/files/docs/guia-ciberataques/osi-guia-ciberataques.pdf.

40 https://www.akamai.com/es/glossary/what-is-cyber-crime#:~:text=La%20ciberdelincuencia%20es %20una%20forma,internet%20para%20cometer%20actos%20ilegales.

41 Cfr., https://blogs.uoc.edu/edcp/es/ciberdelincuencia-que-es-y-como-combatirla/.

▼ *Malware* se refiere a cualquier *software* malicioso que tiene por objeto infiltrarse en el sistema para dañarlo, a lo que comúnmente denominamos virus.

▼ *Virus* consiste en un código que infecta los archivos de un sistema con un código maligno, una vez introducido se extiende por todo el sistema y a cualquier elemento al que nuestra cuenta tenga acceso.

▼ *Gusanos* es un programa que una vez infectado el equipo realiza copias de sí mismo y las difunde en la red. No necesita de ninguna intervención, sino que puede transmitirse utilizando las redes o el correo electrónico. Su uso principal es la creación de *botnets* —conjunto de ordenadores, denominados *bots*, infectados con un *malware* controlado remotamente por un atacante y que puede ser utilizado conjuntamente para actividades maliciosas—.

▼ *Troyanos* similar al virus pero con objetivos diferentes. Mientras el virus es destructivo por sí mismo, el *troyano* busca el acceso de entrada para introducir otros programas maliciosos.

▼ *Spyware* es un programa espía para obtener información de forma silenciosa sin que el usuario pueda percibirlo.

▼ *Adware* consiste en la demostración de forma invasiva a la publicidad, lo que permite la recopilación de datos para estudiar la inclinación y el comportamiento de los usuarios hacia la publicidad.

▼ *Doxing* es la práctica en Internet de investigación y publicación de carácter privado de una persona u organización con la intención de intimidar, humillar o amenazar. Esta práctica se ha combinado con el *ransomware*, para que la empresa se vea obligada a pagar el rescate por desencriptar la información, ya que en caso contrario, esta se publicara en Internet, con el consiguiente perjuicio económico.

▼ *Phishing* no se trata de *software*, sino que se trata de diversas técnicas de *ingeniería social* como la suplantación de identidad para obtener las contraseñas o los datos bancarios de la víctima. Los medios utilizados son el correo electrónico, mensajería o las llamadas telefónicas, donde el delincuente se hace pasar por una entidad u organización para recabar datos de la víctima y usarlos posteriormente en su provecho. Generalmente, estos ciberdelincuentes lo que tratan de hacer, en un primer momento, es buscar los perfiles de personas que cuenten con un elevado elemento de vulnerabilidad que les permita acceder con mayor facilidad a sus pretensiones. Es uno de los ataques más habituales en la actualidad, mediante una práctica denominada *spear fishing* (pesca submarina) término que se utiliza para usurpar su identidad.[42]

▼ *Keylogging* es un *spyware* que registra las pulsaciones en el teclado o la información que se introduce en los distintos campos, con la finalidad de obtener los datos de acceso del usuario como pueden ser los datos personales, contraseñas o los bancarios, entre otros.[43]

▼ *Ataques MITM* denominados "man-in-the-middle" son las violaciones que un atacante captura los datos enviados entre dos personas, redes o computadoras. Es cuando el atacante se posiciona entre las dos partes que intentan comunicarse. Tanto el emisor como el receptor piensan que se están comunicando con normalidad, lo que desconocen es que realmente el interceptor está modificando el mensaje antes de que llegue a su destinatario modificando su contendido de forma ilícita.

▼ *¡Ataques de whale-phishing o whaling* se denominan *whaling* porque van en busca de lo que se podrían denominar los "peces gordos o ballenas de la organización". Si una de estas hiciera una descarga de *ransomware* y fuera objeto de un ataque de estas características tendría todas las posibilidades de éxito por parte de los ciberdelincuentes ante la situación de imperiosa necesidad de que su situación no transcendiera debido a los daños que podrían ocasionarle tanto a su reputación como a la organización.

▼ *¡Ataque de contraseña*, las contraseñas representan la herramienta fundamental y primordial que los usuarios utilizan para el acceso informático. El atacante puede interceptar transmisiones de red para interceptar las contraseñas no cifradas por la red. Los atacantes pueden adivinar la contraseña del usuario si es una predeterminada o si es de fácil recordatorio por su simpleza como puede ser "12345".

▼ *Secuestro de sesiones* es uno de los tipos de ataques de los MITM. El atacante toma el control entre el servidor y el cliente. La computadora utilizada para el ataque sustituye su dirección de protocolo de Internet (IP) por la del cliente y el servidor continúa la sesión ignorando que se está comunicando con el atacante en lugar de con el cliente.

---

42 https://www.google.com/search?q=tipos+de+ataques&oq=tipos+de+ataque&gs_lcrp=EgZjaHJ vbWUqBwgAEAAYgAQyBwgAEAAYgAQyBggBEEUYOTIGCAIQRRhAMgcIAxAAGIA EMgcIBBAAGIAEMgcIBRAAGIAEMgcIBhAAGIAEMgcIBxAAGIAE0gEKMTE3MTFqMGo xNagCCLACAQ&sourceid=chrome&ie=UTF-8.

43 https://blog.hubspot.es/website/que-es-ciberdelincuencia.

Para evitar este tipo de situaciones se utiliza una VPN —o red privada virtual que crea una conexión de red privada entre dispositivos a través de Internet. Las VPN se utilizan para transmitir datos de forma segura y anónima a través de redes públicas— para acceder a servidores críticos de la empresa, al estar cifrada la comunicación y de esta forma impedir el acceso al seguro creado por la VPN.

▼ *Ataque de fuerza bruta* su denominación radica que la metodología empleada por el atacante intentando adivinar las credenciales de acceso utilizadas por el usuario. Esta forma de actuación que en un principio puede considerarse de una dificultad extrema, resulta fácil de utilizar por los atacantes al proporcionar al *bot* una lista de credenciales que considera que le pueden facilitar el acceso. Posteriormente el *bot* se encarga de ir rastreando mientras el atacante espera el resultado. Terminado el proceso y con las credenciales correctas ya puede acceder al sistema. Conviene implementar políticas de bloque para que ante un número de intentos se bloquee el usuario. También es efectivo el realizar una contraseña aleatoria de diez dígitos que no contengan palabras, fechas o secuencias de números regulares que faciliten su adivinación.

▼ *Ataques por la web* son las amenazas dirigidas a las vulnerabilidades en aplicaciones en la *web*. Cada vez que se introduce cualquier tipo de información en la *web* se está generando a la vez un comando que genera una respuesta. Un ejemplo aclarativo consiste en que el pirata informático al conseguir las nuevas credenciales del inicio de sesión, puede iniciar la sesión como si fuera el usuario legítimo.

Manipulando los parámetros de seguridad establecidos para impedir los ciberataques, el atacante simplemente se limitará a cambiar dichos parámetros omitiendo las medidas de seguridad de los mismos.[44]

1.6 PREVENCIÓN CONTRA LOS CIBERATAQUES

Una de las premisas fundamentales para evitar un acceso que facilite la entrada a los ciberdelincuentes en nuestra línea consiste en extremar las medidas de seguridad por parte del usuario extremando al máximo nuestra *web*, tomando las medidas proactivas para proteger la seguridad cibernética.

---

44 https://www.fortinet.com/lat/resources/cyberglossary/types-of-cyber-attacks.

Algunas de las medidas a establecer son:

1. Utilizar contraseñas únicas y seguras para cada cuenta. Las contraseñas deben alejarse de conceptos de mínima dificultad que puedan ser descifrados por parte de los ciberdelincuentes con relativa facilidad. Debiendo contener una combinación de letras mayúsculas, minúsculas, números y caracteres especiales que representen un entramado complejo para su averiguación. Igualmente, han de ser cambiadas con regularidad.

2. Mantener el *software* y los sistemas de seguridad actualizados, ya que los ciberdelincuentes aprovechan las vulnerabilidades del *software* para introducirse e infiltrarse en el sistema.[45]

3. Utilizar programas antivirus sirve para detectar y eliminar amenazas cibernéticas, incluyendo los *malware* y otros tipos de *software* maliciosos. Es importante mantenerlo actualizado con la finalidad de protegerte contra las últimas amenazas.

4. No abrir los *emails* o los enlaces de fuentes desconocidas, es importante no facilitar a estos datos personales o financieros. Procura compartir tu información con las personas que tienes comunicación, además de las fuentes u organismos oficiales, financieros, y de otra índole, que tienes asegurados.[46]

---

45 Ibídem., https://msmk.university/ciberdelincuente/.

46 https://www.mediasource.mx/blog/que-es-la-ciberdelincuencia-como-prevenirla-y-ejemplos.

5. Hacer uso de una red privada virtual (VPN) al conectarse a Internet en lugares públicos, ya que estas se utilizan para transmitir datos de forma segura y anónima a través de las redes públicas.

6. No facilitar datos personales o financieros a través de los correos electrónicos que no se hayan solicitado, ni mensajes de texto.[47]

7. Cuando utilices Internet comprueba que las páginas *web* utilizas usen HTTPS, que encriptan la comunicación entre tu navegador y el sitio *web*, de manera que tu información no pueda ser alterada. La comprobación consiste en la visualización del icono del candado en la barra de direcciones de tu navegador.[48]

8. Cuando se vaya a reciclar un dispositivo es fundamental eliminar todos los datos personales. La forma de llevar a cabo este apartado conviene tener en cuenta ciertos pasos a seguir:

   - *Realizar una copia de seguridad.* Antes de la eliminación de la información es preciso hacer una copia de seguridad utilizando servicios como discos duros externos o unidades USB para guardar los datos que consideres importantes, lo que te permitirá restablecerlos en el nuevo dispositivo.

   - *Restablecer los valores de fábrica.* Los dispositivos actuales cuentan con la opción de restablecer los valores de fábrica. Esta función lo que te permite es eliminar todos los datos de tu móvil y se configura como si fuera nuevo. En los PC cuentan con el restablecimiento en sus configuraciones del sistema.

   - *Eliminar la tarjeta SIM y las tarjetas de memoria.* Este punto es muy importante porque mientras la tarjeta SIM puede ser destruida físicamente, quedando inutilizada para su uso. Las tarjetas de memoria, por el contrario, han de ser tratadas por separado, ya que pueden contener datos personales, pudiendo reutilizarse o formatearse completamente.[49]

   - *Encriptado de tu información.* Para la prevención de los ciberataques conviene realizar un cifrado o encriptado de tus datos antes de ser almacenados o enviados por Internet. Esta protección convierte tu

---

47 Ibídem., https://msmk.university/ciberdelincuente/.

48 Cfr., https://www.mediasource.mx/blog/que-es-la-ciberdelincuencia-como-prevenirla-y-ejemplos.

49 https://www.raeeandalucia.es/actualidad/consejos-sobre-como-eliminar-datos-personales-dispos itivos-antes-reciclarlos.

información en un código de seguridad que dificulta su manipulación por terceros.

- *Realiza copias de seguridad con regularidad.* Supone una opción ante posibles ataques de ciberdelincuentes o de posibles fallos en la infraestructura de TI —Tecnologías de la Información, que constituyen los recursos tecnológicos, como son el *hardware*, *software* y demás recursos que proporcionan una plataforma para almacenar, recoger, procesar y distribuir la información—.

- *Utiliza software seguro.* Estas aplicaciones garantizan la seguridad evitando la instalación de *malware* en los dispositivos. Para su eliminación completa y segura utiliza el uso de *software* especializado en borrado de datos.

- *Configurar el firewall.* El *firewall* o cortafuegos suponen el bloqueo del *malware* entrante en función de un conjunto de reglas previamente programadas. Reglas que pueden impedir que los usuarios dentro de la red accedan a determinados sitios y programas.

- *Activa el spam en el correo electrónico.* Te asegurara detectar posibles fraudes y reducir los ataques de *phishing* —envío de correos electrónicos que suplantan la identidad de compañías u organismos públicos solicitando información personal y bancaria al usuario—.[50]

1.7 CASOS IMPORTANTES DE CIBERATAQUES

Los ciberataques constituyen en la actualidad el *modus operandi* de la delincuencia a nivel mundial. No se trata de ataques esporádicos que se realizan de forma casual sino que tienen una continuidad y programación en el tiempo. Se calcula que cada minuto, se realizan alrededor de 1.700 ciberataques a nivel mundial.[51] Estos ciberataques no deben ser considerados como simples robos de datos de uso personal, sino que constituyen un gran número de operaciones complejas que pueden causar grandes perjuicios, no solo a nivel personal, sino a grandes empresas, o incluso naciones. Y, estas operaciones, pueden ser ejecutadas desde un simple *hacker*, hasta organizaciones criminales organizadas o las propias naciones.

La ciberseguridad se ha convertido en un valor fundamental, tanto para grandes empresas como para organismos oficiales y las propias naciones tendentes a salvaguardar sus datos y sistemas.

---

50 Cfr., https://blog.hubspot.es/website/que-es-ciberdelincuencia.

51 https://openwebinars.net/blog/los-15-tipos-de-ciberataques-que-deberias-conocer/.

El ataque cibernético pude tener diversas finalidades. Una, el beneficio económico, como los realizados mediante el *ransomware* donde los delincuentes exigen una cantidad económica para el rescate de los datos secuestrados. Y, otras, las motivaciones políticas o ideológicas, como pueden ser los ciberataques dirigidos por los propios estados con la finalidad de desestabilizar gobiernos o instituciones.[52]

La proliferación de los ataques cibernéticos constituye una amenaza a nivel mundial en donde los organismos estatales, gubernamentales, oficiales, empresariales, o de cualquier otro estamento, son presas de la sociedad digitalizada en la que se encuentra toda nuestra información, alcanzando incluso, al mundo del ocio.

Entre los ciberataques más emblemáticos, tanto a nivel internacional como nacional, se podrían recoger los siguientes:

▶ Ataque a Sony Pictures en 2014. El ataque cibernético consistió en la filtración de datos confidenciales, incluyendo correos electrónicos internos, además de películas no estrenadas. El ataque causó daños financieros importantes a Sony donde los ciberdelincuentes utilizarían el uso de *malware*, valiéndose posteriormente, de amenazas con liberar datos de la compañía si no cumplían con sus demandas.

▶ WannaCry en 2017. Fue el resultado de un ataque de *ransomware*, que bloquea el acceso a los archivos del usuario hasta que este hace efectivo su rescate. Este ataque constituyó un gran impacto al afectar a organizaciones en más de 150 países. Teniendo un efecto devastador en el Servicio Nacional de Salud del Reino Unido (NHS), teniendo especial incidencia en la cancelación de cirugías y citas médicas.[53]

En el plano nacional, según el diario ABC, en 2023 se habrían producido 250 ciberataques al día únicamente en Madrid en el periodo comprendido entre enero y agosto de dicho año, representando un incremento del 60%.

▶ Air Europa. La aerolínea sufrió en octubre de 2023 un ciberataque que afectaría a su sistema de pagos *on line* donde los ciberdelincuentes pudieron acceder a los datos de las tarjetas de crédito de los clientes, como el número de las tarjetas, fecha de su caducidad y el CVV. En este caso, Air Europa pudo alertar a sus clientes antes de que pudiera realizarse un uso fraudulento de la información.[54]

---

52 Ibídem., https://openwebinars.net/blog/los-15-tipos-de-ciberataques-que-deberias-conocer/.

53 Cfr., https://openwebinars.net/blog/los-15-tipos-de-ciberataques-que-deberias-conocer/.

54 https://www.iebschool.com/blog/ciberseguridad-ataques-tecnologia/.

En el presente año, 2024, muchos de los ciberataques no consiguen alcanzar su propósito, de apoderarse de información sensible para sus pretensiones delictivas, como pueden ser el número de las tarjetas de crédito, con lo que muchos ataques quedan inconclusos. Entre los más notorios y de mayor alcance, citaremos:

- Ayuntamiento de Calvià (Mallorca). En enero, un ataque de *ransomware* consiguió impedir que sus funcionarios pudieran trabajar en sus puestos de trabajo teniendo que solicitar a los ciudadanos que los trámites a realizar lo hicieran en papel y por teléfono, eludiendo el uso de Internet. Los delincuentes solicitarían un rescate de diez millones de euros, cantidad que no se hizo efectiva, por lo que el consistorio balear tuvo que establecer un comité de crisis hasta la normalización del sistema.

- Banco Santander. En mayo, en banco informaba de que había sufrido una filtración de datos de clientes y empleados, aunque aseguró que el hackeo no afectó a credenciales de acceso y contraseñas, que pudieran sustraer dinero de sus cuentas.

- Telefónica. En mayo, los ciberdelincuentes tuvieron gran actividad con las empresas del Ibex35. Telefónica admitió una potencial filtración de información de más de 120.000 clientes. Igualmente, la compañía afirmaría que dicha filtración no afectaba a datos sensibles de carácter financiero como claves o cuentas bancarias.

- Oposiciones a RTVE. En agosto, los procesos de selección de opositores para completar la plantilla del ente RTVE tendrían un fallo de seguridad en su página *web*.

Se verían comprometidos cerca de un millar de documentos permitiendo la descarga ilegal de 2.018 registros. Entre la información se encontraban documentos de identidad, datos bancarios y certificados profesionales de los opositores.[55]

1.8 EVOLUCIÓN DE LOS CIBERDELITOS

Con la evolución de Internet y los constantes cambios experimentados en las infraestructuras digitales, los ciberdelincuentes han ido experimentando un cambio y adaptación en sus métodos y técnicas de adiestramiento para aprovecharse de las debilidades y falta de sistemas de seguridad de algunas organizaciones donde encuentran su campo de actuación para obtener su beneficio.

---

55 https://www.channelpartner.es/seguridad/principales-ciberataques-en-espana-en-2024/.

Los constantes ataques a los equipos de seguridad de TIC (Tecnologías de la Información y la Comunicación) hacen que los estamentos, tanto públicos como privados, empresas, entidades bancarias, centros educativos, sociales, y/o de cualquier otra índole, se vean en la necesidad de crear programas y soluciones de seguridad que les salvaguarden de los ataques de estos delincuentes.

Los métodos tradicionales continúan vigentes en la sociedad por lo que respecta a la delincuencia común y otra serie de delitos contemplados en nuestro Código Penal, desde hace décadas, pero la aparición de Internet ha supuesto un cambio, no solo cualitativo sino también cuantitativo desde el prisma del delito.

Mientras que la delincuencia tradicional continúa con sus estándares establecidos en cuanto a su número y temporalidad, fluctuando su variedad delictiva en ocasiones hacia determinados delitos. La aparición de Internet ha supuesto un impulso exponencial hacia este nuevo campo de la delincuencia tecnológica donde hacen acto de presencia nuevas modalidades y técnicas en donde los ciberdelincuentes han encontrado su fuente de financiación pudiendo multiplicar sus beneficios de forma considerable y dotados de una mayor seguridad en sus acciones y de menor riesgo para su integridad.

Dentro de los ámbitos delictivos que han ido surgiendo con la implantación de las nuevas tecnologías encontramos comportamientos que se instauran y crece su uso por parte de los ciberdelincuentes para sus fines. Dentro de esa finalidad se podrían establecer tres clasificaciones:

- ⬤ Fines personales. Los objetivos personales del cibercriminal pueden ser múltiples, tanto actuando de forma grupal o en solitario. Dentro de su amplia gama tendríamos las ciberestafas, suplantación de identidad, fraudes informáticos, *cyberbulling*, *grooming*, *phishing*, robos de datos personales, o el ciberacoso, entre otros.

- ⬤ Fines lucrativos. En este apartado se recoge el *modus operandi* tradicional donde el delincuente busca la obtención de un beneficio económico. Las estafas de larga tradición delincuencial en la historia de la humanidad, amplía su forma de actuación basándose en la incorporación de la tecnología, donde se abre un amplio abanico de posibilidades para efectuar grandes desembolsos de las víctimas inocentes que existen en la Red con la particularidad de poder llevar a cabo su actuación en un tiempo menor y efectuando una misma acción contra un número mayor de cibervíctimas. Además de contar con un mayor anonimato en tiempo real y sin riesgos presenciales.

▸ Fines políticos. La finalidad consiste en desestabilizar a los organismos gubernamentales. Aparecen motivaciones de carácter ideológico, religioso, intereses geopolíticos, que persiguen generar estados de alarma o inseguridad, tanto en el propio estado como fuera de sus fronteras hacia otros estados buscando un poder hegemónico en la zona, o de influencia, para fortalecer su mercado económico o financiero.[56]

1.9 CIBERDELINCUENTE Y CIBERVÍCTIMA

La actividad delictiva al igual que sucede con múltiples o numerosas situaciones del ser humano, requiere o precisa, de lo que podríamos denominar como un binomio entre dos partes para poder ser ejecutado o realizado. Así, podríamos referirnos como ejemplos de esta afirmación, lo que constituirían las figuras del vendedor y comprador, atacante y defensor, profesor y alumnos, etc. Este principio resulta evidente como algo necesario y primordial para que pueda producirse una relación entre causa y efecto.

La actividad delictiva no iba a ser un apartado distinto a esta dualidad. El delito ha estado, está y estará, como un acompañante en el camino del ser humano. La delincuencia tradicional, lejos de estar obsoleta en el tiempo, continúa en nuestra compañía, haciendo estragos con los mismos métodos y recursos que se suceden a lo largo de los años.

Esta longevidad, lejos de estancarse en el tiempo continúa vigente, y encuentra nuevos retos y caminos para adentrarse en un nuevo mundo delincuencial. La tecnología se va a encargar de poner los recursos necesarios para los ávidos del mundo criminal de encontrar puertas abiertas donde volver su instinto criminal en busca de nuevas víctimas donde plasmar sus conocimientos informáticos. Así, surgen las figuras del ciberdelincuente y la cibervíctima.

La aparición de Internet, va a suponer un logro exponencial en lo referente al mundo criminal, no solo desde el punto de vista del atacante sino de la propia víctima. La complejidad de la persecución del delincuente en el campo virtual dificulta su persecución e investigación, debido en gran medida a la magnitud del ciberespacio delincuencial que aparece ofreciendo un sinfín de delitos por realizar, lo que implica una investigación ardua y compleja donde confluyen múltiples factores de fijación y localización que dificultan el rastreo y persecución de los delincuentes. Si en tiempos

---

56 Cfr., LINDE GARCÍA, Antonia, BALCELLS MAGRANS, Marc y BENITO, María Ciberdelincuencia: ¿qué es y cómo combatirla? Se encuentra disponible en: https://blogs.uoc.edu/edcp/es/ciberdelincuencia-que-es-y-como-combatirla/.

pretéritos, autor y víctima, resultaban evidentes en sus múltiples y variados actos delictivos, en la actualidad, el entramado de la Red dificulta la autoría del hecho delictivo, ya que posee en sus acciones, una característica que la hace, en ocasiones, invisible a la acción de la justicia, como es el anonimato.

En el otro lado, del acto criminal, tendremos a la víctima. Al igual que ocurría y ocurre con la víctima, el agresor siempre ha intentado escoger a la que considera su presa más débil para llevar a cabo su acción. El delincuente tradicional, al igual que ocurre con el ciberdelincuente hace un estudio de la víctima en virtud de sus condiciones físicas o conocimientos tecnológicos, desde el punto de vista de la informática, que le inducen a valorar su confianza o débil preparación en el mundo virtual, lo que le hace focalizar en ella su atención para obtener el éxito de su acción.

Desde el ámbito del ciberdelincuente las oportunidades son mayores para alcanzar éxito en sus delitos, ya que no tiene que realizar la acción delictiva con presencia física frente a la víctima, y el resto de personas que confluyen en un espacio físico donde tiene lugar la comisión de delito y, que de alguna manera, puede entorpecer o dificultar el éxito de su delito. De alguna forma, el atacante se ve libre de obstáculos para realizar el hecho delictivo al no contar en el momento de su ejecución con sistemas de seguridad que puedan intervenir dando al traste con su oportunidad.

En el marco de la delincuencia tradicional, el hecho probatorio del delito cometido resultaba en principio de una mayor facilidad probatoria entre autor y víctima, al encontrarse ambos en un mismo espacio físico donde se ejecutaba la acción criminal. Una vez que se ha llevado a cabo la acción delictiva, el agresor está amparado en la presencia de inocencia, en tanto en cuanto, se produce la sentencia firme.

Sin embargo, en los delitos informáticos debido a su grado de tecnificación y dificultad de seguimiento, hace que múltiples delitos queden sin persecución, hecho que produce una alta probabilidad de impunidad, que redunda en un mayor beneficio para el ciberdelincuente y, un mayor agravio comparativo, para la víctima.

El acto probatorio debido en gran parte al anonimato de sus autores, tiene una especial incidencia en su impunidad, ya que al contrario que ocurría y ocurre con los delitos tradicionales, donde el espacio físico y temporal, entre agresor y víctima, resultaba imprescindible para su realización, en la Red no es condición *sine qua non* para ejecutar la acción criminal quedando impunes muchos delitos que son descubiertos con posterioridad a su ejecución. Este apartado temporal delincuencial resulta fundamental, no solo en cuanto a su persecución, ya que puede haber tenido lugar con anterioridad a su descubrimiento, sino que facilita la impunidad de estos por falta de pruebas que pueden haber sido borradas por sus autores, por lo que aparece la figura de la impunidad y el anonimato de su autor.

1.10 LA PRUEBA PERICIAL EN LOS CIBERDELITOS

La aparición del delito informático y, en consecuencia, el auge de la ciberdelincuencia hace que la prueba digital en el proceso penal comience a coger un mayor protagonismo con la irrupción de la informática en el entorno de la sociedad, al tener una especial incidencia en los comportamientos sociales, ya que repercuten directamente en el campo delictivo.

Las nuevas tecnologías además de facilitar la realización del hecho punible hacen que redunde en una mayor impunidad al resultar más difícil y laboriosa su persecución, teniendo una especial relevancia en el crimen organizado.

El elevado índice de impunidad que ostentan los ciberdelitos debido a la multitud de actos criminales que se suceden en la Red por el uso de múltiples dispositivos como tablets, teléfonos móviles, dispositivos USB, y otros de uso cotidiano hacen que su persecución y localización resulte difícil de enjuiciar el ciberdelito.[57]

La pantalla del ordenador personal o del teléfono móvil ofrece al ciberdelincuente un sentimiento de impunidad que le anima a la consecución de la realización de actos delictivos amparándose en lo que considera una navegación segura por la Red donde su presencia no va a poder ser detectada o localizada.

La impunidad que se produce en muchos de los ciberdelitos que se cometen en Internet, son como consecuencia del desconocimiento que la autoridad judicial tiene del hecho delictivo. El anonimato se acrecienta por la falta de denuncias que se dejan de plantear, fundamentalmente, por la complejidad que supone su seguimiento y el tremendo desconocimiento de los mecanismos de información que se plantean ante la aparición de una nueva forma de delinquir donde la víctima resulta ser el último eslabón de la cadena y la falta de confianza en poder descubrir y resarcirle el daño ocasionado por lo que estos actos delictivos pasan a formar parte del entramado de la impunidad.

Una de la dificultad con la que se encuentra la investigación tecnológica y la obtención de la prueba digital para el proceso penal, consiste en que el ciberdelito tiene un difícil seguimiento en la Red para su rastreo por su transformación y la rapidez de su consecución.

La obtención, preservación y su incorporación al proceso, requiere de operaciones complejas donde tienen que armonizar los estamentos necesarios para la persecución de los ciberdelitos. La aparición de una nueva modalidad delictiva

---

57 Cfr., https://indalics.com/blog/ciberdelincuencia.

exige que el sistema penal se adecue y forme con rapidez, no solo en el nivel de la formación de profesionales, sino de los instrumentos tecnológicos más avanzados para su preservación, además de contar con una normativa que regule de forma legal como base probatoria de los datos adquiridos.[58]

En el ámbito de la vida han surgido nuevas modalidades, ideas, comportamientos y/o signos de una naturaleza que, en un principio, han resultado novedosos e incipientes difíciles de categorizar debido a su primigenia aparición. Hechos que por su inusitada irrupción han focalizado la atención del público, en general, al no comprender de qué se podía tratar o, en realidad, de que se estaba tratando del hecho en concreto.

La delincuencia no iba a ser un caso aislado y ajeno a esta tendencia. Así, en la antigua Babilonia y Persia, se comenzaron a utilizar las impresiones dactilares como prueba de identificación de las personas. El antropólogo Francisc Galton (1822-1911) publicaba en una obra titulada *Huellas dactilares*, en 1892, donde afirmaba la invariabilidad de las huellas de un individuo a lo largo de su vida con carácter distintivo, incluso en el caso de gemelos idénticos.

Los cuarenta rasgos propuestos por Galton para establecer la clasificación de las impresiones dactilares, serán posteriormente, mejoradas por el investigador de la policía argentina, Juan Vucetich. Este simplificaba el método basándolo en cuatro rasgos principales: arcos, presillas internas, presillas externas y verticilos. A partir de sus métodos, en 1891, se instaura el registro dactiloscópico de las personas. En 1892, Francisca Rojas, es considerada por la ciencia criminalística como la primera asesina en el mundo condenada a partir de sus huellas dactilares.

Otra valoración científica en cuestiones legales va a tener un papel primordial y fundamental la aparición del ADN. La denominada Genética Forense ha marcado un antes y un después en la resolución de ciertos casos penales. El ADN o "huella genética" consiste en el estudio de una serie de fragmentos de ADN —abreviatura del Ácido DesoxirriboNucleico, molécula compleja que se encuentra dentro de cada célula de nuestro cuerpo y contiene todas las instrucciones necesarias para crear y mantener la vida— que están presentes en todos los individuos pero que poseen la característica de ser altamente variables o polimórficos entre los mismos. Al igual que ocurre con las huellas dactilares el ADN no cambia a lo largo de la vida de una persona. Constituye una herramienta fundamental en la investigación, porque con la excepción de la existencia de dos gemelos idénticos, no existen otras personas con el ADN igual. Por tanto, la evidencia en la escena del crimen constituye una prueba irrefutable para vincular o eliminar a un sospechoso del acto criminal.

---

58 Ibídem., https://indalics.com/blog/ciberdelincuencia.

Realizado este breve preludio y con la realización de un ciberdelito, para poder llevar a cabo la carga de la prueba que cumpla con los requisitos necesarios de presentación en un proceso penal, debe cumplir con una serie de protocolos en cuanto al levantamiento y copia de la evidencia que realiza. Realizado este requisito y documentada su labor, se procederá a la custodia del peritaje hasta que sea puesto a disposición del Ministerio Fiscal.[59]

El análisis forense digital al igual que sucede con los procesos específicos donde los funcionarios recogen pruebas físicas de la escena del crimen, los investigadores forenses digitales tienen un estricto proceso forense, conocido como "cadena de custodia" para evitar la manipulación de las pruebas digitales.

El análisis forense digital surge a principios de 1980. El aumento de la digitalización a nivel mundial hace que los delitos virtuales aumenten de forma exponencial al verse involucrados cada vez un mayor número de personas en el uso de Internet. Ante esta situación se hace necesario que los funcionarios actualicen sus procedimientos para poder garantizar que sus investigaciones penales trataran las pruebas digitales de forma admisible para ser presentadas ante un tribunal.[60]

---

59 https://es.linkedin.com/pulse/la-prueba-forense-en-ciberseguridad-necesidad-de-un-l%C3%B3 pez-maluenda.

60 Cfr., https://www.ibm.com/es-es/topics/digital-forensics.

El Instituto Nacional de Estándares y Tecnología (NIST), establece cuatro pasos en el proceso de análisis forense digital:

▸ *Recopilación de datos.* Trata de identificar los dispositivos digitales o de almacenamiento de medios que contengan datos, metadatos o información digital que pueda ser relevante para la investigación de análisis forense digital.

   Para preservar la integridad de las pruebas, los equipos forenses llevarán a cabo la duplicidad de los datos utilizando un duplicador de discos duros o una herramienta de imágenes forenses. Después aseguran los originales y realizan el resto de la investigación con las copias realizadas evitando su manipulación.

▸ *Examen.* Los investigadores revisan los datos y metadatos en busca de signos de la actividad del ciberdelincuente que pudiera haber sido tratado informáticamente.

▸ *Análisis de datos.* Entre los métodos para descubrir datos "ocultos" pueden utilizar técnicas forenses especializadas, como el *análisis en tiempo real*, evaluando los sistemas que se están ejecutando en busca de datos volátiles, o la *esteganografía inversa*, que expone los datos ocultos mediante la esteganografía —método para ocultar información confidencial dentro de mensajes de apariencia ordinaria—.

▸ *Informes.* Finalizada la investigación, los forenses elaboran un informe formal, describiendo su análisis donde se incluye el hecho analizado y el presunto responsable.[61]

1.11 ESTRATEGIA MUNDIAL CONTRA LA CIBERDELINCUENCIA

La era digital ha abierto un nuevo uso de la delincuencia amparada en el mundo virtual donde la ciberdelincuencia encuentra su campo de expansión y consolidación de los grupos organizados donde sus ramificaciones abarcan todo el sistema a nivel mundial. Estas actividades han supuesto un desafío en materia legal y de seguridad a nivel individual, organizativo o de gobiernos en todo el mundo. La proliferación de estas actividades ha llevado a los gobiernos a establecer un marco legal y normativo que abarque y defina los delitos informáticos, las penas correspondientes y los procedimientos en la recopilación de las pruebas digitales.

---

61 Ibídem., https://www.ibm.com/es-es/topics/digital-forensics.

La cooperación internacional es fundamental en su unión para que los delitos cibernéticos no encuentren paraísos donde la falta de legislación pertinente les permita encontrar lagunas legislativas.

La efectividad de las estrategias legales deben fortalecerse invirtiendo en la formación de equipos especializados, dotándoles de una tecnología avanzada y promover la cooperación nacional e internacional. Además de establecer protocolos para la resolución de incidentes cibernéticos de forma rápida y coordinada ante ataques informáticos.[62]

La Unión Europea, en octubre de 2020, solicitaron una capacidad de mejora para protegerse contra las ciberamenazas, proporcionar un entorno de comunicación seguro, mediante la encriptación cuántica y garantizar el acceso a los datos a efectos policiales y judiciales.[63]

Se ha establecido un Reglamento sobre la Ciberseguridad, donde la UE ha implantado un marco único de certificación a escala de la UE que:

▶ Genera confianza.

▶ Aumenta el crecimiento del mercado de la ciberseguridad.

▶ Facilita el comercio en la UE.[64]

El 10 de octubre de 2024, el Consejo Europeo adoptó la Ley de Ciberresiliencia (CRA), un reglamento diseñado para garantizar que los productos con funciones digitales sean seguros de usar y resilientes a las amenazas cibernéticas y proporcionen información sobre su seguridad.[65]

La Ley de Ciberresiliencia impone obligaciones a los fabricantes de productos digitales. Entre sus especificaciones influyen:

1. *Requisitos de ciberseguridad obligatorios.* Los productos digitales deben cumplir con las normas de seguridad en materia de diseño, desarrollo y mantenimiento, eliminando las vulnerabilidades e implementando actualizaciones periódicas.

---

62 https://legaltcm.com/estrategias-legales-para-combatir-la-ciberdelincuencia/.

63 https://www.consilium.europa.eu/es/policies/cybersecurity/.

64 Ibídem., https://www.consilium.europa.eu/es/policies/cybersecurity/.

65 https://www.google.com/search?sca_esv=cede7393a1f5fe97&q=Ley+de+ciberseguridad+Europea&sa=X&ved=2ahUKEwiwpaWVoeiJAxVtfKQEHcpbHwEQ1QJ6BAhDEAE&biw=1366&bih=641&dpr=1.

2. *Actualizaciones continuas*. Las empresas están obligadas a proporcionar soporte y actualizaciones de seguridad durante su vida útil asegurando que las vulnerabilidades sean corregidas a medida que se descubran.

3. *Notificación obligatoria de vulnerabilidades*. Los fabricantes deben comunicar a las autoridades competentes dentro de las 24 horas de su descubrimiento cualquier vulnerabilidad que descubran.

4. *Supervisión del mercado*. La ley exige que se establezcan mecanismos de seguridad para los productos vendidos en zona europea que garanticen los estándares de seguridad.

5. *Transparencia para los consumidores*. Los fabricantes deben proporcionar información clara a los consumidores sobre la seguridad de sus productos.[66]

La economía mundial está cada vez más supeditada al mundo digital, por lo que los ataques a las organizaciones e infraestructuras son cada vez más habituales y complejos de combatir. Según datos de la Comisión Europea los costes que generan el intento de perturbar el tráfico en Internet y la violación de seguridad de los datos, oscilan alrededor de los setenta y cinco mil millones de euros al año.[67]

---

66 https://www.deltaprotect.com/blog/ley-de-ciberresilencia-ue.

67 Ibídem., https://www.deltaprotect.com/blog/ley-de-ciberresilencia-ue.

2

CIBERCRIMINALIDAD

La cibercriminalidad es un fenómeno que desde la aparición del espacio virtual, por medio de Internet, se ha convertido en una forma de delinquir sin fronteras y sumida en el anonimato. Este fenómeno compagina una serie de elementos en su actuación donde se produce una intersección entre la tecnología, la sociedad actual sumida en el campo de la informática y el hecho delictivo.

La comunicación y el amplio entorno de la información hace que la cibercriminalidad encuentre un abono para sus actividades criminales, que lejos de ir desapareciendo muestran un panorama expansivo donde sus redes criminales pugna desde el anonimato de imponer su ley sobre el resto de organizaciones, para obtener el dominio del mercado, a la vez que mediatiza el poder de las naciones, grupos empresariales, o individuos, que en ocasiones, se ven pirateados en sus sistemas mediantes chantajes o coacciones para obtener algún beneficio económico o de otra índole.

Sus actividades pueden resultar diversas desde el robo de datos o la estafa en línea hasta el sabotaje de infraestructuras críticas, el ciberespionaje y/o el ciberterrorismo.

La cibercriminalidad al poder operar sin fronteras físicas que delimiten de alguna manera su acto delictivo, con el riesgo que ello implica, en cuanto a su movilidad y facilidad de huida, permite que su expansión en el espacio-temporal le resulte de gran ayuda pudiendo valerse del anonimato y del número de actos criminales que pueden ejecutar en un mismo espacio de tiempo.

La identificación y el seguimiento de los hechos delictivos resultan muy complejos en cuanto a su persecución y, en consecuencia, su tarea es ardua basada en la inmediatez, lo que permite en gran medida su facilidad para delinquir, dificultando el hacer efectivas de forma rápida y segura las medidas de seguridad.

2.1 CIBERCRIMEN Y CIBERCRIMINALIDAD

Tratar de definir el concepto de "cibercrimen" resulta complejo e impreciso a la hora de concretar su definición. La explicación del delito cibernético o cibercrimen resulta imprecisa ya que abarca conceptos muy amplios.

Debido en gran parte a la novedosa aparición de Internet el lenguaje asociado a su entorno se ha visto multiplicado de forma exponencial en cuanto acontece con su terminología. Así, vemos que conceptos como "delito cibernético" y "delito informático" resultan algo confusos en cuanto a su distinción y separación de campos de aplicación. Los delitos cibernéticos abarcan una amplia variedad de delitos que se producen en el ciberespacio. El cibercrimen abarca el delito informático pero esto no implica que todo delito informático sea un cibercrimen.

El cibercrimen es una actividad delictiva que se realiza por medio de una computadora, una red informática o un dispositivo en red, o mediante la utilización de uno de estos elementos.

No obstante, y dada la complejidad y magnitud del término "cibercrimen" existen por parte de numerosos investigadores un acuerdo en cuanto a su delimitación manifestando que se trata de una actividad ilegal realizada mediante un computador.

Por tanto, y para realizar una síntesis y no divagar en sus múltiples concepciones se podría afirmar que el delito cibernético, en su acepción amplia, comprendería tanto los delitos comunes que se cometen a través de medios informáticos, como nuevos delitos, cuya ejecución solo es posible debido a la existencia de dichos medios.[68]

2.2 DIFERENCIA ENTRE "DELITO INFORMÁTICO" Y "DELITO CIBERNÉTICO"

En los últimos años, se ha venido utilizando, no de forma generalizada, la denominación de "delitos informáticos" por la de "cibercrimen" y "cibercriminalidad". Este cambio de calificación, desde el ámbito criminológico, tiene lugar por el comportamiento ilícito en la Red y la preocupación legal en relación con ellos.

Internet, constituye la Red más popular y a través de la cual se realizan todo tipo de actividades delictivas, constituyendo en sí misma, un medio informático, por lo que el concepto de "ciberdelito" podría considerarse dentro de la clasificación y tipificación como de "delito informático". Sin embargo, y de una forma indistinta se ha venido, y se sigue manejando de forma continuada y reiterativa términos como

---

68 Cfr., CAVADA HERRERA, Juan Pablo, Cibercrimen y delito informático: definiciones en legislación internacional, nacional y extranjera, Biblioteca del Congreso Nacional de Chile, Asesoría Técnica Parlamentaria, julio 2020. Disponible en: https://obtienearchivo.bcn.cl/obtienearchivo?id=repositori o/10221/29012/2/Definicion_y_regulacion_de_cibercrimen_y_delito_informatico_JPC_edit.pdf.

ciberdelincuencia, ciberdelito, cibercrimen, cibercriminalidad, delitos informáticos, todos conceptos que engloban una misma actividad en el mundo virtual donde tienen su presencia y, que no es otra, que la actividad delincuencial.[69]

Dada la aparición y expansión de los delitos informáticos, en su origen no concebía el delito informático como un bien jurídico protegido común, sino un ámbito de riesgo, donde la expansión de la tecnología y su campo de acción en el espacio virtual, hace necesario de una readaptación jurídica y/o penal, donde tuvieran cabida todo el espectro criminal adaptándola a la nueva realidad informática. El riesgo del uso de la actividad informática concentraba nuevas formas sociales en los hábitos conductuales de las personas y, en consecuencia, se incrementaba el peligro para los bienes haciendo acto de presencia delitos como el fraude informático, el espionaje informático o la piratería informática, entre otros delitos. Este tipo de actuaciones delictivas, en principio, podían ser consideradas como tipologías de conductas, pero no como una consideración penal.[70]

Debido en gran parte a la proliferación y expansión de los delitos virtuales y su gran uso en la Red, la terminología se ha ido adaptando a la aparición de nuevas modalidades, y donde su raíz se basa en la delincuencia tradicional de todos los tiempos. Esta nueva concepción del delito basada en la informática ha tenido como consecuencia el querer identificar de una forma precisa y concisa el cumulo de datos a ser descifrados e interpretados para su nominación.

En base a ello, numerosos investigadores han tratado de establecer definiciones doctrinales, donde se concretará una definición homogénea y universal.

Dentro del "delito informático" se deben compatibilizar todas las modalidades de hechos ilícitos. En consecuencia, el "delito informático" puede definirse como una conducta tipificada como ilícita por la ley, antijurídica y culpable, cometida contra el soporte lógico de un sistema informático o tratamiento automatizado de la información, generalmente mediante elementos computacionales.[71]

Establecer una definición única resulta complicado de aglutinar el amplio espectro de conceptos que tienen en común el medio utilizado para su ejecución. Así, aparecen términos como delincuencia informática, abuso informático, delitos informáticos, criminalidad informática. Todas estas modalidades delictivas representan una pluralidad de hechos delictivos vinculados a un nexo común como es

---

69   MIRÓ LLINARES, Fernando, El cibercrimen. Fenomenología y criminología de la delincuencia en el ciberespacio, Derecho Penal y Criminología, Marcial Pons, Ediciones jurídicas y sociales, S.A., Madrid, 2012, p. 33.

70   Ibídem., pp. 35–36.

71   http://revistasbolivianas.umsa.bo/scielo.php?pid=S1997-40442009000200030&script=sci_arttext &tlng=es.

el de la computadora para su realización. Por tanto, no se trata de un delito concreto al tratar de definir y encasillar como "delito informático" la realización de un hecho delictivo concreto, sino que el uso del medio de las computadoras, hace posible un campo más amplio y universal del mundo criminal.

El "delito cibernético", recogería situaciones donde el elemento informático se encontraría en el objeto de la conducta penada y aquellas donde dicho elemento representa el medio para la realización del hecho delictivo.[72]

La denominación de "delito informático" se ha venido sustituyendo por "cibercrimen", por algunos autores, para contemplar todos los delitos realizados en el ciberespacio. Este cambio de denominación, desde el ámbito criminológico, va a experimentar un cambio sustancial desde su aparición donde los comportamientos ilícitos en la Red y sus efectos legales van a ser el efecto de riesgo de la información del sistema informático al pasar a las redes telemáticas donde confluyen los intereses personales y sociales a través de su conexión.[73]

El cibercrimen al igual que viene ocurriendo con el término de delito informático resulta imprecisa a la hora de establecer una definición homogénea que pueda ser aceptada por todos los especialistas del tema. Es cierto que puede existir unanimidad en el hecho de que dicha actividad tiene como método de ejecución el computador. Sin embargo, la discrepancia radica en el lugar donde se comete la acción delictiva. Dentro de estas discrepancias surgen definiciones diversas por parte de algunos investigadores:

- ▸ Chung (2004): actividades ilegales realizadas a través de la computadora que a menudo tienen lugar en las redes electrónicas globales.

- ▸ Parker (1998): afirma que es el sistema de información que sirve de canal.

- ▸ Philippsohn (2001): considera que se realizan a través de Internet.

- ▸ Power (2002): lo asume como la intromisión sin autorización de un computador.[74]

---

72 Op. cit., CAVADA HERRERA, Juan Pablo, Cibercrimen y delito informático: definiciones en legislación internacional, nacional y extranjera, Biblioteca del Congreso Nacional de Chile, Asesoría Técnica Parlamentaria, julio 2020. Disponible en: https://obtienearchivo.bcn.cl/obtienearchivo?id=repositori o/10221/29012/2/Definicion_y_regulacion_de_cibercrimen_y_delito_informatico_JPC_edit.pdf.

73 Op. cit., MIRÓ LLINARES, Fernando, El cibercrimen. Fenomenología y criminología de la delincuencia en el ciberespacio, Derecho Penal y Criminología, Marcial Pons, Ediciones jurídicas y sociales, S.A., Madrid, 2012, p. 37.

74 RODRÍGUEZ FLOREZ, María Eugenia, América Latina ¿debe crear un sistema de normas armonizadas para el cibercrimen?, Trabajos de Investigación en Políticas Públicas, Departamento de Economía, U. de Chile, número 16, septiembre 2013, p. 2.

Ambos términos pueden considerarse prácticamente iguales, sin embargo, podría existir una diferencia en cuanto a su finalidad o intencionalidad, ya que el cibercrimen sirve para identificar el *modus operandi* que tiene lugar con la aparición de Internet donde confluyen todas las actividades o comportamientos criminales.

2.3 TIPOS DE CIBERCRIMEN

La cibercriminalidad constituye una nueva faceta delictiva como fenómeno social que se integra en el contexto de la política criminal dentro del nuevo derecho penal. Las legislaciones penales actuales ancladas en los comportamientos delictivos tradicionales se han visto sorprendidas y superadas por una irrupción de nuevas conductas antijurídicas que, en determinados casos, han quedado impunes debido a la falta de legislación en la que poder encasillar determinadas figuras criminales, por lo que estas acciones delictivas han resultado invisibles para su catalogación. El delito siempre ha estado, está y estará, por delante de una legislación que contemple todas las acciones y hechos delictivos que se puedan cometer en tiempo real, ya que si sucede una nueva modalidad delictiva, no contemplada penalmente, resulta una obviedad que no existiría la posibilidad de penar algo que no existe. Por tanto, ante esta explosión criminal que ha tenido como foco de su propagación el espacio virtual, el mundo del derecho tiene ante sí una ardua tarea en la composición, regulación y legislación, para atajar y conseguir una doctrina legal que abarque toda actividad criminal.

Desde el punto de vista criminológico cabría establecer una clasificación en base a los objetivos a conseguir. Dada la variedad tipológica de la cibercriminalidad donde tiene cabida múltiples actividades delictivas caracterizadas por la utilización de redes telemáticas y otros servicios de las TIC, sería necesario sistematizar el paso experimentado desde los primeros ataques a los sistemas informáticos hasta las últimas formas de ciberterrorismo. Lo que se requiere, en la actualidad, es la realización de un estudio tipológico de los comportamientos delictivos aparecidos en Internet y, en definitiva, lo que se pretende es incluir las conductas delictivas, independientemente del medio utilizado o por el objeto contra el que se comete, y no separarlas.[75]

2.3.1 La cibercriminalidad económica

Que se caracteriza porque el delincuente, haciendo uso de dispositivos y tecnologías informáticas, se apodera de activos ajenos para obtener un beneficio

---

75 Cfr., MIRÓ LLINARES, Fernando, El cibercrimen. Fenomenología y criminología de la delincuencia en el ciberespacio, Derecho Penal y Criminología, Marcial Pons, Ediciones jurídicas y sociales, S.A., Madrid, 2012, p. 48.

lucrativo. Es decir, converge un atentado contra el patrimonio económico del sujeto pasivo.[76]

El cibercriminal económico utiliza toda la información contenida en la Red, así como los dispositivos, sistemas o elementos de las TIC para obtener un beneficio económico. Dada la complejidad del entramado de la Red puede producirse una simbiosis en los comportamientos ilícitos cometidos al entremezclarse en el ciberespacio una misma comisión delictiva pero cuya finalidad radica en la consecución de un beneficio económico a nivel personal o de las organizaciones criminales que operan en Internet.

El envío de correos *spam*, como ataque a las terminales informáticas puede suponer un primer paso para la infección con *malware*. Estos ataques que en principio parecen tener una menor lesividad, suelen formar parte de una cadena de ataques que tienen como finalidad la defraudación del patrimonio de la víctima o la utilización de su sistema para la comisión de otras actividades delictivas.

Una nueva modalidad dentro del cibercrimen económico está el *hacking* que su método es más directo ya que accede directamente a la información bancaria o incluso a la entidad para realizar el fraude, aprovechando las debilidades del sistema o las que la propia víctima ha ido creando en el sistema. En definitiva, el cibercrimen económico recoge un amplio espectro delictivo donde se aglutinan múltiples tipologías criminales cuya finalidad desemboca en el fraude económico.[77]

2.3.2 La cibercriminalidad social

Donde las redes sociales han supuesto un gran auge en el desarrollo del ocio y de las relaciones sociales, y donde el nivel de intimidad de las personas queda contenido en la *web* pudiendo acceder un gran número de usuarios para hacer uso de la identidad de la víctima.

El uso de las redes sociales ha supuesto un medio de contacto a nivel global que permite almacenar todo tipo de información, no solo de carácter personal, sino que tiene cabida información sobre nuestras cuentas bancarias, datos académicos,

---

76 https://bibliotecadigital.aecid.es/bibliodig/pub_aecid/es/consulta/registro.do?id=12725 Sistematización del Curso Virtual. Ciberdelincuencia. Curso la Ciberdelincuencia: Tratamiento preventivo, procesal y sustantivo desde una perspectiva internacional, Consejo General del Poder Judicial, Aula Iberoamericana, Cooperación Española, Conocimiento/Intercoonecta, Segunda Edición, 2021.

77 Cfr., MIRÓ LLINARES, Fernando, El cibercrimen. Fenomenología y criminología de la delincuencia en el ciberespacio, Derecho Penal y Criminología, Marcial Pons, Ediciones jurídicas y sociales, S.A., Madrid, 2012, pp.120–121.

sanitarios, ideológicos, religiosos, y todos aquellos que tengan que ver con nuestra personalidad. Este papel de las redes sociales tiene una especial relevancia en la juventud donde el intercambio de datos, entre unos y otros, es constante para comunicarse y donde el espacio físico deja de tener relevancia ya que no precisa de un contacto visual entre ambas partes ya que se puede realizar a través del ciberespacio.

La transición delictiva tradicional ha ido dando paso a conductas cibercriminales donde se ven exponencialmente aumentadas, al contar con un mayor número de ejecuciones y de no precisar para su realización del binomio *espacio-temporal*. El uso de la telefonía móvil o de los correos electrónicos y, otros medios informáticos, han hecho proliferar comportamientos delictivos donde el agresor encuentra un caldo de cultivo donde dar rienda suelta a la creación de perfiles falsos o la difusión de imágenes para dañar a la víctima con la finalidad de perjudicar su identidad o del desprecio en su relación grupal. Los sistemas de comunicación entre personas como los *chats* y la telefonía móvil permiten un contacto visual de dimensiones ilimitadas.[78]

La aparición de las redes sociales ha supuesto un cambio en los hábitos de la comunicación entre las personas. El uso de *Facebook* o de *Tuenti*, como ejemplos representativos, han hecho desaparecer el espacio físico para sustituirlo por el ciberespacio. Este cambio ha traído consigo una serie de circunstancias coyunturales que han perjudicado las relaciones tradicionales entre dos o más personas al necesitar del contacto visual para poder comunicarse y obtener una referencia de su aspecto físico, hábitos, costumbres y otras particularidades que en el encuentro podía visualizar. El ciberespacio anula todo tipo de evaluación al dotarle el espacio virtual de un anonimato de posibles ciberdelincuentes que puedan resultar lesivas para la víctima desde el chantaje, acoso escolar, acoso sexual, etc.[79]

Estas actitudes ya tienen presencia de forma generalizada, en diferentes estamentos como ocurre en el ámbito escolar donde el acoso escolar o *bullying* constituye un nuevo tipo de violencia escolar que se caracteriza por la reiterada conducta de intimidación hacia la víctima que implica un abuso de poder por parte del agresor. Al igual que tiene su reflejo en el ámbito laboral con el *mobbing* con las acciones hostiles y repetitivas contra algún trabajador al que pretenden intimidar, desprestigiar o desestabilizar a la víctima.[80]

---

78 Op. cit., ÁGUILA SÁNCHEZ, Miguel Ángel, Tipos y Formas de delincuencia, Editorial Universitas, Madrid, 2013, p. 284.

79 Ibídem., pp. 284-285.

80 Op. cit., MIRÓ LLINARES, Fernando, El cibercrimen. Fenomenología y criminología de la delincuencia en el ciberespacio, Derecho Penal y Criminología, Marcial Pons, Ediciones jurídicas y sociales, S.A., Madrid, 2012, pp.123–125.

2.3.3 La cibercriminalidad política

Se aleja de los patrones de las dos anteriores, tanto del aspecto económico como social. La finalidad de esta cibercriminalidad radica en el uso de Internet para aplicarlo a sus fines, convirtiéndola en una herramienta con fines políticos, religiosos, de captación de adeptos para su ideología, o de ataques dirigidos contra los estamentos estatales o institucionales que se encuentran dependientes de la Red. Supone un canal de unión y comunicación para transmitir ideas ideológicas que puedan ser seguidas y expandidas por multitud de adeptos o correligionarios. El espacio geográfico como se viene comentando ya no es imprescindible para la captación de nuevos seguidores a la causa y de su propagación a nivel mundial.

El ciberespacio va a suponer nuevas formas de cibercriminalidad basándose en el ámbito de la política. Internet se convierte en un instrumento de lucha política o ideológica donde sus aplicaciones pueden ser muy variadas, al encontrarse en un espacio interconectado de carácter global.[81]

2.3.3.1 EL CIBERHACKTIVISMO

Esta actividad nos mostraría los ataques que llevarían los *hackers* informáticos con la finalidad de lanzar un mensaje de carácter político, ideológico o religioso, o en defensa, de derechos sociales. En la actualidad, muchos de los *hackers* se han introducido en las redes sociales con la finalidad de atacar al sector industrial tratando de impedir que los estados controlen el ciberespacio.[82]

---

81 Op. cit., ÁGUILA SÁNCHEZ, Miguel Ángel, Tipos y Formas de delincuencia, Editorial Universitas, Madrid, 2013, p. 282.

82 Ibídem., p. 282.

También se la puede denominar criminalidad política, aunque no sea considerada como una lucha entre estados. La unión de los términos activismo y *hacker* sirve para englobar el conjunto de los ataques de los *hackers* informáticos, no con la intención de perjudicar, dañar o robar a la víctima, sino con la finalidad de expandir un mensaje ideológico, o de lucha política, en defensa de la libertad de Internet.[83]

Esta modalidad ciberdelictiva es un reflejo de las técnicas tradicionales surgidas durante los siglos XIX y XX, a través de las luchas sociales denominadas *activismo político*. La diferencia radica en el *status geográfico* que tiene un papel preponderante en toda esta comparación entre la delincuencia tradicional o las manifestaciones políticas o sociales donde el nexo de unión entre unas fuerzas y otras tenía lugar en la calle, es decir, un espacio de enfrentamiento entre las dos posturas. En el ciberespacio, ese *status* no tiene cabida en ese espacio territorial, sino que tiene lugar en el espacio virtual, donde los objetivos pueden ser comunes en ambos casos, pero donde en este último no se vislumbra una cabeza visible como líder del movimiento político o ideológico.[84]

Conviene asimismo resaltar que la propaganda de ideología política o ideológica que puede utilizar el espacio virtual no tiene por qué ser constitutiva de delito. No obstante, y debido a la magnitud de mensajes que se producen y la audiencia tan voluminosa que existe, los estados consideran que se debería ejercer un control sobre el mismo, al considerar que la información que se aglutina en el ciberespacio puede suponer un inmenso poder como medio de difusión. Así, hemos tenido ejemplos de movilización a través de la Red, no desde el prisma de la cibercriminalidad, sino desde el ámbito de convocatoria, como los ocurridos en el 11M con motivo de los atentados acaecidos en Madrid o de la Primavera Árabe en 2010-2013.[85]

Esta actividad del *ciberhacktivismo* no tiene como finalidad la de causar un daño a terceros o de perjudicar económicamente a las víctimas, sino que su idea es la de enviar un mensaje en defensa de las ideas de todo tipo, tanto ideológicas como políticas, pero sustentadas en base a la libertad de expresión a través de Internet cualquiera que sea su ideología o condición política, social, cultural, etc.

---

83 Op. cit., MIRÓ LLINARES, Fernando, El cibercrimen. Fenomenología y criminología de la delincuencia en el ciberespacio, Derecho Penal y Criminología, Marcial Pons, Ediciones jurídicas y sociales, S.A., Madrid, 2012, pp.135–136.

84 Op. cit., ÁGUILA SÁNCHEZ, Miguel Ángel, Tipos y Formas de delincuencia, Editorial Universitas, Madrid, 2013, p. 282.

85 Ibídem., p. 283.

Si en una primera etapa la intención o propósito de los *hackers* no tenía un carácter político, esta ha ido experimentando una transformación, en vista del amplio panorama de captación y de influencia en las masas, para ir desarrollando un empuje y una influencia enfocada al desarrollo de su actividad como motor de su propaganda.

La esencia del *hacktivismo*, en definitiva, lo que pretende es que el espacio virtual no se vea controlado por los estados y las industrias estableciendo una serie de barreras y controles que impidan su uso generalizado.

2.3.3.2 EL CIBERTERRORISMO

La posibilidad de la utilización de las TIC para la realización de ataques contra sistemas informáticos con la finalidad de expandir sus logros por parte de las organizaciones terroristas con la finalidad de desestabilizar a la sociedad y de provocar un estado de alarma en la población ha resultado ser un recurso recurrente por parte de estas organizaciones criminales para tratar de difundir sus proclamas.

El uso y aprovechamiento por parte de los grupos terroristas del uso de las TIC hacen del *ciberterrorismo* un medio expansivo de amplia envergadura donde la sensación que provocan sus mensajes en la población hace que se produzca un grado de desconfianza y desestabilización en los ciudadanos generando un clima de inseguridad creado por los grupos terroristas con sus mensajes o amenazas que provocan una sensación de falta de control por parte de los estados.

La aparición a finales del siglo pasado y, su continuación, en el presente siglo, de dos fenómenos de carácter global van a trascender a nivel mundial y, su notoriedad y expansión, supondrán un cambio en la historia de la humanidad. La popularización del uso de Internet, y su sistema de intercomunicación, tanto personal como grupal, va a dar paso al uso por parte de las organizaciones terroristas de su manejo para llevar a cabo toda clase de comunicados para transmitir sus pensamientos de carácter ideológico, religioso o político, haciendo acto de presencia el terrorismo global, protagonizado principalmente, por el terrorismo islamista.

Antes de la aparición de Internet las organizaciones terroristas se valían de los medios de comunicación convencionales como la televisión, radio, prensa escrita, para atraer la atención del público ante los atentados que cometían sus acólitos y de esta forma crear un clima de inestabilidad en la sociedad. Con la aparición de la Red estos medios pasan a un segundo plano, aunque continúan recogiendo la información de los atentados terroristas, pero la expansión y el control de la información que le proporciona Internet a estos grupos terroristas para la localización y averiguación de centros estratégicos para sus actos criminales, como pueden ser centrales nucleares, aeropuertos, comunicaciones, centros oficiales y, otros puntos, que puedan ser objetivo de sus atentados para inocular un clima de desestabilización y pánico en los ciudadanos.

Asimismo, las organizaciones terroristas se valdrán de este medio como fuente de recaudación de las donaciones que sus integrantes o simpatizantes irán aportando para después ser utilizadas en futuras operaciones terroristas. Esta sensación de pertenencia al grupo le hace partícipe de contarse entre sus seguidores y de ser informado de las acciones que puedan ejecutarse, a nivel grupal o como *lobo solitario*, para la acción terrorista. Organizaciones como Al Qaeda se ha valido de Internet, al igual que otras organizaciones criminales, para la realización de ataques informáticos contra objetivos de los estados, con la finalidad de inutilizar el funcionamiento de su sistema operativo de información.

El ciberespacio se ha convertido en un foco de atención por parte de organizaciones criminales y del terrorismo. Organizaciones como Al Qaeda, Hezbollah, Hamás, utilizan la Red como sistema de comunicación entre sus células con mensajes encriptados, valiéndose del ciberespacio para un sistema operacional de sus atentados como ocurre desde hace décadas y, que hoy en día, se siguen produciendo incursiones por parte de sus células que continúan vigentes, como ocurre en Gaza, Líbano, Siria, Irán, y otros países de la zona, donde el terrorismo yihadista ha ido captando adeptos a su causa orientada principalmente contra el mundo occidental.[86]

---

86 Ibídem., p. 285.

▼ *El reclutamiento de los acólitos.* Anteriormente a la aparición de Internet el sistema de captación de sus acólitos o súbditos se hacía de forma presencial. La aparición de la Red ha posibilitado su reclutamiento sin la necesidad del encuentro físico pudiendo atraer a sus filas mediante un acercamiento virtual donde se procede a su adiestramiento y adoctrinación hacia la causa. En la propia Red pueden encontrar desde la preparación de explosivos hasta el seguimiento por parte del líder espiritual de las operaciones a realizar.

▼ *Forma de comunicación.* Esta tecnología ha aportado a los grupos terroristas un sistema de comunicación y de información donde sus células han ido adaptando y ampliando sus conocimientos hacia sus operaciones criminales valiéndose de la amplitud que el ciberespacio le proporciona y el encriptado de sus mensajes como salvaguardia de sus operaciones.

El terrorismo yihadista ha visto canalizado su sistema de expansión de forma exponencial al no requerir de una presencia física para atraer acólitos o seguidores a su causa, incluso atrayendo a grupos de personas que sin ser adeptos a la misma prestan sus conocimientos informáticos a la organización terrorista.

▼ *Distribución de la propaganda.* En lo que se podría denominar "espacio común" dentro de lo que entendemos por ciberespacio tiene cabida todo tipo de información y de comunicaciones entre los internautas desde todos los ámbitos del pensamiento, desde los políticos, culturales, religiosos, ideológicos, sociales o de cualquier otra consideración. Sin necesidad de pertenencia a una determinada clase social o sin el requisito de encontrarse en un lugar físico común para poder contactar e intercambiar pareceres.

Este requisito ha facilitado a las organizaciones terroristas de nutrirse de conocimientos de personas ajenas a la vinculación terrorista que después han sido manejados para sus acciones delictivas. Este primer contacto, ha sufrido un camino de ida y vuelta, mientras en un primer momento las plataformas digitales, ajenas al movimiento yihadista incipiente, eran las que entregaban sus conocimientos a algunos de los grupos de la *yihad* para difundir sus contenidos. Posteriormente, serán las propias organizaciones terroristas las que capten la atención de las plataformas para transmitir sus mensajes.

Las redes *yihadistas* han optado por la alternativa de la *web 2.0*, consistentes en portales *web* basados en la colaboración e intercambio entre usuarios de información a través de la Red. La ventaja de esta vía es que posee una mayor rapidez de transferencia de datos, pero además tiene una cualidad principal, su grado de anonimato y seguridad, frente a las transferencias de archivos de ordenador a ordenador.

▶ *La presencia de grupos terroristas.* La Red ha permitido que las organizaciones terroristas adquieran un sentido de pertenencia a la "umma virtual" que ha propiciado un incremento sustancial de sus seguidores a nivel mundial.

Las acciones terroristas ya no precisan de un número determinado de terroristas para realizar cualquier atentado, sino que puede ser ejecutado por un individuo, única y exclusivamente, lo que viene siendo denominado como "lobo solitario".

Los lugares de reclutamiento van desde las mezquitas, a los centros culturales, cibercafés, centros de reunión de asociaciones de musulmanes o incluso cuando confluyen en las prisiones, donde es el inicio de su conversión hacia el islamismo más radical y de la *yihad*.

El sujeto individual va acrecentando su creencia religiosa hasta desembocar en una ideología *salafista-yihadista*. Con la radicalización del individuo pasan a denominarse *muyahidines* donde aceptan su participación de forma individual en la *guerra santa*. Esta fase es donde Internet alcanza su grado máximo al producirse el intercambio de relaciones entre los potenciales *yihadistas* a través de la Red para la realización de sus acciones terroristas.[87]

2.3.3.3 LA CIBERGUERRA

El ciberespacio se ha convertido en un campo cuya extensión abarca múltiples actividades que se ven ampliadas de forma exponencial como son el mundo financiero, económico, social, político, cultural o humanitario, que son absorbidas por los ciudadanos como receptores de esos mensajes. Internet ha servido para que tanto los Estados como las propias organizaciones terroristas aprovechen las posibilidades que les ofrece la Red para debilitar a sus enemigos. Los Estados comienzan a utilizar Internet con la finalidad de debilitar a sus enemigos como acción de guerra, como fue el caso de la infección de virus *Stuxnet* llevado a cabo por Israel contra los sistemas informáticos del programa nuclear iraní.[88]

---

87 Ibídem., pp. 286–289.

88 Ibídem., p. 284.

2.4 LA AMENAZA DEL CIBERCRIMEN EN LA SOCIEDAD: MEDIDAS PREVENTIVAS

Internet representa un papel preeminente en la sociedad actual al haberse consolidado como pieza estructural de la sociedad de la información teniendo una especial incidencia en el desarrollo económico. La Red ha posibilitado la desaparición del espacio físico y del contacto personal para transformar las relaciones políticas, económicas, culturales, sociales, además de las personales, dotando a la sociedad de un nuevo modelo de interrelación basado en el denominado "ciberespacio virtual".[89]

Los avances que proporciona Internet en comunicación a las organizaciones terroristas son infinitos, basadas principalmente, en la facilidad para distribuir su información de forma rápida pudiendo adaptar la comunicación a sus necesidades en tiempo real y sin desplazamiento para sus mensajes o noticias, contando con el anonimato de su persona.

Los cibercrímenes han ido evolucionando distanciándose del primer concepto delictivo como era el carácter económico. La figura del *hacker* como especialista en informática, considerado como un sujeto introvertido capaz de llevar a cabo unos logros Informáticos, que puede alcanzar cotas para ocasionar graves problemas a nivel mundial, a todos los niveles, se ha pasado a una generalización del uso de Internet donde hacen acto de presencia las organizaciones criminales convirtiendo el ciberespacio en su campo de actuación para sus actividades ilícitas. Esto conlleva que el campo delictual se agrande, y lejos de ceñirse al aspecto económico, su magnitud se convierta en un amplio espectro criminal dando lugar a una variedad de los perfiles cibercriminales que abarcan todo tipo de actividades punibles.

Esta aparición de los cibercriminales requiere a su vez de un sujeto pasivo para ejecutar sus acciones delictivas. Las víctimas del ciberespacio, al convertirse en un espacio virtual donde tiene lugar toda clase de actuaciones, a nivel social, cultural, político, económico y, de comunicación diaria, entre los internautas, ha permitido a los ciberdelincuentes contar con un horario infinito para navegar en la Red en busca de pescar víctimas que en su mayoría no dominan el uso de la informática, lo que permite su fácil captura.

Según la obra de Ulrich Beck, considera la nueva sociedad postindustrial de nuestro tiempo como una "sociedad de riesgo". El avance de los medios tecnológicos y en especial de las TIC vinculadas a la informática e Internet han supuesto un

---

89 El prefijo cyber proviene del término cyberspace, acuñado por el novelista de ciencia ficción William Gibson, en su obra titulada Neuromancer, publicada en 1984, describiendo el ciberespacio como un ámbito artificial que fusiona las redes de comunicación, datos e información en un entorno digital, donde las personas interactúan con su contenido, pasando del mundo real al mundo virtual.

avance en el bienestar de la sociedad, tanto a nivel individual como colectivo. Pero a su vez este desarrollo conlleva una serie de riesgos que pone en peligro la seguridad de los ciudadanos y, en donde aparecen las organizaciones criminales para irrumpir en un medio que les facilita considerablemente su actividad delictiva, además de incrementar sus beneficios con un mínimo riesgo de persecución en tiempo real.[90]

La cibercriminalidad afecta no solo a gobiernos, organismos oficiales, empresas y, otras instituciones públicas o privadas, sino que tiene una especial incidencia en el individuo a nivel particular. La situación de inseguridad que provoca el cibercrimen en la persona como usuario de la Red hace que tenga una vulnerabilidad que puede afectar tanto a su integridad física, moral o psicológica —amenazas, odio, reputación—, o contra su patrimonio material o informático —capital, información, suplantación identidad— que tiene lugar en el ciberespacio como consecuencia de esa interconexión de los medios informáticos.

El crimen tradicional ha sido superado de forma exponencial por la cibercriminalidad. El número de víctimas, entre una actividad y otra, ha hecho que los delitos comunes en donde la presencia física entre el sujeto activo —delincuente— y el sujeto pasivo —víctima— se hayan visto superados por los delitos cibernéticos donde el crimen organizado ha hecho acto de presencia adueñándose del campo virtual donde consiguen espléndidos beneficios con sus actividades delictivas.

La alta incidencia de cibercrimenes y su repercusión a nivel social debido a la información de noticias, y su propagación por medio de los sistemas de comunicación, hace que la sensación de inseguridad vaya en aumento en la población considerándose cada vez más vulnerable ante los ataques de los grupos organizados.

La proliferación del cibercrimen ha supuesto en la sociedad un clima de desconfianza a los sistemas informáticos, motivado entre otras razones por su falta de conocimiento y preparación a la hora de realizar cualquier actividad que precisan realizar en su vida diaria a través del sistema informático, creando en las personas un estado de desconfianza en su uso, sometiendo a sus usuarios en una fragilidad donde quedan expuestos en las redes de las organizaciones criminales que operan en el ciberespacio.[91]

90　BECK, Ulrich, La sociedad del riesgo: hacia una nueva modernidad, Paidós Ibérica, Barcelona, 1998, cfr., citado en BARRIO ANDRÉS, Moisés, Ciberdelitos. Amenazas criminales del ciberespacio, Editorial Reus, Madrid, 2017, p. 17.

91　ORELLANA, Carlos Iván y CARILLO, Adilio, El miedo al cibercrimen: explorando una faceta novedosa de la inseguridad ciudadana, Red de Conocimiento sobre Seguridad Ciudadana (Conose), Editorial FLACSO, San José, Costa Rica, 2023, p. 11

El poseer un bajo nivel técnico en cuanto al conocimiento de los sistemas tecnológicos, en cuanto a su funcionamiento y dominio de su campo virtual, con un nivel socioeconómico bajo que conlleva una dependencia, en ocasiones, de las gestiones que se realizan mediante el uso de computadoras o móviles, hacen que el riesgo a sufrir un ataque informático sobre sus pertenencias o sistemas bancarios acrecienten su miedo o temor al cibercrimen. La interconexión entre perpetradores y víctimas tienden a pertenecer a grupos o escalas sociales identificadas donde los primeros planifican los métodos de ejecución para la realización de sus operaciones, las cuales, están íntimamente ligadas con las vulnerabilidades de las segundas, sus víctimas.

El cibercrimen al igual que sucede con el delito tradicional opera con métodos similares en su realización. El primer punto en común radica en la búsqueda de la víctima propiciatoria para el hecho delictivo. Generalmente, confluyen en la elección de la víctima, que sea una persona vulnerable tanto en el aspecto físico, en caso de la delincuencia tradicional, como de conocimientos informáticos, bajos o nulos, desde la perspectiva virtual. Esto unido a la amplificación del cibercrimen y el miedo que conlleva, hacen del perpetrador que obtenga unas ventajas virtuales, que le proporciona el espacio temporal, el anonimato y la posibilidad de perpetración sobre un número mayor de víctimas de forma simultánea.[92]

La forma de prevenir o de procurar protegerse es la adopción de adoptar hábitos escrupulosos desde el punto de vista de su uso. Estas prácticas deben ser realizadas sobre fuentes que consideremos realmente fiables que nos proporcionen seguridad en su utilización:

- Desconfiar de correos electrónicos que puedan llevar archivos adjuntos o enlaces de dudosa procedencia y evitar instalar aplicaciones de fuentes desconocidas.

- Evitar la conexión a redes WiFi públicas o gratuitas.

- Utilizar contraseñas complejas que contengan al menos 12 caracteres combinando letras mayúsculas, minúsculas, números y símbolos. Y no tenerlas al alcance de terceras personas procurando cambiarlas de forma periódica.

- Disponer de un dispositivo actualizado y a la vez contar con un sistema antivirus instalado y actualizado.[93]

---

92 Ibídem., pp. 12–14.

93 Cfr., Redacción Red Seguridad, Ciberdelincuencia: tipos y medidas de prevención, de fecha 17/01/2002. Se encuentra disponible en: https://www.redseguridad.com/actualidad/cibercrimen/qu e-es-la-ciberdelincuencia-y-como-se-puede-prevenir_20220117.html.

Los ciberataques, generalmente, que se realizan en el ciberespacio no tiene un objetivo determinado, sino que es la propia víctima en su interactuar por el espacio virtual la que se convierte de forma casual en el objetivo adecuado para el cibercriminal, al encontrar la persona adecuada para su intención y propósito delictivo. El ámbito del ciberespacio constituye un plano delictivo distinto donde se conjugan una serie de requisitos diferentes a los ya comentados de la delincuencia tradicional.

Este apartado, no obstante, si tiene cierta concomitancia en el acto delictivo. Si hiciéramos un examen comparativo entre la delincuencia tradicional y la ciberdelincuencia actual, estaríamos en un plano de caracteres similares. Para la realización del acto delictivo tendríamos al delincuente y la víctima, así como un espacio en común entre ambos. En primer lugar, el espacio físico con la presencia de la víctima en un lugar físico donde confluyen ambos. Y, en segundo, el ciberespacio donde la propia víctima accede al campo virtual convirtiéndose en ese espacio en común entre ambos.

Otra de las características consiste en la temporalidad de la ejecución del hecho delictivo. Mientras, en la primera, es en tiempo real, donde ambos coinciden a la hora de su ejecución. En la segunda, puede tener lugar una vez que la víctima ha iniciado su incursión en el sistema, pudiendo el agresor comenzar su acción o esperar a nuevos movimientos que le proporcionen nuevos retos u oportunidades de finalizar o ampliar su operación.

Dentro de las normas de prevención a instalar, además de las ya expuestas, podemos citar las siguientes:

- ▶ Facilitar los datos personales en sitios de confianza sabiendo el uso que se va a realizar de los mismos. Revisar que la *web* que te solicita la información cuenta con el protocolo SSL (Secure Sockets Layer), es decir, que la dirección que aparece en el navegador se inicie con HTTPS. Esto significa que los datos que has facilitado van por un canal cifrado seguro, lo que te garantiza la seguridad de tus trámites.

- ▶ Cierra todas las sesiones y limpia el navegador. Al terminar de utilizar el navegador cierra siempre tu correo electrónico, redes sociales, mensajería, etc., y elimina los archivos recientes (memoria caché) que has consultado, ya que el navegador almacena todas las páginas que has consultado, siendo necesario eliminar el historial para que otras personas no puedan acceder a los sitios por los que has navegado.

- ▶ Elimina la información personal de forma segura. Antes de vender o cambiar tu computadora conviene eliminar toda la información del disco duro haciendo un programa de barrido para sobrescribir y limpiar el disco eliminando cualquier información personal o datos que puedan ser utilizados por terceros.

Con los móviles, igualmente, es conveniente quitar la memoria o tarjeta de módulo de identidad del suscriptor (SIM) del aparato, debiendo eliminar los datos de los contactos y direcciones, llamadas enviadas y recibidas, mensajes de texto enviados y recibidos, mensajes de voz, historial de búsqueda, fotos, etc., una vez realizada todas estas operaciones y comprobando el barrido de cualquier información que pudiera haberse quedado sería conveniente restaurar el celular de fábrica.

▶ Realizar transacciones seguras. No utilizar equipos públicos para movimientos bancarios o compras por Internet donde pueden quedar grabados tus datos con el uso de un *software* maligno. Las operaciones deben ser realizadas a través de proveedores seguros e identificados.

Revisa de forma periódica tus cuentas para cerciorarte de los movimientos, sabiendo cuales han sido los realizados por ti o personas de tu confianza. En cuanto al móvil si fueras objeto de robo o de perdida lo primero que debes hacer es bloquear la tarjeta que tienes vinculada a la aplicación móvil. Comunica este extremo rápidamente a tu entidad bancaria para que sea bloqueada la cuenta y no puedan hacer ningún movimiento fraudulento.[94]

Procurar siempre estar alejados de cuentas que no sean fiables, así como no mantener contactos a través de perfiles o cuentas falsas.

2.5 LA INVESTIGACIÓN Y PERSECUCIÓN DE LA CIBERCRIMINALIDAD

La aparición de Internet y, con ello, el desarrollo de las nuevas tecnologías han ocupado un espacio vital para la información y las comunicaciones donde el mundo criminal navega con total impunidad en múltiples acciones delictivas que quedan en el anonimato y donde sus víctimas sufren los distintos ataques contra su intimidad, el honor, la libertad sexual, su patrimonio, así como extorsiones o amenazas que ponen en peligro su integridad física.

La novedad de este espacio virtual ha supuesto que tanto el Derecho Penal como el Derecho Procesal Penal hayan tenido que ir evolucionando ante el avance delictivo, al igual que tanto individuos de forma unipersonal, como grupos u

---

94 Cfr., https://urepublicana.edu.co/pages/publicaciones/principal/noticia/10_consejos_sencillos_para_no_caer_ciberdelitos.

organizaciones criminales, han ido haciendo acto de presencia en la Red, y hayan tenido que ir adaptándose a ese nuevo modelo de ejecución delictiva.[95]

Ante esta aparición de ciberdelitos se ha hecho necesaria una actualización de un enfoque supranacional donde las unidades policiales han tenido que ir evolucionando y adaptando sus metodologías al nuevo reto que supone la delincuencia virtual donde su campo de expansión es ilimitado, y dotado de una gran rapidez en su ejecución, tanto en el instante de su realización como de su número de víctimas ocurrido en el mismo periodo de tiempo del acto delictivo. A estas unidades policiales ha sido necesario dotarlas de los medios materiales necesarios para la realización de sus misiones o tareas en la persecución y seguimiento de los hechos punitivos que realizan los agresores.

También es fundamental que para que la investigación y posible detención de los responsables exista un Código Penal y una Ley de Enjuiciamiento Criminal adaptado a las nuevas formas de estos ciberdelitos.

La Ley Orgánica 5/2010, de 22 de junio, por la que se modifica la Ley Orgánica 10/1995, del 23 de noviembre, del Código Penal, en su artículo 183 bis, recoge la siguiente redacción:

"El que a través de Internet, del teléfono o de cualquier otra tecnología de la información y la comunicación contacte con un menor de trece años y proponga concertar un encuentro con el mismo a fin de cometer cualquiera de los delitos descritos en los artículos 178 a 183 y 189, siempre que tal propuesta se acompañe de actos materiales encaminados al acercamiento, será castigado con la pena de uno a tres años de prisión o multa de doce a veinticuatro meses, sin perjuicio de las penas correspondientes a los delitos en su caso cometidos. Las penas se impondrán en su mitad superior cuando el acercamiento se obtenga mediante coacción, intimidación o engaño".[96]

Este cambio en el articulado ha recogido diversas tipificaciones delictivas consideras como ciberdelitos, adecuando el Código Penal, a estas modalidades punibles: amenazas, estafas electrónicas, defraudaciones, prostitución, corrupción de menores, revelación de secretos, delitos contra la intimidad, coacciones, vulneración contra la protección de datos y los correos electrónicos.

---

95 Cfr., RAYÓN BALLESTEROS, María Concepción y GÓMEZ HERNÁNDEZ, José Antonio, Cibercrimen: particularidades en su investigación y enjuiciamiento, Anuario Jurídico y Económico Escurialense, XLVII, Madrid, 2014, p. 211.

96 Cfr., La Ley Orgánica 5/2010, de 22 de junio, por la que se modifica la Ley Orgánica 10/1995, del 23 de noviembre, del Código Penal, BOE número 152, de 23 de junio de 2010, artículo 183 bis, p. 54842.

En el citado artículo 183 bis introduce una figura reconocida internacionalmente como *child grooming* que hace referencia al creciente empleo de Internet y de los sistemas tecnológicos de información con respecto a los delitos de los abusos sexuales con menores.

Asimismo, en el Código Penal continúa habiendo conductas delictivas que no se encuentran recogidas en el mismo, resultando en cierta medida una especie de laguna penal donde no se pueden incluir determinados hechos delictivos que se escapan a su tipificación. Sin embargo, esto no es óbice para considerar que el mal uso de la Red sigue acrecentando su campo criminal, debido fundamentalmente, a su mal uso recogiendo comportamientos como el *spamming*, que se encargan y son consecuencia de los actos parasitarios que interrumpen las comunicaciones y son objeto de inmoralidades en comunicaciones tanto públicas como privadas.[97]

Resulta poco novedoso afirmar que el delito siempre ira por delante de su regulación. Un acto no regulado y tipificado como delito no se le puede aplicar una pena, debido fundamentalmente, a esa falta de tipificación delictual. La fenomenología delictiva es cada vez más extensa y su regulación resulta cada vez más difícil de concretar ya que su constante evolución y su amplitud se fundamentan en las herramientas tecnológicas que el mercado les ofrece y, que constituye, una constante innovación en un tiempo mínimo de permanencia.

Debido precisamente a esta constante transformación tecnológica, donde los sistemas informáticos, tienen una periodicidad mínima en cuanto a su innovación, y la falta de una regulación jurídica que pueda hacer frente a las múltiples variedades delictivas, resulta imprescindible establecer unas medidas preventivas de seguridad que puedan suponer una barrera ante el aluvión de conductas punibles que se producen en el ciberespacio.

Hay que intentar minimizar nuestra situación vulnerable tratando de protegernos mediante una concienciación de la reserva de nuestros datos no facilitándolos a través de Internet ante personas u organismos que no nos ofrezcan las garantías suficientes de seguridad para así evitar ser perjudicados tanto a nivel personal como patrimonial.

Conviene insistir que el mundo de la información a través del ciberespacio no cuenta con fronteras o barreras que nos salvaguarden y protejan de ataques externos, y que haciendo una retrospectiva con el mundo delincuencial tradicional, donde como ya hemos expuesto en reiteradas ocasiones, el agresor y la víctima coincidían

---

97 Op. cit., RAYÓN BALLESTEROS, María Concepción y GÓMEZ HERNÁNDEZ, José Antonio, Cibercrimen: particularidades en su investigación y enjuiciamiento, Anuario Jurídico y Económico Escurialense, XLVII, Madrid, 2014, p. 213.

en un tiempo y espacio real. Mientras que, en la actualidad, no se precisan ninguno de los dos requisitos, y en consecuencia, su investigación, persecución y detención de los agresores resulta más compleja de llevar a cabo. Como dato significativo afirmar que, los delitos en los que intervienen las TIC representan una serie de dificultades en su persecución por la falta de colaboración procesal ya que solo se denuncia el 1% de los casos, suponiendo una mayor dificultad probatoria para estos delitos.[98]

La investigación del cibercrimen al igual que ocurre con el crimen tradicional exige de una serie de técnicas y herramientas que son necesarias para analizar, perseguir e identificar al delincuente. No obstante, en el cibercrimen surge un campo de investigación totalmente novedoso donde es preciso realizar un sistema de aprendizaje para poder aportar los datos necesarios que sirvan como medida probatoria.

Una de las primeras tareas a realizar será la identificación del delito. Este apartado resulta algo complejo ya que los delincuentes digitales suelen utilizar técnicas sofisticadas para ocultar su actividad. Los investigadores para sortear estas barreras suelen utilizar diversas herramientas de *software*, como los analizadores de tráfico de red y registros de eventos de seguridad, para recopilar y analizar información sobre la actividad maliciosa en la red.[99]

Identificado el delito, los investigadores utilizarán técnicas de análisis forense digital para obtener datos y pruebas. Este análisis forense digital es fundamental para establecer pruebas sólidas para realizar un procesamiento eficaz. Estas técnicas suelen incluir el análisis de registros de servidores, discos duros y dispositivos de almacenamiento, así como la recuperación de datos eliminados y la reconstrucción de archivos.[100]

El modo de iniciar una investigación por delitos que se cometen en la Red, se podría afirmar que no difiere en gran medida del delito tradicional. En este caso y una vez que se tiene conocimiento de unos hechos que pueden ser constitutivos de delito se procedería a formalizar la correspondiente denuncia. Por lo que se inician una serie de gestiones para la comprobación de su veracidad y, en consecuencia, la persecución del presunto culpable.

---

98 Ibídem., p. 214.

99 Cfr., LACASA, Ana, ¿Cómo se investiga el cibercrimen? Máster Universitario en Análisis e Investigación Criminal, Universidad a Distancia de Madrid (UDIMA), Madrid. Se encuentra disponible en: https://blogs.udima.es/criminologia/como-se-investiga-el-cibercrimen/.

100 Ibídem., https://blogs.udima.es/criminologia/como-se-investiga-el-cibercrimen/.

En base a estas premisas se establecerían dos tipos de investigaciones:

1. *Identificación por fuentes abiertas.* A partir de los datos iniciales de que se disponen a través de estas fuentes que se han ido recopilando. Si se comprueba la fiabilidad y veracidad de los datos recabados y no existen dudas razonables de la identidad del agresor, se procedería a su detención y puesta a disposición de la Autoridad judicial correspondiente en unión de las pruebas obtenidas y del atestado instruido.

2. *Identificación por mandato judicial.* Esta puede producirse por dos motivos fundamentales. Porque las fuentes abiertas no nos garanticen una identificación plena o porque sean necesarios obtener datos técnicos que asocien sin ningún género de dudas la dirección IP con la autoría del hecho investigado. En ambas situaciones se levantara el atestado correspondiente solicitando de la Autoridad judicial un mandamiento para que las proveedoras de los servicios faciliten las direcciones de IP, facilitando la fecha y hora en que tuvo lugar la conexión a Internet, y que tuvieron relación con el hecho investigado. Facilitada la dirección IP por las compañías telefónicas dando cuenta de a quién o quiénes pertenece la misma en la fecha que se investiga y, confirmación de la identidad del autor del hecho punible se procederá a su detención y, su posterior, puesta a disposición judicial.[101]

En los delitos tecnológicos es fundamental el conocer la titularidad de la dirección IP. Cuando se realizan hechos delictivos desde estas direcciones es necesario conocer el puerto, ya que en la actualidad, se producen conexiones desde los teléfonos móviles a Internet, por lo que las proveedoras debido al gran volumen de direcciones se vean en la necesidad de asignar una misma dirección IP a más de un usuario. Este apartado resulta imprescindible, ya que en el momento de solicitar la dirección IP a la compañía, nos pueda ofrecer un listado de usuarios con la misma dirección IP en el mismo día y la hora señalada, siendo la única diferencia el puerto de salida. Identificado el titular de la línea desde donde tuvieron lugar las conexiones, tendremos al autor del hecho o bien de alguien cercano al mismo. En este punto, resulta fundamental la investigación tradicional, con la consulta de datos y registros policiales tradicionales como antecedentes, denuncias previas, empadronamiento, etc., lo que nos podrá determinar si la persona identificada es realmente la autora del hecho punible.[102]

---

101 BARRERA IBAÑEZ, Silvia, Ciberpol. Metodología para la investigación del cibercrimen, Máster en Seguridad Informática, UNIR, La Universidad en Internet, Logroño, 2019, p. 20.

102 Ibídem., pp. 21–22.

Existen una serie de condicionantes en cuanto a la investigación de los delitos cometidos en el ciberespacio relacionados con aspectos procesales. Al contar con una territorialidad sin fronteras la actividad delictiva puede ser ejecutada, en uno o varios países a la vez, resultando difícil su ubicación. Esto incide consecuentemente, en la competencia jurisdiccional, a la ley aplicable y al procedimiento a emplear en la investigación y su enjuiciamiento, ya que tiene lugar la aplicación *lex loci delicti commissi* (ley del lugar donde se produce un hecho ilícito), es decir, el principio de territorialidad, recogido en la Ley Orgánica del Poder Judicial.[103]

La mayor parte de las interacciones que se realizan en el mundo virtual tienen especial relevancia en el mundo occidental al contar con un mayor número de usuarios y un nivel económico superior, lo que le convierte en un asiduo al sistema informático y, poseer una mayor conexión a los sistemas tecnológicos para todo tipo de actividades o tareas.

El uso de las redes es constante ya que las utilizamos para todo tipo de actividades desde relaciones sociales, consultas de saldos bancarios, compras *on line*, tramitaciones administrativas, consultas médicas, búsqueda de información científica, cultural, deportiva, etc., lo que constituye una exposición constante y permanente de nuestros datos, los cuales, quedan albergados en el ciberespacio y, en consecuencia, expuestos a terceras personas que pueden hacer un uso fraudulento contra nuestros intereses. Debido a esta constante evolución y transformación del mundo digital, es necesario, que la legislación encuentre los medios para que la normativa avance al ritmo de la tecnología informática. Resulta una obviedad, ya se ha comentado anteriormente, que la ley siempre ira por detrás del delito, pero también resulta evidente que para que la normativa legislativa no resulte obsoleta han de ser invertidos mayores medios, tanto humanos como materiales. Es fundamental, que si en la actualidad, algunas actuaciones delictivas quedan en el anonimato y, en consecuencia, muchos de sus autores quedan en el olvido o en la ignorancia de la consecución de un hecho punible, se precisa una mayor inversión en la preparación de las Fuerzas y Cuerpos de Seguridad del Estado, además de una mayor colaboración y unificación de criterios a nivel internacional para la persecución de los delitos cibernéticos. Contando con una mayor dotación presupuestaria para medios materiales para la persecución de estos delitos.

El *Big Data* (Datos Masivos) crece de forma exponencial resultando imposible almacenarlos o procesarlos de forma eficiente, a lo que se ha ido incorporando cambios radicales en los sistemas de producción en lo que se ha venido a denominar

---

103 Cfr., RAYÓN BALLESTEROS, María Concepción y GÓMEZ HERNÁNDEZ, José Antonio, Cibercrimen: particularidades en su investigación y enjuiciamiento, Anuario Jurídico y Económico Escurialense, XLVII, Madrid, 2014, p. 215.

Cuarta Revolución Industrial, y donde se calcula un impacto considerable de la denominada Inteligencia Artificial (IA).[104]

En la investigación para llevar a cabo el seguimiento de una actividad delictiva realizada a través de las TIC resulta fundamental determinar lo que se denominan los "datos de tráfico" —que son los protocolos de comunicación de dos ordenadores distintos con sistemas operativos diferentes para intercambiar información encapsulando esta en capas o paquetes, según los servicios— y los rastros de navegación, ya que nos facilitan la comunicación que se produce entre ambos dispositivos a través de la Red.

La localización de los "datos de tráfico" no resulta fácil de localizar. Para obtener los datos se necesita el numero IP, en el momento de su conexión a Internet, el momento de la comisión del hecho punible, identificar el ordenador, la ubicación, el abonado de la línea telefónica o el contrato de acceso. Aunque como en toda investigación policial se deberá llevar a cabo un seguimiento de medidas como intervenciones telefónicas, rastreo de la IP, etc., ya que los "datos de tráfico" nos van a facilitar el abonado de la línea, pero no si este ha sido realmente el autor de la acción punitiva, de ahí la realización de las correspondientes diligencias.[105]

La investigación en el ámbito de la delincuencia tecnológica podría sintetizarse en tres fases:

1. **Fase previa.** Esta fase nos va a determinar la existencia de la comisión de un delito. Se inicia por el conocimiento del delito a través de la denuncia correspondiente por parte de la persona perjudicada. En esta fase se procede a la inspección donde ha tenido lugar la comisión delictiva, procediendo al aislamiento del ordenador donde se ha llevado a cabo el delito, en busca de las pruebas pertinentes que nos permitan el inicio de la investigación. No obstante, el hecho de aislar el equipo informático puede vulnerar la intimidad de la víctima ya que pueden almacenar datos personales. Como consecuencia el Tribunal Constitucional, en la STC 173/2011, de 7 de noviembre, donde se considera necesario establecer una serie de garantías para preservar los derechos a la intimidad personal, debido al uso indebido de la informática y de las nuevas tecnologías de la información, por lo que la actuación deberá estar legitimada, bien por

104 GUIX SANTANDREU, Arnau, Las diligencias de investigación y la prueba electrónica del cibercrimen, Universidad de Salamanca, 2022, p. 7.

105 Op. cit., RAYÓN BALLESTEROS, María Concepción y GÓMEZ HERNÁNDEZ, José Antonio, Cibercrimen: particularidades en su investigación y enjuiciamiento, Anuario Jurídico y Económico Escurialense, XLVII, Madrid, 2014, pp. 217-218.

el consentimiento de su titular o por previa resolución judicial, salvo en casos en que se estime que es necesaria una intervención policial urgente por riesgo para las personas por la utilización de tales dispositivos.[106]

2. **Fase de investigación.** Trata de identificar las conexiones existentes entre la ubicación de equipo informático y del abonado titular de la conexión, con la finalidad de identificar al usuario del ordenador. En esta fase hay que tener en cuenta lo expuesto en los "datos de tráfico" para localizar el origen de la comunicación, y la ubicación del equipo informático vinculándolo al usuario como autor material del hecho delictivo. En este punto cabe hacer referencia a los *logs*, que constituyen un registro de los sucesos que tienen lugar en el sistema y que se almacena en los servidores, donde se guarda los acontecimientos del sistema incluidos los "datos de tráfico", constituyendo uno de los principales elementos de la investigación.

Para la obtención de los "datos de tráfico" el Tribunal Supremo ha consentido la utilización de scanner para la captación policial de los códigos IMSI —siglas en inglés de Identidad Internacional de Abonado Móvil, este acrónimo forma parte del perfil de la SIM y consta de 14 o 15 dígitos. Los dos primeros dígitos son el código de país móvil (MCC) y los dos siguientes el código de red móvil (MNC), después hay una combinación única de 9 o 10 dígitos que identifican al usuario de la tarjeta SIM y que es única para el abonado, y de IMEI, en inglés, International Mobile System Equipment Identity, consistente en un código de 15 dígitos pregrabado en los teléfonos móviles, el cual funge como un código internacional de identidad que tiene cada teléfono celular y que lo distingue de manera única— que pertenecen a los terminales de la telefonía móvil,[107] el empleo de *software* para obtener la dirección IP mediante rastreos policiales en Internet de datos procedentes de programas P2P,[108] y el uso de balizas de seguimiento GPS para la localización de embarcaciones en alta mar,[109] pues la utilización de estos

---

106 Cfr., ORTIZ PRADILLO, J.C., La investigación del delito en la era digital: los derechos fundamentales frente a las nuevas medidas tecnológicas de investigación, Editorial Fundación Alternativas, Madrid, D.L., 2013, p.48, citado en PASCUAL MARTIN, María Teresa, Diligencias de investigación y nuevas tecnologías, Universidad de Salamanca, 2015, pp. 13–14.

107 Sentencia del Tribunal Supremo, de 28 de enero de 2009, citada en PASCUAL MARTIN, MARÍA TERESA, Diligencias de investigación y nuevas tecnologías, Universidad de Salamanca, 2015, p. 15

108 Ibídem., Sentencia del Tribunal Supremo, de 28 de mayo de 2008, p. 15.

109 Ibídem., Sentencia del Tribunal Supremo, de 19 de diciembre de 2008, p. 15.

medios para la localización geográfica de determinados dispositivos electrónicos no vulneran los derechos fundamentales recogidos en la Constitución Española, en su Artículo 18, puntos 1, 3 y 4, donde dice lo siguiente:

1. "Se garantiza el derecho al honor, a la intimidad personal y familiar y a la propia imagen.

2. Se garantiza el secreto de las comunicaciones y, en especial, de las postales, telegráficas y telefónicas, salvo resolución judicial.

3. La Ley limitará el uso de la informática para garantizar el honor y la intimidad personal y familiar de los ciudadanos y el pleno ejercicio de sus derechos.[110] A los efectos de exigir un control jurisdiccional previo.

3. **Fase incriminatoria.** Consiste en la intervención de los dispositivos informáticos, mediante la entrada y registro domiciliario, previa autorización judicial, donde se encuentren los soportes digitales, realizando los oportunos informes periciales.

La intervención policial debe realizarse de forma escrupulosa, con la finalidad de no alterar ninguna de las pruebas que se incauten, reflejando todos sus apartados en el informe que se realice, para que después no surjan problemas en fases posteriores del enjuiciamiento, y que sirvan de prueba en el procedimiento judicial.

Se incautaran todos los dispositivos informáticos y tecnológicos, que puedan ser susceptibles de contener indicios de criminalidad, así como los elementos físicos que sean necesarios para el normal funcionamiento de los dispositivos intervenidos (instrucciones, contraseñas, etc.). En la intervención se incautará el equipo completo realizando el precintado del mismo para salvaguardar su integridad y, que no pueda ser manipulado, levantando la correspondiente acta de entrada y registro por el secretario judicial.[111]

Es necesario establecer un vínculo de conexión entre el usuario y el equipo incautado, así como todos los efectos y materiales que se consideren relacionados o que se presuma puedan tener una vinculación con el hecho delictivo. En la primera inspección ocular es fundamental que el escenario del crimen sea convenientemente

---

110 Cfr., Constitución Española, BOE número 311, de fecha 29 de diciembre de 1978.

111 Op. cit., RAYÓN BALLESTEROS, María Concepción y GÓMEZ HERNÁNDEZ, José Antonio, Cibercrimen: particularidades en su investigación y enjuiciamiento, Anuario Jurídico y Económico Escurialense, XLVII, Madrid, 2014, pp. 222-224.

aislado de personas ajenas a la investigación, además de acotar la escena del crimen para que no sea alterada ninguna de las pruebas que sean claves para la investigación y, que puedan ser alteradas o sustraídas, lo que redundaría en un grave perjuicio para la investigación.

Uno de los apartados de toda intervención policial y, una vez comentados los requisitos o diligencias a realizar, conviene hacer una consideración fundamental como es garantizar la cadena de custodia. Es necesario que las pruebas debidamente precintadas, relacionadas y reflejadas por el secretario judicial con el correspondiente acta de entrada y registro, no sufran deterioro alguno con el fin de que puedan ser analizadas con posterioridad en su totalidad con el material recogido, quedando en poder del secretario judicial a disposición judicial. Finalmente, los dispositivos incautados y, las pruebas o efectos, que se hayan obtenido que pudieran tener un valor probatorio en relación con la investigación practicada serán puestos en unión del informe policial correspondiente a disposición de la autoridad judicial.

2.6 LA IDENTIFICACIÓN Y LA PROBLEMÁTICA PROBATORIA

Las nuevas tecnologías han supuesto un cambio radical en comparación con la delincuencia tradicional cuando se trata de aportar las pruebas pertinentes ante la autoridad judicial. La prueba electrónica se convierte en la base principal y fundamental para demostrar su conexión con la actividad delictiva.

La prueba electrónica en el presente no está aún admitida por todas las partes en el proceso judicial, ya que la multiplicidad de los delitos cometidos en el ciberespacio resulta imposible de catalogar presentando múltiples lagunas que quedan en el anonimato y, en consecuencia, sin sanción para los autores del delito. La aportación de la prueba continúa siendo un instrumento no instaurado, por falta de medios en los organismos oficiales, además de suponer una barrera a la hora de su aportación al resultar un dispositivo desconocido en el ámbito judicial. A la falta de medios materiales en las sedes judiciales donde se hace precisa una fuerte inversión de carácter tecnológico y de actualización del ámbito judicial, se hace necesaria la adecuada formación para poder garantizar la admisión de las pruebas electrónicas como parte fundamental para el proceso.

Como medio de prueba el informe pericial reconocido legalmente, con una casuística propia derivada de la complejidad que va inherente a toda prueba digital.

El informe pericial informático constituye un documento de prueba con el que el perito informático expone sus conclusiones en base a una serie de elementos digitales. El citado informe contiene la labor informática forense documentada en unión del razonamiento lógico del perito informático para fundamentar sus conclusiones. Este informe pericial se une al interrogatorio de las partes, documentos públicos o privados y a las pruebas y registros que se aporten.[112]

El dictaminen emitido por el perito consiste en un análisis especializado complejo que el juez precisa analizar por su naturaleza. El informe pericial informático constituye un medio de prueba en la resolución del conflicto. En base a ello permitirá al juez basándose en razonamientos técnicos y lógicos tomar una decisión.[113]

El informe pericial informático sirve para apreciar alguna controversia surgida en el proceso judicial, como instrumento de ayuda para el juzgador, quien puede carecer de los conocimientos técnicos y científicos en el ámbito de la informática suficiente para valorar con precisión los hechos que se le presentan.

El objetivo de la prueba pericial como medio de prueba ha de ser acreditado en el acto del juicio oral. La función de los peritos consiste en emitir un informe técnico en base a los conocimientos científicos que posean sobre el objeto de la pericia que posean. Sin embargo, esto no significa que se trate de una prueba tasada, y que lo que exponga ante el juez o tribunal deba ser admitido, sino que en base a los informes periciales, y escuchado el interrogatorio de las partes, tendrá una conclusión valorativa en base al conocimiento objeto de la pericia por el informe emitido por los peritos.[114]

Los medios de prueba podrían denominarse como las herramientas legales para la comprobación de la veracidad de aquellos hechos considerados más controvertidos, donde se pretende hacer valer un derecho dentro del proceso. Dentro de esos medios estaría la prueba pericial.[115]

La peritación es una actividad procesal desarrollada, por encargo judicial, emitida por personas distintas de las partes del juicio, las cuales, son las encargadas de facilitar al juez los argumentos o razones para su convencimiento en base a los conocimientos científicos o técnicos que le aportan.

---

112 https://indalics.com/informe-pericial-informatico.

113 Cfr., https://indalics.com/informe-pericial-informatico.

114 https://www.icagi.net/archivos/archivoszonapublica/noticias/ficheros/Fragmento%20interiores %20libro%20Guia%20prueba%20penal.pdf.

115 MARTORELLI, Juan Pablo, La prueba pericial. Consideraciones sobre la prueba pericial y su valoración en la decisión judicial, REDEA. Derechos en Acción, Doctrina, Año 2 N° 4, 2017, p. 130.

La prueba pericial es lo que se denomina la prueba científica. La valoración que el juez efectúa del informe de los peritos se fundamenta en las reglas de la sana crítica, pero sin que tenga prevalencia sobre el resto de las presentadas en el proceso, debiendo ser valorada en su conjunto.[116]

El dictamen pericial no es vinculante para el juez, es decir, que el juez puede tenerlo en consideración, o bien, abstenerse de tenerlo en cuenta, siempre mediante una decisión debidamente fundamentada. Si considera que los hechos afirmados en las conclusiones son imposibles, podrá rechazarlo basada en una crítica razonada y de conjunto, cuando las conclusiones sean dudosas o no concordantes en relación con otras pruebas de igual o superior valoración. Por el contrario, si el juez considera que las conclusiones reúnen todos los requisitos necesarios y no existen otras pruebas de igual o superior valoración, no podrá rechazarlas sin incurrir en arbitrariedad.

El dictamen del perito oficial es fundamental *per se* como convicción y que su opinión deba prevalecer sobre la del perito de control o perito de parte, que como tal ha sido designado para defender los intereses de quien lo propone, premiando la objetividad y fundamentación científica y empírica del dictamen, por encima del sujeto que la haya emitido.[117]

La labor pericial consta de tres partes: examen, deliberación y conclusión. Estas fases han de ser practicadas de forma personal por los peritos y su fuerza probatoria del dictamen radicará como fruto de la deliberación plural y razonada. En función de que dicha labor se haya encomendado a uno o más peritos de parte, o que dicha actividad haya sido realizada por el perito oficial.[118]

La admisión y la valoración de la prueba están teniendo aceptación por parte de los juristas y científicos. Su relevancia en el proceso penal conforme criterios explícitos tratan de disipar cualquier sombra de arbitrariedad.

Es cierto que las pruebas científicas han incrementado la averiguación de la verdad, pero su valor en el proceso depende de otras circunstancias. En primer lugar, el perito debe informar al juez el margen de incertidumbre del informe que emite. Y, en segundo lugar, es al juez al que corresponde verificar la validez de las pruebas presentadas para adoptar la decisión que estime oportuna.[119]

---

116 Ibídem., pp. 130–131.

117 Ibídem., pp. 134–135.

118 Ibídem., p. 138.

119 DE LUCA, Stefano, NAVARRO, Fernando y CAMERIERE, Roberto, La prueba pericial y su valoración en el ámbito judicial español, Revista Electrónica de Ciencia Penal y Criminología, Artículos RECPC 15-19, 2013, p. 11.

2.7 CIBERCRIMINALIDAD EN LAS PRÓXIMAS DÉCADAS

La actividad delictiva desde la aparición de Internet ha ido creciendo de forma exponencial, no solo en cuanto a su número de delitos cometidos sino en la amplitud de variedad de hechos delictivos tienen lugar en el ciberespacio. En el último año y solo en el primer semestre de 2024 en España, en comparación con 2023, el Balance de Criminalidad registrado por las Fuerzas y Cuerpos de Seguridad del Estado, y de los Cuerpos Autonómicos y Locales, la criminalidad total había crecido un 3%.[120]

Los ataques resultan cada vez complejos y difíciles de combatir debido fundamentalmente a dos factores que están incidiendo de manera directa en el crecimiento del delito cibernético como son una mayor profesionalización de los ciberdelincuentes y, otro factor que está surgiendo de nueva creación como es la aparición de la denominada Inteligencia Artificial (IA). El efecto transformador de la IA en la ciberseguridad en 2024 tendrá un papel central.[121]

Los ciberataques realizados por los *hacktivistas* para reivindicar sus ideas políticas y sociales, unido a la inestabilidad mundial que está teniendo lugar ha hecho que sus ataques selectivos crecieran en 2023 en un 27%, y seguirá creciendo en el contexto de los conflictos geopolíticos actuales.

Las ciberamenazas continuaran creciendo basándose en la mayor profesionalización de los ciberdelincuentes y en el uso de la IA que va a suponer un aliado fundamental para la realización de las actividades delictivas. Se estima que en 2023, un 73% de los ciberataques tuvieron como hecho principal el factor humano. Estas ciberamenazas unidas a las tácticas de ingeniería social, como el *pretexting* — consiste en la creación de un escenario o historia ficticia donde el atacante tratará que la víctima comparta información que, en circunstancias normales, no revelaría. Es decir, supone una táctica que los atacantes utilizan para obtener acceso a información, sistemas o servicios creando escenarios engañosos aumentando la tasa de éxito de un futuro ataque de ingeniería social— y los ataques multicanal, esto supondrá una ciberdelincuencia más peligrosa y un mayor número de fugas de datos en la que tendrá una especial incidencia el factor humano.[122]

---

120 https://www.google.com/search?q=informe+sobre+la+cibercriminalidad+en+espa%C3%B1a+20
    24&oq=&gs_lcrp=EgZjaHJvbWUqCQgBEEUYOxjCAzIJCAAQRRg7GMIDMgkIARBFG
    DsYwgMyCQgCEEUYOxjCAzIRCAMQABgDGEIYjwEYtAIY6gIyEQgEAAYAxhCGI8BG
    LQCGOoCMhEIBRAAGAMYQhiPARi0AhjqAjIRCAYQABgDGEIYjwEYtAIY6gIyEQgHE
    AAYAxhCGI8BGLQCGOoC0gEJNDY1MWowajE1qAIIsAIB&sourceid=chrome&ie=UTF-8.

121 Cfr., https://sosafe-awareness.com/es/blog/tendencias-ciberdelincuencia-2024/.

122 Ibídem., https://sosafe-awareness.com/es/blog/tendencias-ciberdelincuencia-2024/.

El 47,4% de los españoles ha sufrido una estafa o intento de estafa en el último año, contabilizándose 237.240 delitos cibernéticos en los primeros seis meses del pasado año. Este incremento de la actividad criminal está teniendo un aliado que tiene un papel primordial como es la Inteligencia Artificial (IA).

Las estafas *on line* continúan siendo los delitos más comunes de la ciberdelincuencia, fundamentado en el escaso conocimiento que existe por parte de la mayoría de los usuarios de la Red lo que facilita el éxito de estos grupos u organizaciones en su actividad delincuencial. Según el Centro de Investigaciones Sociológicas (CIS), el 93,7% de los ciudadanos se encuentran muy preocupados por el impacto de la Inteligencia Artificial (IA), principalmente, por la dificultad que supone el poder distinguir entre lo real y lo falso en Internet. El uso notable que está teniendo la Inteligencia Artificial en el cibercrimen debido a la sofisticación de sus métodos en delitos como la suplantación de identidad, imitación de voces para fraudes y la creación de *deepfakes* —son vídeos manipulados para hacer creer a los usuarios que están viendo a una persona realizando declaraciones o acciones que nunca tuvieron lugar. Para la creación de estos vídeos, se utilizan programas o herramientas dotados de tecnología de Inteligencia Artificial (IA), que permiten el intercambio de rostros en imágenes y la modificación de voz— que ha supuesto que el cibercrimen tenga un aumento considerable.[123]

El nivel de verisimilitud de los *deepfakes* hace que sea muy difícil diferenciar un vídeo, una imagen o un audio falso de uno real. Una de las razones que dificultan la identificación de los *deepfakes*, consiste en que estos parten de imágenes reales, pudiendo incorporar un audio con sonoridad casi auténtica, y una vez publicado en las redes sociales, su expansión es inmediata. La aparición del audio *deepfake* en las llamadas telefónicas ya que con la clonación de la voz por parte de la Inteligencia Artificial va a resultar difícil de diferenciar entre la voz robótica y la humana, sobre todo, si esta se produce a través de una llamada telefónica.

Los *deepfakes* son difíciles de detectar por su realismo, pero existen ciertos detalles que nos pueden facilitar su identificación:

1. **Encontrar fallos**. Ciertos *deepfakes* poseen fallos que han sido causados por las personas que los han manipulado y no han podidos corregirlos, como por ejemplo: la posición exacta de la cabeza, la iluminación, bordes borrosos, piel artificialmente lisa, movimientos antinaturales, etc.

---

123 https://www.itreseller.es/seguridad/2024/12/el-474-de-los-espanoles-ha-sufrido-una-estafa-o-in tento-de-estafa-en-el-ultimo-ano.

2. **El parpadeo**. Consistente en fijarse en el número de veces que parpadea la persona de la imagen. En un *Deepfake*, la persona parpadea menos veces de las que lo haría una persona en un vídeo real.

3. **El cuello y la cara**. Los *Deepfakes* son, principalmente, imágenes modificadas de rostros, suelen ser primeros planos de la cara, ya que si fueran imágenes lejanas, aumentarían las probabilidades de detectar los fallos. La realización del cuerpo entero resultaría más complicada.

4. **Duración corta**. Los *Deepfakes* son de duración corta, de unos segundos, ya que el proceso de aprendizaje que sigue el algoritmo lleva mucho trabajo.[124]

5. **Origen de la grabación**. Averiguar quién compartió el archivo en primera estancia y en que redes sociales, y verificar el contexto en que se publicó y sus detalles originales.

6. **Sonido**. Los *Deepfakes*, a veces, el algoritmo que modifica el archivo de vídeo no ajusta correctamente el sonido a la imagen. No hay sincronización entre el movimiento de los labios y el sonido.

7. **Detalles**. Conocer los detalles de la grabación, es importante, el reproducir el vídeo a velocidad reducida puede ayudar.

8. **Interior de la boca**. Los algoritmos de Inteligencia Artificial son incapaces de copiar con precisión la lengua, los dientes y el interior de la boca al hablar.[125]

La Inteligencia Artificial (IA) va a suponer un gran avance tecnológico y un soporte técnico fundamental para el ser humano en las próximas décadas. Sin embargo, y una vez descritos las innumerables ventajas que dicha innovación tendrá en las generaciones futuras, no es menos cierto que, va a plantear una serie de riesgos y de obstáculos, que de no ser controlados, reglamentados y regulados, pueden acarrear múltiples perjuicios.

---

124 Cfr., LISA Institute, Deesfakes: Qué es, tipos, riesgos y amenazas. Se encuentra disponible en: https://www.lisainstitute.com/blogs/blog/deepfakes-tipos-consejos-riesgos-amenazas?srsltid=AfmB OopPHvtQSx4Vz_O5zFhx-Q7UiUvr78ultBoNzn8k6EyriLKfU_kP.

125 Ibídem., LISA Institute, Deesfakes: Qué es, tipos, riesgos y amenazas. Se encuentra disponible en: https://www.lisainstitute.com/blogs/blog/deepfakes-tipos-consejos-riesgos-amenazas?srsltid= AfmBOopPHvtQSx4Vz_O5zFhx-Q7UiUvr78ultBoNzn8k6EyriLKfU_kP.

Es cierto, que la innovación tecnológica con la llegada de Internet ha supuesto un cambio radical en los comportamientos de los ciudadanos que ha visto afectadas todas sus costumbres en cuanto a su forma de actuar en sus hábitos diarios. La simplificación de tareas en la realización de actividades administrativas, laborales, culturales, sociales, sanitarias, ocio, deportiva y, de otra índole, se han visto en cierta forma afectada en su realización. Parte de la realización de las tareas se han visto simplificadas ahorrando tiempo al ciudadano en su quehacer facilitando los trámites y reduciendo su tiempo de ejecución.

Pero al igual que toda innovación, no solo son ventajas todas sus aportaciones sino que también posee unas connotaciones negativas. La Inteligencias Artificial (IA), es como se expone anteriormente, un gran avance tecnológico y técnico, que va a facilitar las múltiples actividades del ser humano, pero que debe ser reglamentada y regulada por ley. Su campo de actuación en los albores en que nos encontramos comienza a plantear una serie de condicionantes en cuanto a su campo de aplicación.

Su desarrollo, que irá ampliando tanto su capacidad de empleo como de aplicación, puede tener un hábitat tecnológico dentro de unas cláusulas establecidas que no supongan una amenaza para los ciudadanos. La Inteligencia Artificial (IA) comienza a expandirse en el ámbito laboral, social, cultural, económico, militar, político, sanidad, deporte, informática, transporte, y otros, de interrelación con las personas.

La Inteligencia Artificial (IA) dentro de estas actividades va a suponer un gran impacto en todas ellas. El mundo laboral, va a ver reducido su número de trabajadores de forma, cualitativa y cuantitativamente. Es cierto, que se producirán nuevas especialidades y puestos de trabajo, pero su equiparación con el número de puestos destruidos serán infinitamente inferiores.

Dentro de las economías avanzadas donde la Inteligencia Artificial (IA) puede tener una mayor incidencia, se calcula que alrededor de un 60% de los empleos podrían verse afectados, lo que conlleva que la mitad aproximadamente de la mano de obra se vería afectada en la reducción de puestos de trabajo, con la disminución de las contrataciones y, el consiguiente, aumento del paro.

En el aspecto social, las relaciones humanas son cada vez más dispersas y faltas de contacto personal, donde el aislamiento comienza a ser un comportamiento habitual distanciándose de sus congéneres. La aparición de aparatos tecnológicos que suplen a las personas comienza a prodigar lo que alienta a su crecimiento e implantación en las relaciones entre seres humanos y la robótica.

Dentro del ámbito cultural, si hacemos una visión retrospectiva, los estudiantes y, en general, el mundo académico se alimentaba de las consultas que se realizaban en los volúmenes de las bibliotecas, academias, centros oficiales, enciclopedias, etc., que suponía un esfuerzo de consulta que producía un conocimiento paulatino que requería de un tiempo de aprendizaje y de documentación para obtener la búsqueda de los resultados que se querían alcanzar. El hecho de que en la actualidad este esfuerzo didáctico se pueda obtener con un *clic*, no significa que este sea etéreo, pero su afianzamiento en el recordatorio y su almacenamiento de conocimiento en la mente de la persona, resulta de una mayor fragilidad en cuanto a su duración, ya que su tiempo de esfuerzo, trabajo, y dedicación en su elaboración ha sido infinitamente inferior en su planteamiento y realización.

En la esfera económica la lucha por la supremacía en el ámbito de la Inteligencia Artificial (IA) supone una lucha constante de las naciones por conseguir una tecnología innovadora y de un precio más competitivo que el resto del mercado lo que contribuye en ocasiones a fuertes descalabros económicos. El producto de *DeepSeek* —es una empresa china especializada en Inteligencia Artificial (IA)— ha supuesto un gran avance en los modelos de lenguaje de gran escala con un enfoque innovador en el desarrollo de la Inteligencia Artificial (IA), lo que ha originado una convulsión en los mercados internacionales ocasionando grandes pérdidas a otras compañías internacionales. La empresa ha logrado avances significativos en la utilización de un *hardware* menos potente y optimizando sus algoritmos. Esta carrera por obtener una ventaja con respecto al resto de competidores llevara aparejada grandes beneficios para la empresa o empresas que consigan alcanzar los objetivos marcados antes que sus adversarios, a la vez que supondrá enormes pérdidas para aquellas que queden rezagadas en la culminación de sus proyectos.

Lo mismo puede suceder en cuanto al resto de las actividades planteadas, pero existe una última donde su incidencia puede resultar la más dañina desde el punto de vista relacional. El hecho de que la robótica puede alcanzar un desarrollo exponencial, relegando la figura del ser humano a un segundo plano en las relaciones entre congéneres, puede suponer un primer escalón para una decadencia moral de la sociedad.

Pero todo este progreso que supone para la sociedad la Inteligencia Artificial (IA) se ha convertido en una herramienta de doble filo en el mundo digital. Los avances tecnológicos y la eficacia operativa de sus métodos abren un espacio virtual ilimitado a los ciberdelincuentes que ven en estos ámbitos tradicionales del desarrollo humano un campo ilimitado para sus ciberataques.

Las tácticas empleadas en un principio por el *phishing* han dado lugar a un complejo de operaciones como manipulación de datos hasta fraudes impulsados por la propia Inteligencia Artificial (IA) que tendría su campo de actuación en todos los ámbitos enumerados con anterioridad.[126]

---

126 Cfr., ITURRARTE, Rubén, Desentrañando el uso de la IA por los ciberdelincuentes, Founderz. Se encuentra disponible en: https://founderz.com/es/blog/ciberdelincuentes-uso-ia/.

Los ciberdelincuentes ante la aparición de la Inteligencia Artificial (IA) han recogido sus innovaciones para adaptarlas a sus métodos delictivos. A través de los algoritmos avanzados y técnicas de aprendizaje automático, han conseguido realizar por medio de la Inteligencia Artificial (IA) ataques más sofisticados y de una mayor dificultad en su prevención.

Una de las principales innovaciones en los fraudes impulsados por la Inteligencia Artificial (IA), es la descrita con anterioridad, es la creación de *deepfakes*, estos pueden ser utilizados además de las reseñas mencionadas en influir en la opinión pública o incluso en la manipulación del mercado de valores, lo que podría suponer un caos financiero a nivel internacional.[127]

Uno de los últimos descubrimientos es que los ciberdelincuentes han utilizado la Inteligencia Artificial (IA) para desarrollar un *script* —en el contexto de la programación *web*, un *script* es un conjunto de instrucciones escritas en un lenguaje de programación que se ejecutan en el navegador del usuario o en el servidor *web* para llevar a cabo funciones específicas dentro de una página o aplicación *web*— que distribuye el malware *AsyncRAT*, una vez ejecutado e instalado, permite al atacante registrar las pulsaciones de teclas, controlar remotamente el dispositivo infectado y desplegar el *malware* adicional.[128]

El mundo de la digitalización está en constante progreso y la dependencia de la sociedad está cada vez más dependiente del ciberespacio. Sectores como los citados anteriormente, donde se desarrollan todas las actividades de las personas, desde el ámbito político, social, económico, etc., hacen que los grupos u organizaciones criminales estén en constante evolución adaptándose a las nuevas innovaciones que surgen en el campo virtual con la finalidad de extraer la información que precisan para llevar a cabo sus actividades delictivas.

En consecuencia, es fundamental que la sociedad actualice su conocimiento y formación, a las nuevas innovaciones tecnológicas que vayan surgiendo intentando adquirir un mayor conocimiento de los datos a utilizar en el ciberespacio para intentar minimizar el ser una víctima propiciatoria en manos de los ciberdelincuentes.

---

127 Ibídem., ITURRARTE, Rubén, Desentrañando el uso de la IA por los ciberdelincuentes, Founderz. Se encuentra disponible en: https://founderz.com/es/blog/ciberdelincuentes-uso-ia/.

128 Cfr., https://www.itdigitalsecurity.es/actualidad/2024/10/los-atacantes-han-comenzado-a-utilizar -ia-generativa-como- parte-de-su-infraestructura.

3

DELITOS INFORMÁTICOS

El medio virtual y electrónico está instalado en cualquier rincón del mundo, lo que facilita que nuestra privacidad se encuentre al alcance de cualquier usuario de la Red teniendo la oportunidad de acceder a nuestra información, tanto de carácter personal como patrimonial. Toda la información que vamos almacenando en las redes sociales, perfiles, correos y otros, pueden ser objeto de vulneración por parte de terceras personas con la finalidad de lucrarse o de causar un perjuicio contra la seguridad de la persona.

En la actualidad, se puede catalogar a los delitos que se cometen por medio de sistemas informáticos a través de la Red, de ciberdelitos, pues este concepto sustantiva las consecuencias que se derivan de la comisión de los hechos delictivos que se ejecutan en el espacio virtual, con contornos singulares donde tienen lugar una serie de condicionantes como la ubicación de la comisión del delito, los problemas para la localización y la obtención de las pruebas.

La criminalidad informática se ha ido nutriendo de la delincuencia tradicional adaptando sus métodos de ejecución a las nuevas tecnologías lo que le ha proporcionado un mayor volumen de actos delictivos reportándole unos beneficios superiores y con una mayor seguridad en cuanto a su perpetración.

3.1 DEFINICIÓN DE DELITOS INFORMÁTICOS

Se han ido sucediendo una serie de definiciones a lo largo de las últimas décadas con respecto a la denominación de lo que se consideran los delitos informáticos. La irrupción que en las últimas cuatro décadas ha supuesto la implantación de las nuevas tecnologías con la aparición de las TIC en la sociedad ha sido fundamental en la variación y adaptación de las técnicas delictivas al mundo de la informática.

La delincuencia tradicional va a servir de base como punto de partida para un nuevo concepto de delincuencia tecnológica que va a constituir una expansión criminal, no solo en cuanto a la aparición de nuevas modalidades delictivas sino que acrecentaran su número de forma exponencial.

El uso de las nuevas tecnologías ha facultado a los delincuentes un desarrollo y crecimiento criminal donde acrecentar su campo delictivo. En principio, y con la aparición de los sistemas informáticos los primeros resultados analizados se focalizaban en el ámbito patrimonial, por lo que su denominación primigenia hacia su fijación fue sobre todo lo relacionado con el patrimonio.

La informática se ha convertido en una herramienta de apoyo fundamental que nos facilita y aporta una ingente información que se precisa para el uso diario de las múltiples actividades que realizamos en donde podemos almacenar y consultar múltiples datos que sin el apoyo de las computadoras nos resultaría más compleja su consulta. Pero este progreso que supone un gran avance para el desarrollo de la humanidad trae consigo un riesgo que deriva en el campo delictivo. Los constantes avances tecnológicos llevan aparejados al mundo criminal como si se tratara de un componente informático más de su sistema.

La constante transformación y evolución de la informática hace necesario que su tipificación sea homogénea y, que los delitos informáticos, en ciertos casos, y debido a su constante progreso hace que ciertos hechos punibles queden en el anonimato por falta de catalogación y definición de lo que deberíamos entender por "Delitos Informáticos".

En base a una futura tipificación de lo que constituyen los delitos informáticos, se han formulado diversas acepciones en cuanto a su nombramiento. En la actualidad, existen diversas definiciones en cuanto a su intento de homologación. El delito informático es: "el acto en el cual interviene un sistema de cómputo como utensilio en la producción de un hecho criminológico, en donde se atenta contra los derechos y libertades de los ciudadanos".[129]

Este fenómeno tecnológico configura un campo de aplicación de comportamientos legales e ilegales, que hace necesario su regulación tipificando de una manera exacta y amplia el numeroso campo delictual que abarca y que está en constante crecimiento. La definición elaborada por la Organización de Cooperación y Desarrollo Económico (OCDE) en Paris (Francia), en mayo de 1983, recogía el

---

129 Cfr., ESTRADA POSADA, Rodolfo y SOMELLERA, Roberto, Delitos informáticos, Instituto Tecnológico y de Estudios Superiores de Monterrey. Campus Estados de México. Se encuentra disponible en: file:///C:/Users/Miguel%20Angel%20Aguila/Downloads/Dialnet-DelitosInformaticos-248204%20(1).pdf p. 425.

término de delito relacionado con las computadoras como: "cualquier comportamiento antijurídico, no ético o no autorizado, relacionado con el procesado automático de datos y/o transmisiones de datos". La amplitud de este concepto nos permite su uso para toda clase de estudios penales, criminológicos, económicos, etc.[130]

El delito informático dentro de la doctrina española y no existiendo una definición universalmente establecida, según CAMACHO LOSA (*El delito informático*, pp. 25 ss.), afirma que debía considerarse como: "Toda acción dolosa que provoca un perjuicio a personas o entidades, sin que necesariamente conlleve un beneficio material para su autor aunque no perjudique de forma directa o inmediata a la víctima y en cuya comisión intervienen necesariamente de forma activa dispositivos habitualmente utilizados en las actividades informáticas", dejando fuera las conductas que tienen por objeto del delito los dispositivos informáticos por su relación accidental que, en su opinión, tienen éstas con la informática.[131]

Existen múltiples definiciones por otros autores, pero la tipificación de los delitos informáticos como actividad delictiva, entendida esta, en su sentido estricto y ajustado a su contenido todavía presenta lagunas con respecto a una normativa legal única. ROMEO CASABONA (*Poder informático y seguridad jurídica*, pp. 42 ss.) puso de manifiesto que no se podía considerar la existencia de un significado general predicable al delito o abuso informático. Lo que venía a decir es que no se puede hablar de un delito informático como una única actividad delictual, sino que este se encuadra dentro de una pluralidad de acciones punibles que tienen como nexo de unión los ordenadores. Considera que es más ajustado hablar de "delincuencia informática" o de delincuencia vinculada al ordenador o a las tecnologías de la información.[132]

En base a la relación de enunciados expuestos como definitorios del concepto de delito informático y, evaluado como término unificador, se aprecia cierta ambigüedad al considerar el mismo como un delito unitario, pensamiento que en la mayoría de los autores concuerdan en que dicho término aglutina no solo un delito sino que engloba una serie de comportamientos y actividades delictivas que se tipifican bajo dicho título.

---

130 Cfr., GARAVILLA ESTRADA, Miguel, Delitos informáticos. Prólogo, Referencia bibliográfica: Universidad Abierta http://www.universidadabierta.edu.mx. citado y se encuentra disponible en: https://perso.unifr.ch/derechopenal/assets/files/articulos/a_20080526_32.pdf p. 2.

131 Cfr., HERNÁNDEZ DÍAZ, Leyre, El delito informático, Eguzkilore, número 23, San Sebastián, 2009, p. 231.

132 Ibídem., p. 233.

Por último, y en base a las denominaciones realizadas sobre el concepto de "delito informático", y ante la postura de recoger bajo dicho epígrafe la amplia gama conductual delictiva existente en Internet, podrían catalogarse las conductas criminológicas como "delito cibernético", definiéndolo como: "Toda actividad antijurídica que valiéndose de los sistemas informáticos busca obtener un beneficio económico, y/o causar un perjuicio patrimonial, moral, psicológico, etc., a estamentos nacionales, gubernamentales, empresariales o personales, conectados a través de la Red utilizando los datos obtenidos del entorno digital y amparándose en el anonimato".

3.2 LA INFORMÁTICA COMO MEDIO DEL DELITO

En la actualidad, los delitos informáticos se encuentran extendidos por todo el mundo donde se tenga conexión a un medio virtual y tecnológico, donde se aglutina toda la información que se publica mediante el uso que se hace de las redes sociales, perfiles y correos electrónicos que constantemente están nutriendo de información, tanto personal como financiera en la Red.

La utilización de dispositivos está cada vez más presente en el comportamiento y en las actividades de las personas con un intercambio de información a través de las redes sociales lo que hace que los usuarios sean cada vez más vulnerables ante los ciberdelincuentes que encuentran una fuente de posibilidades delictivas inmensas para obtener un beneficio económico y/o causar un daño a la víctima.

La informática ha facilitado el desarrollo de las actividades delictivas al reducir el riesgo que supone para los delincuentes tradicionales el espacio físico para perpetrar el hecho punible. En el espacio virtual este espacio físico o escena del crimen deja de tener un carácter primordial como lugar de los hechos, ya que la presencia entre agresor y víctima en la ciberdelincuencia se produce a través del espacio virtual. Lo que redunda en una mayor seguridad para el delincuente que en tiempo real reduce su persecución y captura.

Otra matiz diferencial supone el hallazgo de las pruebas del crimen donde en la delincuencia tradicional el espacio físico donde ha tenido lugar la acción delictiva sirve para la obtención del material utilizado en el acto criminal, además de contar con la escena del crimen, donde se encuentra el cuerpo de la víctima o el cuerpo del delito, dando lugar a la consiguiente investigación. Esto muestra el espacio físico donde poder identificar una relación entre el lugar de los hechos y el lugar del hallazgo.

Existen casos donde la investigación científica criminal pueda estar integrada por uno o varios espacios físicos donde deba realizarse la investigación para obtener las pruebas y/o los indicios para el esclarecimiento del hecho punible.

Realizada la correspondiente inspección ocular y verificada la existencia de posibles indicios relacionados con el acto delictivo, se procederá a preservar la escena del crimen, para garantizar su intangibilidad y evitar la alteración o contaminación de la escena.[133]

En comparación con la "delincuencia tradicional" está la "delincuencia cibernética" donde tiene cabida los denominados delitos informáticos en donde coexisten dos escenas del crimen:

1. El espacio físico donde se ha producido el hecho real de la escena del crimen que corresponde del lugar físico donde se encuentra el agresor operando con las TIC como medio de utilización para cometer el delito.

2. El espacio del hecho virtual que corresponde al espacio de información dentro de las redes por donde circulan y que sirven para cometer el delito.

En este espacio virtual es donde se precisa de una cualificación adaptada a los nuevos métodos probatorios que se exige para que las pruebas apartadas sirvan como *evidencia digital* para la identificación y el análisis, exigiendo técnicas y herramientas tecnológicas para obtener, custodiar, analizar y presentar la evidencia en una escena del crimen. Para mantener la idoneidad del procedimiento forense

---

133 Cfr., KICILLOF, Axel, BERNI, Sergio, ALONSO, Javier, GARCÍA, Gonzalo, TELLO CORTEZ, Flavia, ADRIÁN POLES, Julio, GONZÁLEZ, Natalia y PERALTA, Rubén, Cibercrimen y Delitos informáticos, Apuntes para la materia, Superintendencia de Institutos de Formación Policial, Subsecretaría de Formación y Desarrollo Profesional, Ministerio de Seguridad, Gobierno de la provincia de Buenos Aires, 2022. Cibercrimen y Delitos informáticos, Apuntes para la materia, Superintendencia de Institutos de Formación Policial, Subsecretaría de Formación y Desarrollo Profesional, Ministerio de Seguridad, Gobierno de la provincia de Buenos Aires, 2022. Se encuentra disponible en: https://www.google.com/search?q=Cibercrimen+y+Delitos+inform %C3%A1ticos%2C+Apuntes+para+la+materia%2C+Superintendencia+de+Institutos+de+Form aci%C3%B3n+Policial%2C+Subsecretar%C3%ADa+de+Formaci%C3%B3n+y+Desarrollo+Pro fesional%2C+Ministerio+de+Seguridad%2C+Gobierno+de+la+provincia+de+Buenos+Aires% 2C+2022.&oq=Cibercrimen+y+Delitos+inform%C3%A1ticos%2C+Apuntes+para+la+mater ia%2C+Superintendencia+de+Institutos+de+Formaci%C3%B3n+Policial%2C+Subsecretar%C 3%ADa+de+Formaci%C3%B3n+y+Desarrollo+Profesional%2C+Ministerio+de+Seguridad% 2C+Gobierno+de+la+provincia+de+Buenos+Aires%2C+2022.&gs_lcrp=EgZjaHJvbWUyBgg AEEUYODIBCTM0MTdqMGoxNagCCLACAQ&sourceid=chrome&ie=UTF-8&zx=17389228 85140&no_sw_cr=1 pp. 60–61.

deben tenerse en cuenta los siguientes elementos antes de realizar el proceso de análisis forense:

▼ **Esterilidad de los medios informáticos de trabajo.** Los medios informáticos que se utilicen han de estar libres de variaciones magnéticas, ópticas (láser) o similares, la esterilidad de los medios son fundamentales para cualquier proceso forense en informática debiendo emplearse medios nuevos para evitar que las copias de la evidencia que se ubiquen en ellos puedan estar contaminadas.

▼ **Verificación de las copias en medios informáticos.** Las copias en los medios previamente esterilizados, serán idénticas al original, debiendo utilizar algoritmos y técnicas de control basadas en firma digitales que demuestren que la información inicial corresponde con la copia.

▼ **Documentación de los procedimientos, herramientas y resultados de los medios informáticos analizados.** Es fundamental que el equipo de seguridad del proceso, se encargue de la custodia y de los pasos realizados, las herramientas y los resultados obtenidos deben estar debidamente documentados, para que puedan ser validados y revisados por la auditoria.

▼ **Protección de la cadena de custodia de las evidencias digitales.** La custodia es imprescindible para que no pueda ser alterada o modificada, debiendo contener la persona que hizo la entrega, cuando, estado de la misma, transporte realizado, quién ha tenido acceso a ella, y la actuación en su custodia, actos que resultan necesarios para que la protección sea considerada adecuada de las pruebas a su cargo.[134]

3.3 DELITO INFORMÁTICO: DELINCUENCIA INFORMÁTICA, CRIMINALIDAD INFORMÁTICA, CIBERDELINCUENCIA, CIBERCRIMEN

El concepto de "delito informático" no ha sido posible unificar un único criterio a la hora de poder definir y valorar su significado de forma unitaria. La terminología surgida alrededor del mundo virtual se ha visto superada por múltiples catalogaciones como "Delincuencia informática", "Criminalidad informática", "Delitos informáticos" todas dependientes del espacio virtual.

---

134 Ibídem., pp. 62–63.

La valoración del concepto por parte de los tratadistas del sector, niegan la posibilidad de adecuar el término a un único delito, manifestando que dicho concepto abarca múltiples actividades delictivas con comportamientos inherentes a la informática.

En el ordenamiento jurídico español al igual que ocurre con otros ordenamientos, no se encuentra tipificado el "delito informático" como un Título específico, al igual que tampoco se recoge dicha acepción en el Código Penal español, existiendo conductas vinculadas con los sistemas informáticos.

Ante la ambigüedad de la definición como de "delito" refiriéndose a su adjetivo "informático" muchos autores han eludido hacer referencia al mismo como delito tipificado y reconocido como actividad delictiva, inclinándose por el reconocimiento de sistemas informáticos, ya sea por el medio de comisión, ya por el objeto del delito o por ambos.

En la actualidad, y fundamentándose en el razonamiento descrito, muchos autores se han postulado por términos como "delincuencia informática", "criminalidad informática", "ciberdelincuencia", "cibercrimen". Esta gama de conceptos es empleada para la distinción y encuadramiento de los distintos actos punibles que tiene como nexo de unión Internet, y en consecuencia, está ligada a la informática, para incluir todos los comportamientos en los que el sistema informático sea el medio para lesionar el bien jurídico.[135]

El nacimiento de la criminalidad informática está ligado al desarrollo tecnológico informático. Las computadoras han sido utilizadas para todos los delitos que se han ido cometiendo a través de la Red y que han experimentado un crecimiento exponencial, no solo en cuanto a su número de delitos cometidos, sino a la participación de agresores que encuentra en el espacio virtual un mayor número de víctimas propiciatorias para sus actividades.

La legislación penal se ha visto superada por la rapidez y el volumen de delitos recogidos en el espacio virtual, que han dado lugar a que muchos de estos hayan quedado en el anonimato y, donde las víctimas, han quedado huérfanas de un resarcimiento de los daños ocasionados, en parte, por la imposibilidad de su persecución debido a la falta de denuncias presentadas, como también por las lagunas que igualmente ofrece el sistema jurídico en cuanto a la amplitud y conceptualización de los múltiples hechos punibles que tienen lugar a través de Internet.

---

135 Cfr., HERNÁNDEZ DÍAZ, Leyre, El delito informático, Eguzkilore, número 23, San Sebastián, 2009, p. 235.

3.4 SUJETOS DE LOS DELITOS INFORMÁTICOS

En los delitos informáticos se dan una serie de condicionantes en el momento de su ejecución consistente en poseer unas características técnicas y específicas para el manejo y el conocimiento de los sistemas informáticos o el saber o la cultura informática para tener acceso a información considerada como sensible.

Los delitos informáticos en ocasiones no tienen como finalidad el obtener un beneficio económico o de causar un perjuicio a terceras personas, sino que constituye un reto personal de los conocimientos que pueda poseer un individuo y su capacitación para entrar o conseguir metas que para el resto de los usuarios resultarían prácticamente inabordables su consecución.

El criminólogo estadounidense Edwin Sutherland consideraba a los delitos informáticos encuadrados de lo que les denominaría como "delitos de cuello blanco", considerando que dentro de esta categorización el sujeto activo ha de ser una persona de cierto estatus socioeconómico y la comisión de su delito no sea relacionada con su falta de recursos económicos, o carente de preparación o de cualquier otro aspecto de inestabilidad personal. Son individuos de una gran preparación en la especialización de los recursos informáticos que conocen el funcionamiento de los sistemas tecnológicos para conseguir eludir los sistemas de seguridad e introducirse en la programación de los sistemas computarizados.

Mientras que los sujetos pasivos son los representados en el campo de los delitos informáticos por personas individuales o colectivas, organizaciones financieras, estamentos oficiales, etc., que utilizan los sistemas informáticos para sus actividades diarias con otros equipos o con sistemas externos que utiliza un sistema informático para el tratamiento de sus datos.

En el Derecho Penal, la ejecución de un acto criminal requiere la existencia de dos sujetos: el sujeto activo y el sujeto pasivo.

1. El **sujeto activo** en los "delitos informáticos" son aquellos individuos que poseen unas características diferenciales del resto de lo que se podrían denominar delincuentes comunes, al poseer unos conocimientos informáticos que les facultan para el desarrollo y manejo de los sistemas informáticos contando con mayores posibilidades de ejecutar acciones delictivas al encontrarse, en ocasiones, en actividades laborales donde tienen las herramientas necesarias para su consecución delictiva.

2. El **sujeto pasivo** es la persona titular del bien jurídico protegido sobre el que el sujeto activo realiza la acción delictiva. En el caso de los "delitos informáticos" la víctima puede ser desde individuos a instituciones

financieras, organismos oficiales, etc., que se encuentran conectados a través de sistemas automatizados de información donde se acumulan todos los datos sensibles de ser utilizados para el desarrollo de la actividad delincuencial por parte del sujeto activo.

La figura del sujeto pasivo es fundamental para conocer la actuación de los delincuentes en lo referente a los "delitos informáticos", como es su *modus operandi* para la realización de sus acciones delictivas debido a que muchas de estas son descubiertas casuísticamente por el desconocimiento de cómo cometen los sujetos activos sus actos criminales.[136]

3.5 BIENES JURÍDICOS PROTEGIDOS EN EL DELITO INFORMÁTICO

Dentro de la controversia doctrinal que se mantiene en la actualidad en cuanto al encasillamiento y la falta de definición con respecto al "delito informático", se hace preciso establecer un concepto tipificado del mismo con la creación de una nueva categoría jurídica penal que recoja las conductas vinculadas con el hecho informático, ya que no estaríamos en la concepción de los bienes jurídicos tradicionales, sino que se precisa una tipificación jurídica que recoja esta figura delictiva dentro del ordenamiento jurídico y, en consecuencia, contemplado por el Derecho Penal.

Los delitos tradicionales constituyen la base donde establecer el bien jurídico a proteger haciendo una retrospección de los delitos tipificados en el ordenamiento jurídico existente y, donde se han de ir ubicando las nuevas modalidades delictivas, basadas en la utilización de los sistemas informáticos y las nuevas tecnologías donde se produce esta innovación delictiva quedando sin ser perseguidos múltiples hechos punibles, en parte, por la falta de denuncias presentadas, pero igualmente por las lagunas surgidas como consecuencia de las novedosas actividades criminales.

En referencia, al bien jurídico a proteger, los criterios establecidos por distintos autores no establecen —al igual que ocurre con la definición del "delito informático" donde se continúa fraguando su delimitación—, una unidad de criterio de cómo entender en cierta medida el bien jurídico penal protegido.

---

136 Cfr., ACURIO DEL PINO, Santiago, Delitos informáticos: generalidades. Se encuentra disponible en: https://www.oas.org/juridico/spanish/cyb_ecu_delitos_inform.pdf pp. 18–19.

Dentro de ese acercamiento interpretativo se recogen las siguientes posturas:

1. **Seguridad informática.** Considerada como un bien jurídico colectivo al estar vinculada con la informática. El uso de las redes y de los sistemas informáticos supone una herramienta imprescindible para el desarrollo económico y social, tanto en plano individual como colectivo. El ataque a un dispositivo informático individual supone no solo un riesgo individual sino que perjudica de forma generalizada al sistema de seguridad del resto de los usuarios al convertirse en posibles nuevas víctimas de agresiones.[137]

2. **Integridad, confidencialidad, y disponibilidad de los datos y sistemas informáticos.** En este apartado se recogen la informatización de todos los datos, públicos y privados, y su disponibilidad para su desarrollo económico y social.

3. **Intimidad informática.** El bien jurídico de la intimidad informática entiende que lo que ha de protegerse frente a las actividades delictivas vinculadas con el sistema informático, es el bien jurídico individual o privado constituyendo el principio de "intimidad e inviolabilidad informática", garantizando la seguridad, privacidad y la seguridad de los sistemas informáticos, en definitiva, la seguridad informática.

4. **Otras propuestas.** Se apunta como un nuevo bien jurídico de carácter supraindividual característico de los delitos informáticos la confianza en el funcionamiento de los sistemas informatizados. Esta dependencia de la sociedad radica en la dependencia que se tiene respecto de las TIC para el desarrollo de las actividades personales, económicas y sociales de los individuos.[138]

Es fundamental que la seguridad informática se convierta en un bien jurídico primordial a proteger por el ordenamiento jurídico, garantizando el uso y el conocimiento de la información que cada uno posea y permitiendo calificar todas las acciones que atenten contra este derecho individual como de delitos informáticos y que dichas conductas sean recogidas en nuestro Código Penal.

---

137 Op. cit., HERNÁNDEZ DÍAZ, Leyre, El delito informático, Eguzkilore, número 23, San Sebastián, 2009, pp. 236–237.

138 Ibídem., pp. 238–239.

3.6 NUEVAS TECNOLOGÍAS PARA NUEVOS CONCEPTOS DELICTIVOS: CIBERESPACIO, CIBERDELINCUENCIA, CIBERCRIMEN

La terminología referida tanto a la aparición de nuevos sistemas tecnológicos al igual que ha ocurrido con la clasificación y aparición de nuevos conceptos delictivos ha supuesto un cambio y una evolución radical en las últimas décadas. Si nos ciñéramos al concepto de "delito informático" no se podría afirmar que constituye un "nuevo fenómeno" visto desde el ámbito social. Sin embargo, si se aceptaría que dichos delitos son algo "nuevo" para el derecho, y más concretamente, para el derecho penal.

El ciberespacio ha abierto un campo terminológico cuya variedad resulta difícil de enmarcar para cada "nueva" aparición delictiva que va surgiendo, y donde el derecho y, más particularmente el derecho penal, se ve desbordado ante esta incipiente y novedosa aparición delictiva para poder promulgar la legislación pertinente.[139]

La historia ha estado siempre presente en el ámbito de la delincuencia donde ha encontrado un aliado que le facilitara la comisión delictiva, desde el uso de herramientas que se adecuaran a su *modus operandi* hasta las técnicas del procedimiento basadas en el ingenio o la fuerza física en la comisión del delito para alcanzar sus objetivos.

El desarrollo de las Tecnologías de la Información y la Comunicación (TIC) han dotado a la ciberdelincuencia de unas características que facilitan y amplían su campo de actuación en cuanto a su temporalidad y al número de víctimas. La realización de las acciones criminales gozan de una inmediatez en su ejecución debido a que pueden ser realizadas a distancia por la comunicación entre el sujeto activo y pasivo.

El número de víctimas puede tener lugar en un mismo espacio de tiempo sin necesidad de desplazamientos pudiendo elegir tanto su número como las más propiciatorias desde la vulnerabilidad que le ofrece su víctima. Todo ello basado en un nivel de anonimato que le proporciona el espacio virtual.

Estas características de las nuevas tecnologías son las que producen el efecto potenciador de los delitos. La delincuencia tradicional ha contado y cuenta con una

---

139 Cfr., TEMPERINI, Marcelo, Delitos informáticos y cibercrimen: alc es, conceptos y características. Cibercrimen y Delitos Informáticos. Los nuevos tipos penales en la era de Internet, Suplemento especial, ERREIUS, Buenos Aires (Argentina), 2018. Disponible en: https://www.pensamientopen al.com.ar/system/files/2018/09/doctrina46963 p. 49.

amplia gama delictual instaurada en nuestra capa social. Estos delitos tradicionales han sido añadidos a la nueva tecnología basándose en los mismos principios de la tradicional, con la incorporación a sus métodos de un nuevo nivel en la comisión de los delitos posibilitada por las características, anteriormente citadas, como son: la inmediatez, masividad y el anonimato. El estafador clásico debía realizar unos pasos que eran necesarios para ejecutar su engaño, el engaño a realizar y el acercamiento a la víctima elegida, haciendo uso de su habilidad social necesaria para hacer incurrir a la víctima en el engaño y, poder realizar la estafa. La diferencia con la actualidad, es que todos los pasos que ha tenido que realizar el estafador, en este caso, son automatizados en las estafas electrónicas, lo que redunda en un éxito mayor para el delincuente. Las herramientas tecnológicas proporcionan al agresor de la posibilidad de su conexión a Internet —distancia—, y mediante su conexión podrá llevar a cabo una acción contra varias víctimas conectadas a la Red enviando múltiples correos electrónicos de forma instantánea —masividad—, utilizando mecanismos que obstaculicen su rastreo o identificación —anonimato—.[140]

Las tecnologías han potenciado el número de delitos, que si bien, no son nuevos, si han tenido un efecto multiplicador al contar con las nuevas tecnologías que han resultado tener efecto expansivo en cuanto al número de víctimas. El uso de Internet ha convertido a todos los usuarios en potenciales víctimas, sin distinción alguna que les diferencie unas de otras, ya que todas tienen un perfil común como usuarios de la Red.

La Red constituye una naturaleza transfronteriza y dinámica, a lo que se añade que tecnológicamente resulte una entidad muy compleja.

El "anonimato" dota al delincuente de un poder basado en la "invisibilidad" que le hace inmune dotándole de unos atributos de la intemporalidad y la ubicuidad frente a la víctima, quien se considera en un estado de indefensión, totalmente desamparada ante la justicia, ya que no termina de atribuir el daño ocasionado en su persona con un autor real, con un aspecto físico como sucedía en los delitos tradicionales, por lo que muchos de estos delitos no son denunciados y, en consecuencia, no son proseguibles quedando en el anonimato.[141]

La ausencia de una tipificación concreta a determinadas conductas cibernéticas, ha llevado a determinados autores, basados en el principio de legalidad

---

140 Ibídem., p. 53.

141 Cfr., GUDIN RODRIGUEZ-MAGARIÑOS, Faustino, Nuevos delitos informáticos: phising, pharming, hacking y cracking, SP/DOCT/3705. Se encuentra disponible en: https://web.icam.es /bucket/Faustino%20Gud%C3%ADn%20-%20Nuevos%20delitos%20inform%C3%A1ticos.pdf p. 12.

strictu sensu —en sentido estricto— a negar la represión penal en numerosas conductas. Se aceptan que bajo esta denominación se vean reguladas determinadas acciones u omisiones dolosas o culposas que tengan relación en su comisión con un bien informático y, en consecuencia, a través de Internet.[142]

La nueva terminología surgida de los avances tecnológicos hace necesario abordar las diferencias entre conceptos como ciberdelincuencia y cibercrimen, o lo que dicho de otra forma, entre delitos informáticos y cibercrimen, conceptos que en principio se utilizan como sinónimos pero que a fines académicos y doctrinales es conveniente diferenciarlos.

La diferencia radica en la organización del delito. Si hablamos de delitos informáticos, delincuencia informática o ciberdelincuencia, estaríamos en presencia de lo que se podría denominar como delitos comunes que se producen diariamente, y que se encuentran tipificados penalmente, y que tienen lugar de forma individual, o independiente, pero sin una conexión organizativa y que actúan con regularidad en la comisión de los delitos.

Sin embargo, si nos referimos al cibercrimen, nos encontramos con grupos organizados que se dedican de forma profesional a tareas criminales para optimar sus ganancias a través de los delitos informáticos de una forma impersonal donde el sujeto pasivo es cualquier usuario que se encuentra conectado con su computadora u otro medio tecnológico a la Red, y donde cada componente de la organización criminal tiene asignada una función para que su tarea resulte lo más beneficiosa y rápida para el grupo, consideradas como verdaderas organizaciones multinacionales, al estar extendidas de forma internacional.[143]

En general, los ciberdelincuentes informáticos actúan de forma individual, motivado por distintas causas desde el beneficio económico hasta realizar amenazas de muerte a otra persona, o el borrado de información que pueda causar un perjuicio a la empresa donde trabaja, etc.

Pero en relación con estos ciberdelincuentes se está dando una transformación en cuanto a su forma de actuar aislada, comenzando a surgir grupos organizados dedicados a la comisión de delitos dando lugar a redes organizadas cada vez más complejas y de una mayor peligrosidad debida a su mayor preparación en el mundo de la informática.[144]

---

142 Ibídem., p. 13.

143 Op. cit., TEMPERINI, Marcelo, Delitos informáticos y cibercrimen: alc es, conceptos y características. Cibercrimen y Delitos Informáticos. Los nuevos tipos penales en la era de Internet, Suplemento especial, ERREIUS, Buenos Aires (Argentina), 2018. Disponible en: https://www.pensamientopenal.com.ar/system/files/2018/09/doctrina46963 p. 56.

144 Ibídem., p. 56–58.

3.7 TIPOS DE DELITOS INFORMÁTICOS

La aparición de la computadora personal y la expansión de Internet dando lugar al almacenamiento de datos personales convierten el espacio virtual en un medio interactivo donde confluyen millones de usuarios y, donde se producen múltiples procesamientos de datos, que tienen una expansión global haciendo acto de presencia las organizaciones criminales que encuentran un entorno inmenso para sus actividades delictivas.

La diversidad de los delitos informáticos y, su clasificación delictiva, es prácticamente imposible de realizar, cuantitativamente, ya que su constante progreso encuentra nuevas modalidades delictivas que, en principio, escapan a su regulación penal.

El surgimiento de los delitos informáticos tiene su origen en la década de 1960, con el almacenamiento de datos personales en las computadoras. La aparición de las nuevas conductas delictivas comienza a aparecer durante la década de 1970, donde los medios de comunicación comienzan a recoger las primeras conductas punibles que transcienden a la opinión pública. Los primeros delitos informáticos giran sobre el tema económico, destacando el espionaje informático, la "piratería" de *software*, el sabotaje a bases de datos digitalizados y la extorsión.

El espionaje se realizaba mediante la extracción de los discos rígidos de las computadoras, o el robo de los disquetes o mediante la copia directa de la información de los dispositivos. En cuanto a la piratería de *software* era la copia no autorizada de los programas de la computadora para su posterior comercialización.[145]

En la década de 1980, surgen los fraudes de tipo financiero, mediante la instalación de dispositivos lectores y teclados falsos de los cajeros automáticos de las entidades bancarias, para la copia de los datos de las tarjetas de débito mediante la vulneración de las bandas magnéticas.

Con la expansión de Internet, a nivel globalizado, y ya en la década de 1990, las industrias dedicadas al mundo editorial, discográfico o cinematográfico, comienzan a surgir numerosas falsificaciones mediante el copiado fraudulento de los originales ocasionando a las industrias pérdidas millonarias de obras protegidas bajo leyes de *copyright*.[146]

---

145 Cfr., SAIN, Gustavo, Delitos informáticos y cibercrimen: alcances, conceptos y características. Cibercrimen y Delitos Informáticos. Los nuevos tipos penales en la era de Internet, Suplemento especial, ERREIUS, Buenos Aires (Argentina), 2018. Disponible en: https://www.pensamientopen al.com.ar/system/files/2018/09/doctrina46963 pp. 7–8.

146 Ibídem., p. 8.

3.8 DELITO DE ESTAFA O FRAUDE INFORMÁTICO

El delito de la estafa o fraude informático es el que atenta contra el patrimonio de terceras personas, castigando el uso fraudulento de los sistemas informáticos por parte del delincuente.

En los casos de fraude informático, no es necesario que la víctima cometa cualquier error al ser llevada por el agresor con su engaño para obtener el fin delictivo perseguido, sino que dicho beneficio se produce por la manipulación de este del sistema informático y así obtener su beneficio económico y, el consiguiente, perjuicio patrimonial de la víctima.

Debido a la constante evolución del mundo de la digitalización y, como se menciona anteriormente, resulta complejo contemplar en su totalidad los ciberdelitos que se producen en el espacio virtual.

La Organización de las Naciones Unidas recoge algunos de estos comportamientos delictivos como el tipificado como:

3.8.1 Fraudes cometidos mediante la manipulación de computadoras

▶ Manipulación de los datos de entrada. También conocido como *introducción de datos falsos*. Este delito no requiere de conocimientos técnicos de informática, por lo que resulta fácil de cometer pero difícil de descubrir. Los datos falsos o engañosos es la manipulación de datos de entrada a la computadora con la finalidad de producir movimientos falsos en las transacciones realizadas.[147]

▶ Manipulación de programas. Este delito requiere de ciertos conocimientos técnicos de informática consistente en la modificación de los programas que contienen las computadoras o en insertar nuevos programas. Uno de los métodos utilizados por parte de los usuarios que tienen una especial preparación en la programación de programas es el denominado "Caballo de Troya", consistente en insertar instrucciones de una computadora de forma encubierta en un programa informático para que realice una función no autorizada al mismo tiempo que su función normal.

---

147 Op. cit., ACURIO DEL PINO, Santiago, Delitos informáticos: generalidades. Se encuentra disponible en: https://www.oas.org/juridico/spanish/cyb_ecu_delitos_inform.pdf p. 23.

▼ Manipulación de los datos de salida. Se fija un objetivo al funcionamiento del sistema informático. El más común de estos métodos era el aplicado a los cajeros automáticos mediante la falsificación de instrucciones en la fase de adquisición de datos. En la actualidad, se utilizan equipos y programas de computadoras especializados en descodificar información electrónica en las bandas magnéticas de las tarjetas bancarias y de las tarjetas de crédito.

▼ Manipulación informática. Se aprovecha de las repeticiones automáticas de los procesos de cómputo. Se le denomina "técnica del salchichón" por sus "rodajas muy finas", apenas perceptibles, de transacciones financieras, que se sacan repetidamente de una cuenta para transferirlas a otra.[148]

3.8.2 Falsificaciones informáticas

▼ Como objeto: cuando se alteran los datos de los documentos almacenados en forma computarizada.

▼ Como instrumentos: las computadoras pueden ser utilizadas para realizar falsificaciones de documentos comerciales. Con la aparición de las fotocopiadoras computarizadas en color basadas en el rayo láser surge una forma de falsificaciones haciendo reproducciones de alta resolución, modificando o creando documentos falsos sin necesidad de recurrir a un original resultando difícil diferenciarlos de los documentos auténticos.[149]

3.9 FRAUDES FINANCIEROS Y ECONÓMICOS

La alteración de los registros informáticos con la finalidad de ingresar y desviar los fondos a las cuentas bancarias de los delincuentes constituyen los delitos más comunes que sufre el sistema financiero.

Los delitos financieros y los cometidos a través de Internet según un informe emitido por Interpol sobre las tendencias de la delincuencia a nivel global indican

---

148 Op. cit., GARAVILLA ESTRADA, Miguel, Delitos informáticos. Tipos de delitos informáticos reconocidos por la Organización de las Naciones Unidas (ONU), Referencia bibliográfica: Universidad Abierta http://www.universidadabierta.edu.mx. citado y se encuentra disponible en: https://perso.unifr.ch/derechopenal/assets/files/articulos/a_20080526_32.pdf pp. 8–9.

149 Op. cit., ACURIO DEL PINO, Santiago, Delitos informáticos: generalidades. Se encuentra disponible en: https://www.oas.org/juridico/spanish/cyb_ecu_delitos_inform.pdf p. 23.

que el 60% de los encuestados califican de "alta" o "muy alta" la amenaza de delitos como el blanqueo de capitales, el *ransomware*, el *phishing* y las estafas en línea.

La delincuencia se ha trasladado a Internet donde la cibernética posibilita y facilita la ejecución de los delitos financieros como las estafas a empresas por *e-mail* mediante la suplantación de identidad, fraude del CEO —donde los ciberdelincuentes se hacen pasar por ejecutivos— las estafas en el comercio electrónico y el fraude en las inversiones.

El ***ransomware*** en la actualidad dirige sus ataques a administraciones e infraestructuras críticas.[150] El *ransomware* se trata de un tipo de *malware* que encripta todos los datos de un equipo o un dispositivo, haciendo imposible el acceso a los mismos. Estos ataques van asociados a la petición de rescate, acción que facilita el ofrecer las claves para desencriptar la información.[151]

Un *ransomware* o "secuestro de datos" supone un tipo de programa dañino que restringe el acceso a determinadas partes o archivos del sistema operativo infectado solicitando un rescate a cambio de quitar la restricción.

Algunos de los tipos *ransomware* cifran los sistemas del sistema operativo inutilizando el dispositivo y coaccionando al usuario a que pague el rescate. En sus inicios los pagos se realizaban a través de las cuentas bancarias de países opacos, pero se conseguía localizar el rastreo del delincuente, por lo que se pasó al uso de las monedas virtuales no rastreables.

Existen tres tipos de *ransomware*:

▼ Bloqueadores: su objetivo es bloquear el sistema operativo al completo mostrando un mensaje de alerta para el rescate.

▼ Cifradores o *filecoders*: el *ransomware* realiza el cifrado del nombre y/o el contenido de ficheros. En un principio se utilizaba la criptografía simétrica —es conocida como criptografía de clave secreta o criptografía de una clave, es un método criptográfico donde se usa una sola clave compartida para cifrar y descifrar mensajes entre el emisor y el receptor. Las dos partes deben ponerse de acuerdo en la clave a utilizar. El remitente

---

150 Los delitos financieros y los cometidos por Internet son los que más preocupan a la policía de todo el mundo, según un nuevo informe de INTERPOL, de fecha 19 de octubre de 2022. Se encuentra disponible en: https://www.interpol.int/es/Noticias-y-acontecimientos/Noticias/2022/Los-delitos -financieros-y-los-cometidos-por-Internet-son-los-que-mas-preocupan-a-la-policia-de-todo-el-mundo-segun-un-nuevo-informe-de-INTERPOL.

151 Fraudes por Internet: ¿Qué tipos de estafas son más habituales? Derecho, 8 de abril de 2024. Disponible en: https://www.unir.net/revista/derecho/fraudes-internet/.

cifra un mensaje utilizando la clave, lo envía al destinatario y este lo descifra utilizando la misma clave. Actualmente realizan la criptografía asimétrica conocida como criptografía de clave pública o criptografía de dos claves, se caracteriza por utilizar dos claves, una pública y otra privada, para el envío de mensajes o datos informáticos. Las dos claves están conectadas entre sí teniendo roles complementarios, al ser la clave pública la responsable del cifrado y la clave privada la del descifrado—.

▶ Híbridos: combina características de bloqueador y de cifrador.

3.9.1 Fraudes con tarjetas

Los fraudes con tarjetas abarcan a todo tipo de tarjetas de compra, crédito, débito cuando han sido objeto de falsificaciones, adulteración, robo, hurto, o bien, se hayan extraviado haciendo un uso ilegítimo de las mismas.

El *carding* es el fraude utilizado con las tarjetas de crédito. Consiste en el uso fraudulento de las tarjetas a través de los datos obtenidos de forma ilegítima de las mismas. Son operaciones de baja cuantía que se realizan por los ciberdelincuentes en espacios de tiempo separados para que sus acciones punibles no sean llamativas para no levantar sospechas.

Ante este tipo de estafas resulta conveniente realizar unas pautas de seguridad para evitar futuras sorpresas:

▶ Verificar que la *web* no es peligrosa. Antes de insertar los datos de la tarjeta de crédito comprueba que la *web* es un sitio seguro. Existen páginas *web* como Unshorten donde se puede realizar la verificación.

▶ Si recibes un *sms* o correo electrónico de tu entidad bancaria no facilites tus datos de la tarjeta y acto seguido contacta con tu banco.

▶ El *vishing* consiste igualmente en la suplantación de identidad a través de las llamadas telefónicas. El mismo consejo que en el caso anterior.

▶ Nunca guardes los datos de pago en comercios *on line*, ya que si dicho comercio sufre una brecha de seguridad, podrán tener acceso a tus datos.

▶ Actualiza los dispositivos móviles y realiza a diario un chequeo de tus cuentas.

3.9.1.1 PHISHING

Consiste en una técnica de fraude en línea que se utiliza para engañar a los usuarios para que faciliten información personal y financiera. Los ciberdelincuentes envían mensajes o correos electrónicos para que el usuario realice alguna función haciéndose pasar por una entidad de su confianza. Los mensajes que se pueden pedir al usuario es que facilite sus datos personales o sus claves, por motivos de seguridad o con la finalidad de confirmar su cuenta.

Los *phishers* o estafadores[152] simulan pertenecer a entidades bancarias solicitando a los destinatarios los datos de la tarjeta de crédito o las claves bancarias, mediante un correo electrónico con un enlace que les dirija a una falsa página *web* similar a la original. Si consiguen engañar al titular obteniendo la clave de acceso a sus cuentas comienzan a realizar transferencias o retirada de efectivos de las mismas.

Dentro de este tipo de fraude ha surgido una nueva modalidad denominada *Spear Phishing* o *Phishing segmentado*,[153] consistente en atacar a grupos determinados de usuarios considerados como vulnerables.

---

152 Cfr., MARTÍNEZ, Matilde S., Algunas cuestiones sobre delitos informáticos en el ámbito financiero y económico. Implicancias y consecuencias en materia penal y responsabilidad civil, Suplemento especial, ERREIUS, Buenos Aires (Argentina), 2018. Disponible en: https://www.pensamientopenal.com.ar/system/files/2018/09/doctrina46963 p. 40.

153 Op. cit., ACURIO DEL PINO, Santiago, Delitos informáticos: generalidades. Se encuentra disponible en: https://www.oas.org/juridico/spanish/cyb_ecu_delitos_inform.pdf p. 25.

El término de *phishing* —proviene del inglés, *fishing*, pescar— que consiste en la suplantación de identidad. La mayoría de los métodos del *phishing* utilizan el engaño en el diseño para mostrar un enlace del correo electrónico que se parezca al original.

Otro método de *phishing*, el ciberdelincuente utiliza contra la víctima el propio código de programa del banco o servicio por el que se hace pasar. En este método de ataque los usuarios reciben un mensaje donde se les indica que tienen que "verificar" sus cuentas, seguido de un enlace que parece la página *web* original. El denominado *Spear Phishing* —literalmente, *phishing* con lanza— donde toman como víctimas a clientes de bancos y servicios de pago en línea.[154]

3.9.1.2 PHARMING

Es una técnica que se realiza a cabo para estafas *on line*. Consiste en manipular direcciones DNS —sistemas de nombres de dominio, funciona como una agenda telefónica donde se administra el mapeo entre los nombres y los números. Los servidores DNS convierten las solicitudes de nombres en direcciones IP, controlando a qué servidor se dirigirá un usuario final cuando escriba un nombre de dominio en su navegador *web*— que utiliza el usuario, con el objetivo de engañarle haciéndole creer que las páginas que visita el usuario son realmente las originales al tener un aspecto idéntico. De esta manera cuando el usuario crea que está accediendo a su banco en Internet, donde está realmente accediendo es a la IP de una página *web* falsa.

La palabra *pharming* deriva del término "*farm*" —granja—. La etimología de la palabra radica en que una vez que el ciberdelincuente ha conseguido acceder a un servidor DNS y tomado el control del mismo, es como si poseyera una "granja" utilizando todos los recursos que esta le proporciona.

Las direcciones IP vienen a ser como las direcciones postales de los domicilios o los números de teléfono. Los ataques mediante *pharming* pueden tener dos vías: *una*, directamente a los servidores DNS, lo que supondría que todos los usuarios se verían afectados; y otra, atacando a ordenadores concretos, mediante la modificación del fichero "hosts" —es un archivo de texto sin formato que se puede abrir en un editor de texto en Windows. Consiste en una lista de direcciones IP y nombres de host— que se encuentra en cualquier equipo que funcione bajo Microsoft Windows o sistemas Unix.[155]

---

154 Op. cit., GUDIN RODRIGUEZ-MAGARIÑOS, Faustino, Nuevos delitos informáticos: phising, pharming, hacking y cracking, SP/DOCT/3705.Se encuentra disponible en: https://web.icam.es/bucket/Faustino%20Gud%C3%ADn%20-%20Nuevos%20delitos%20inform%C3%A1ticos.pdf pp. 3–4.

155 Ibídem., p. 5.

3.9.2 Ofertas de trabajo falsas

Las ofertas de trabajo falsas suelen tener como finalidad el propósito de usar a personas en busca de trabajo para blanquear y desviar dinero robado a otros países. Estas conductas delictivas suelen realizarse a través del *phishing*.[156]

3.9.2.1 SMISHING

Esta práctica fraudulenta consiste en contactar con una víctima a través de sistemas de mensajería —como WhatsApp, Telegram o SMS— para obtener información confidencial y luego ser empleada en defraudar a otra persona. Estos sistemas de mensajerías suelen ser utilizados por la administración o las empresas para confirmar citas y publicitar ofertas. Los ciberdelincuentes la utilizan para la suplantación de identidad de estas organizaciones y enviar mensajes fraudulentos.

3.9.2.2 MALWARE

Consiste en un *software* malintencionado diseñado para infiltrarse, causar daño o hacer un uso no autorizado de un sistema informático sin el consentimiento del propietario. El *malware* se transmite a través de archivos adjuntos en correos electrónicos, unidades USB y aplicaciones infectadas. Es necesario mantener el *software* del antivirus actualizado y evitar la descarga de archivos de fuentes no confiables.[157]

3.9.2.3 SCAMMING

Se realizan a través de correos fraudulentos mediante el engaño para estafar a un usuario ofreciéndole ofertas como viajes, premios, préstamos, para convencerle de que facilite sus datos personales, número de teléfono, domicilio, cuentas bancarias, etc., valiéndose de Internet.[158]

---

156 Cfr., MARTÍNEZ, Matilde S., Algunas cuestiones sobre delitos informáticos en el ámbito financiero y económico. Implicancias y consecuencias en materia penal y responsabilidad civil, Suplemento especial, ERREIUS, Buenos Aires (Argentina), 2018. Disponible en: https://www.pe nsamientopenal.com.ar/system/files/2018/09/doctrina46963 p. 41.

157 Fraudes por Internet: ¿Qué tipos de estafas son más habituales? Derecho, 8 de abril de 2024. Disponible en: https://www.unir.net/revista/derecho/fraudes-internet/.

158 Op. cit., MARTÍNEZ, Matilde S., Algunas cuestiones sobre delitos informáticos en el ámbito financiero y económico. Implicancias y consecuencias en materia penal y responsabilidad civil, Suplemento especial, ERREIUS, Buenos Aires (Argentina), 2018. Disponible en: https://www.pe nsamientopenal.com.ar/system/files/2018/09/doctrina46963 p. 42.

3.9.2.4 SPYWARE

El PC al estar conectado a Internet es vulnerable a la invasión de "parásitos" que pueden ejercer un control sobre el equipo. Existen programas que se instalan furtivamente en el disco duro, para espiar la actividad del usuario, usurpando la conexión a Internet para enviar sus datos personales, cambiar la página de inicio o instalando barras de navegación que resultan difíciles de eliminar. Suelen afectar a la velocidad de transferencia de datos.

3.9.2.5 SKIMMING

Son dispositivos colocados en los cajeros, monederos electrónicos, *pin pad* —es un dispositivo electrónico utilizado para ingresar el código PIN de una tarjeta de crédito o débito durante una transacción. Su función es garantizar la seguridad del proceso de pago, permitiendo la autenticidad del usuario a través del PIN—. Su objetivo es copiar la banda magnética y el PIN de la tarjeta electrónica y, posteriormente, clonarla.[159]

3.9.3 Robo, usurpación o suplantación de identidad

Consistente en realizar todo tipo de operaciones para provecho del victimario, fingiendo ser el usuario, al cual, se le ha extraído información. Es un delito de estafa, donde el robo de identidad por parte del victimario se vale de la utilización de imágenes o datos de la vida de otras personas, así como la utilización de las tecnologías para realizar su actividad criminal.

3.10 SABOTAJE INFORMÁTICO

Es el acto de borrar, suprimir o modificar sin autorización funciones o datos de la computadora con la intención de obstaculizar el normal funcionamiento del sistema. Este delito existente en la Red es uno de los más utilizados por los *hackers*.

El sabotaje informático consiste en el acceso al dispositivo electrónico de otra persona con el fin de obtener datos del usuario o modificar la configuración del dispositivo, instalar programas que perjudiquen el normal funcionamiento del dispositivo y su uso por parte del titular.

---

159 Ibídem., p. 43.

El acceso a sitios no autorizados se ha convertido en un delito muy extendido en el espacio virtual por medio de la informática. Las pérdidas económicas debido a las intrusiones de los piratas informáticos son cuantiosas pudiendo sabotear los ordenadores para obtener un beneficio económico o amenazar con causar un daño a los sistemas con la finalidad de cometer una extorsión.

El objetivo del sabotaje informático es la obtención del beneficio económico. Las técnicas que permiten cometer sabotajes informáticos son:

- ▶ **Bomba lógica o cronológica**. Exige conocimientos especializados al requerir la programación de la destrucción o modificación de datos en un momento dado del futuro. Las bombas lógicas son difíciles de detectar antes de su explosión. Dentro de los dispositivos informáticos criminales son las que poseen el máximo potencial de daño. Su detonación puede ser programada para que pueda causar el máximo daño y que pueda producirse una vez que el ciberdelincuente haya abandonado el lugar. También puede servir como instrumento de extorsión solicitando una indemnización a cambio de facilitar el sitio donde se ha instalado la bomba lógica.[160]

- ▶ **Virus**. El virus es un código informático que se adjunta a sí mismo a un programa o archivo para propagarse de un equipo a otro. Los virus pueden dañar el *software*, el *hardware* y los archivos. Alteran el normal funcionamiento del sistema al que acceden tendiendo a reproducirse, contagiándose de un sistema a otro.

  Una de sus características consiste en el consumo de los recursos, lo que puede provocar graves daños en el sistema como la pérdida de productividad o daños en los datos. Los métodos que se utilizan para contrarrestar a los virus son la instalación de *firewalls* —dispositivo de seguridad de red diseñado para monitorear, filtrar y controlar el tráfico de red entrante y saliente basado en reglas de seguridad premeditadas. El propósito principal de un *firewall* es establecer una barrera entre una red interna confiable y redes externas no confiables— y de antivirus.

- ▶ **Gusanos**. Lo mismo que ocurre con el virus, los gusanos están diseñados para copiarse de un equipo a otro, de manera automática. Una vez introducido el gusano en el sistema, este puede viajar solo. Los gusanos

---

160 Cfr., GARAVILLA ESTRADA, Miguel, Delitos informáticos. Tipos de delitos informáticos reconocidos por la Organización de las Naciones Unidas (ONU), Referencia bibliográfica: Universidad Abierta http://www.universidadabierta.edu.mx. citado y se encuentra disponible en: https://perso.unifr.ch/derechopenal/assets/files/articulos/a_20080526_32.pdf p. 9.

se propagan rápidamente, bloqueando las redes y ralentizando las páginas *web* de todos los usuarios de Internet.

La propagación de los gusanos no precisa de la intervención del usuario distribuyendo copias completas y, posiblemente modificadas, de sí mismo por las redes. Su reproducción no necesita de *hardware* o *software* de apoyo. La diferencia con los virus es que estos no pretenden dañar los archivos del ordenador, sino que se dedican a consumir los recursos de la Red, instalándose en la memoria y desde ahí se reproducen de forma indefinida.

En la actualidad, los gusanos utilizan el correo electrónico mediante el envío de adjuntos con instrucciones que se encargan de recolectar las direcciones de correo electrónico de la libreta de direcciones y enviar copias de ellos mismos a todos los destinatarios.

▼ **Troyano**. Son programas informáticos con apariencia de *software* útil pero que causan daños y ponen en peligro la seguridad. Son códigos maliciosos que se alojan en el ordenador permitiendo el acceso a usuarios externos. Su forma de transmisión es a través del correo electrónico y de los archivos P2P —es una red de ordenadores en la que todos o algunos aspectos funcionan sin clientes o servidores fijos, sino que constituyen una serie de nodos (punto de intersección). Las redes P2P permiten el intercambio directo de información, en cualquier formato, entre los ordenadores interconectados—.

▼ *Cracking*. Es conocido también como sabotaje informático. Es un comportamiento que va dirigido a atacar los elementos lógicos del sistema, es decir, el *software* en general y a los ficheros o archivos informáticos donde se recogen datos, información o documentos electrónicos, cualquiera que sea su contenido.

Dentro de las conductas más graves está el *cyberpunker* o *cyberpunking* —en castellano, podría considerarse como vandalismo electrónico o sabotaje informático— donde el ciberdelincuente se dedica a borrar, suprimir o modificar, sin consentimiento del titular, funciones o datos de un ordenador, con la finalidad de obstaculizar su funcionamiento normal.[161]

---

161 Op. cit., GUDIN RODRIGUEZ-MAGARIÑOS, Faustino, Nuevos delitos informáticos: phising, pharming, hacking y cracking, SP/DOCT/3705.Se encuentra disponible en: https://web.icam.es /bucket/Faustino%20Gud%C3%ADn%20-%20Nuevos%20delitos%20inform%C3%A1ticos.pdf p. 10.

3.11 DELITOS SEXUALES

La era digital ha atraído de forma globalizada a todo tipo de usuarios desde muy temprana edad hasta personas de edad avanzada, en donde se producen una serie de comportamientos de toda índole. Las nuevas tecnologías hacen que el acceso al espacio virtual sea instantáneo abarcando un amplio panorama de todo tipo de información que se encuentra al alcance de todos los usuarios a la Red, sin distinción de edades, o de otras peculiaridades, que restrinjan su acceso.

La facilidad de acceso a Internet hace que cada vez más menores y adolescentes puedan entrar en el ciberespacio, sin restricción alguna, con los riesgos que esto supone para su integridad física o mental. El salto generacional que se ha producido como consecuencia de la irrupción tecnológica, hace que gran parte de los menores de edad busquen explicaciones lejos del mundo de la enseñanza o familiar, introduciéndose en las redes para solicitar información o para adentrarse en su espacio virtual en busca de nuevos horizontes, donde compartir experiencias o de satisfacer la curiosidad por determinados temas o para relacionarse con otros usuarios del sistema.

La facilidad que proporciona la Red para comunicarse y relacionarse, en contraposición con los modelos tradicionales, hace que muchos de los menores y adolescentes vean en este recurso una manera de interacción más cómoda y rápida con otros usuarios de su misma edad. Sin embargo, esta comunicación conlleva un alto riesgo debido a que la persona que pueda estar al otro lado de la pantalla, no te está garantizando su edad o intencionalidad, pudiendo tratarse de alguna persona adulta o de que las intenciones de su contacto sean delictivas, o que sea un perfil falso que valiéndose de la información o los mensajes que le facilites pueda hacer un uso fraudulento de los datos facilitados.

Entre los delitos sexuales que se producen en el ámbito digital podemos citar los siguientes:

▸ **Sexting**. En la era digital se ha convertido en un componente de las interacciones sexuales y los intercambios íntimos interpersonales. Consiste en la "conducta de compartir fotografías, vídeos y/o textos sexualmente sugerentes, explícitos o eróticos" (Mori, et al., 2020). En la actualidad, este comportamiento a través de las redes sociales se ha visto incrementado de manera exponencial ante la aparición de nuevos aparatos tecnológicos que han contribuido a un mayor empleo de estos lo que ha redundado en una mayor masificación de los contenidos eróticos.[162]

El uso generalizado de móviles y computadoras han estandarizado unas relaciones y contactos que décadas anteriores eran mediante un contacto visual, con la presencia de ambos en un espacio físico. Las actuales generaciones y un buen número de adultos encuentran en el espacio virtual su principal herramienta como medio de comunicación para socializarse o para entablar relaciones íntimas.

El *sexting* es un anglicismo que, en español no tiene una palabra definida, siendo interpretada como la comunicación virtual o electrónica, donde se produce un intercambio de material de contenido sexual explícito.[163] El nombre de *sexting* es una combinación de dos palabras en inglés *sex* —sexo— y *texting* —enviar mensajes de texto por celular—. El *sexting* se puede realizar por medio de mensajes instantáneos, foros, redes sociales y correo electrónico. La acción de practicar *sexting* se llama "sextear".

El *sexting* se ha instalado en la sociedad, principalmente, en adolescentes y jóvenes, donde ocupa un gran espacio de tiempo. El *sexting* se ha convertido para las generaciones que han surgido con la aparición y expansión de las TIC, como una seña de identidad personal donde exponer o manifestar a través del espacio virtual imágenes de carácter

---

162 CIAURRIZ LARRAZ, Amaia Miren, Sexting en la adolescencia: riesgo e implicaciones Interpsiquis XXII Congreso Virtual Internacional de Psiquiatría, Psicología y Salud Mental, del 24 mayo – 4 de junio de 2021. Disponible en: https://psiquiatria.com/congresos/pdf/1-8-2021-17-pon24.pdf pp. 1–2.

163 OCHOA PINEDA, Amada Cesibel, ARANDA TORRES, Cayetano José, Sexting: signo de identidad juvenil en la sociedad digital, Sexología 1, Universidad del Azuay, Casa Editora, Edual, El Ejido (Almería), 2019, p.11.

sexual que proliferan en las redes con la inseguridad que esto representa, pues pueden ser aprovechadas por terceras personas para hacer un uso fraudulento de las mismas. Si en un principio, y en determinados casos, se intercambiaban las fotografías entre dos personas para hacer nuevas amistades o mantener relaciones, más tarde, y amparados en cierto anonimato, comienzan a ramificar su exposición haciendo que lo que era una relación personal, se conviertan en mensajes de texto, audios, vídeos, etc., para ser observados por otras personas, como un lenguaje erótico generalizado en las redes.

En principio, los contenidos que se envían son realizados por los propios protagonistas de las imágenes o con su consentimiento. Es decir, que el propio protagonista es el que realiza el primer paso para su difusión, lo que en un primer momento, puede ser como un regalo para su pareja o como un acto de confianza entre personas unidas por la amistad.

El *sexting* conlleva una serie de riesgos que convierten a los adolescentes en seres vulnerables al suponer una pérdida de su intimidad. Uno de los problemas que conlleva el *sexting*, aparte de la degradación personal y la pérdida de la privacidad, es la aparición de comportamientos delictivos como el *grooming*, *ciberbullying* y la *sextorsión*.[164]

En las redes sociales la búsqueda de pareja o de compañeros sexuales se ha incrementado con el uso de las nuevas tecnologías, como *Tinder* o *Grindr*, como forma de interrelacionarse con el envío y recepción de contenidos sexuales que pueden acabar en otras interacciones sexuales en línea o fuera de línea.[165]

El teléfono móvil se ha convertido en un medio de comunicación social predominante entre las parejas, donde tiene cabida todo tipo de comunicación e información incluyendo los temas sexuales. Algunas de las parejas coinciden en señalar que el *sexting* les ha supuesto un incremento de su nivel de intimidad sexual con su pareja, o incluso, cuando se encuentran alejados como una forma de comunicación sexual.

Las coacciones y las amenazas también juegan un papel importante en el *sexting*, tanto dentro como fuera de la propia pareja. Las coacciones pueden oscilar desde una manipulación psicológica sobre la víctima

---

164 FAJARDO CALDERA, Ma Isabel, GORDILLO HERNÁNDEZ, Marta y REGALADO CUENCA, Ana Belén, Sexting: nuevos usos de la tecnología y la sexualidad en adolescentes, Asociación Nacional de Psicología Evolutiva y Educativa de la Infancia, Adolescencia y Mayores, INFAD, Revista de Psicología, Badajoz, 2013, p. 524.

165 GÁMEZ GUADIX, Manuel, Sexting, sextorsión y pornovenganza, Universitat Oberta de Catalunya, Barcelona, 2019, p. 8.

hasta el empleo de amenazas por medio de la *sextorsión* para conseguir que envíe contenidos sexuales.[166]

El conflicto de la práctica surge cuando las imágenes o vídeos íntimos son publicados sin la autorización expresa de los participantes. La conducta —como esfera privada de los individuos— se puede convertir en *sextorsión* en muchas ocasiones.[167]

Una nueva modalidad de *sexting* es el *doxing*, que toma su denominación de la contracción de la palabra en inglés *documents* —documentos—, y que se refiere a la práctica de investigar, recopilar y publicar información privada y personal de un sujeto, para constatar su identidad.

Existen diversas variantes de *doxing*, una de ellas, es la difusión de fotos y vídeos de una persona —mayoritariamente mujeres— en una situación sexual privada e intima, acompañadas de capturas de pantallas de las redes sociales, junto a fotos que revelan su identidad.[168]

▼ *Sextorsión*. Es el paso siguiente al *sexting*. Consiste en la amenaza, chantaje o extorsión sexual realizada a una persona, a quién previamente se la ha filmado o fotografiado desnuda, o realizando actos sexuales en la intimidad, para después exigirla una cantidad económica para no publicar las imágenes o vídeos realizados. Igualmente, puede ser utilizada la

---

166 Ibídem., p. 9.

167 Op. cit., RESIO, Mara, Delitos sexuales en la era digital, Cibercrimen y Delitos Informáticos. Los nuevos tipos penales en la era de Internet, Suplemento especial, ERREIUS, Buenos Aires (Argentina), 2018. Disponible en: https://www.pensamientopenal.com.ar/system/files/2018/09/d octrina46963 p. 126.

168 Cfr., KICILLOF, Axel, BERNI, Sergio, ALONSO, Javier, GARCÍA, Gonzalo, TELLO CORTEZ, Flavia, ADRIÁN POLES, Julio, GONZÁLEZ, Natalia y PERALTA, Rubén, Cibercrimen y Delitos informáticos, Apuntes para la materia, Superintendencia de Institutos de Formación Policial, Subsecretaría de Formación y Desarrollo Profesional, Ministerio de Seguridad, Gobierno de la provincia de Buenos Aires, 2022. Cibercrimen y Delitos informáticos, Apuntes para la materia, Superintendencia de Institutos de Formación Policial, Subsecretaría de Formación y Desarrollo Profesional, Ministerio de Seguridad, Gobierno de la provincia de Buenos Aires, 2022. Se encuentra disponible en: https://www.google.com/search?q=Cibercrimen+y+Delitos+inform %C3%A1ticos%2C+Apuntes+para+la+materia%2C+Superintendencia+de+Institutos+de+Form aci%C3%B3n+Policial%2C+Subsecretar%C3%ADa+de+Formaci%C3%B3n+y+Desarrollo+Pro fesional%2C+Ministerio+de+Seguridad%2C+Gobierno+de+la+provincia+de+Buenos+Aires% 2C+2022.&oq=Cibercrimen+y+Delitos+inform%C3%A1ticos%2C+Apuntes+para+la+mater ia%2C+Superintendencia+de+Institutos+de+Formaci%C3%B3n+Policial%2C+Subsecretar%C 3%ADa+de+Formaci%C3%B3n+y+Desarrollo+Profesional%2C+Ministerio+de+Seguridad% 2C+Gobierno+de+la+provincia+de+Buenos+Aires%2C+2022.&gs_lcrp=EgZjaHJvbWUyBgg AEEUYODIBCTM0MTdqMGoxNagCCLACAQ&sourceid=chrome&ie=UTF-8&zx=17389228 85140&no_sw_cr=1 p. 139.

posesión de estas imágenes como modo de coacción para obligar a la víctima a tener relaciones sexuales con el agresor a cambio de no difundir las imágenes.[169]

▼ ***Pornovenganza.*** *Revenge porn*, conocida como pornovenganza, consiste en las imágenes eróticas o vídeos sexuales grabados en la intimidad de la pareja que, en un momento determinado, aparecen publicadas en la Red expuestas a todos los usuarios, buscando la venganza de su ex pareja como consecuencia de su ruptura.[170]

Al igual que ocurre con la *sextorsión*, los contenidos en un principio pueden haber sido enviados por la víctima de forma voluntaria cuando las relaciones íntimas en la pareja continuaba unida, posteriormente, y como consecuencia de la ruptura de las relaciones es cuando el agresor para mostrar su enfado o causar un daño distribuye las imágenes a terceros sin el consentimiento de la víctima.

3.12 DELITOS CONTRA LA INTEGRIDAD SEXUAL

El abuso sexual de menores en la Red constituye una realidad cada vez más extendida en Internet. Diariamente, y en cualquier parte del mundo aparecen contenidos, imágenes o vídeos de contenido sexual sobre menores siendo víctimas de abusos sexuales.

Sin perjuicio de las circunstancias específicas que podrían rodear el ámbito de los menores, como la pobreza, el abandono familiar, los conflictos armados, etc., resultan ser los más vulnerables de la sociedad, siendo víctimas propiciatorias para los explotadores del crimen sexual existente en las redes sociales.

El anonimato y la indefensión del menor hacen del abuso sexual de los menores un problema en constante evolución debido a los avances tecnológicos y al uso habitual y en ocasiones masivo de las redes que los menores llevan a cabo posibilitando que los delincuentes puedan llegar a contactar con los adolescentes valiéndose de las mismas plataformas y servicios en los que se relacionan.

---

169 Op. cit., RESIO, Mara, Delitos sexuales en la era digital, Cibercrimen y Delitos Informáticos. Los nuevos tipos penales en la era de Internet, Suplemento especial, ERREIUS, Buenos Aires (Argentina), 2018. Disponible en: https://www.pensamientopenal.com.ar/system/files/2018/09/d octrina46963 p. 126.

170 Cfr., BLANCAT SEBAQUEVAS, Diego Amador, Los peligros en la red: delitos informáticos, Depósito legal SE 578-2016, Écija (Sevilla), 2016, p. 117.

3.12.1 Prostitución infantil

La violencia sexual en los niños, niñas y adolescentes, surgen en todos los niveles socioeconómicos, culturales, religiosos, políticos, y en todos los órdenes de la sociedad.

Por prostitución infantil se entiende "la utilización de un niño/a en actividades sexuales a cambio de remuneración o de cualquier otra retribución". Esta actividad también tiene una segunda calificación más explícita bajo el término de "explotación sexual".[171]

La aparición de la denominada Prostitución 2.0 consiste en la actividad que se realiza en sitios *web* para el intercambio de información y contenidos sexuales, entre creadores y consumidores de contenido. La Prostitución 2.0 está íntimamente relacionada con el porno, como fuente de aprendizaje sexual para niños, niñas y adolescentes. En los últimos años, se ha incrementado su uso, sobre todo en el ámbito universitario, conocido bajo el concepto de *sugardating* (del inglés *sugar* "azúcar", y *dating* "quedar, tener una cita"), es un anglicismo y neologismo que hace referencia a un tipo de relaciones románticas y transaccionales entre personas jóvenes, y otras de mayor edad, donde las segundas ofrecen una retribución económica u otra serie de regalos a cambio de compañía y/o favores sexuales a las primeras.[172]

En algunas redes sociales existe material pornográfico y anuncios de servicios de prostitución. Estas redes sirven como escaparate de las mujeres que ejercen la prostitución, sin embargo, esas cuentas están enlazadas a otras plataformas especializadas en contenido pornográfico y prostitución 2.0.

---

171 Op. cit., KICILLOF, Axel, BERNI, Sergio, ALONSO, Javier, GARCÍA, Gonzalo, TELLO CORTEZ, Flavia, ADRIÁN POLES, Julio, GONZÁLEZ, Natalia y PERALTA, Rubén, Cibercrimen y Delitos informáticos, Apuntes para la materia, Superintendencia de Institutos de Formación Policial, Subsecretaría de Formación y Desarrollo Profesional, Ministerio de Seguridad, Gobierno de la provincia de Buenos Aires, 2022. Cibercrimen y Delitos informáticos, Apuntes para la materia, Superintendencia de Institutos de Formación Policial, Subsecretaría de Formación y Desarrollo Profesional, Ministerio de Seguridad, Gobierno de la provincia de Buenos Aires, 2022. Se encuentra disponible en: https://www.google.com/search?q=Cibercrimen+y+Delitos+inform%C3%A1ticos%2C+Apuntes+para+la+materia%2C+Superintendencia+de+Institutos+de+Formaci%C3%B3n+Polic ial%2C+Subsecretar%C3%ADa+de+Formaci%C3%B3n+y+Desarrollo+Profesional%2C+Mini sterio+de+Seguridad%2C+Gobierno+de+la+provincia+de+Buenos+Aires%2C+2022.&oq=Cibe rcrimen+y+Delitos+inform%C3%A1ticos%2C+Apuntes+para+la+materia%2C+Superintendenc ia+de+Institutos+de+Formaci%C3%B3n+Policial%2C+Subsecretar%C3%ADa+de+Formaci%C3% B3n+y+Desarrollo+Profesional%2C+Ministerio+de+Seguridad%2C+Gobierno+de+la+provincia+ de+Buenos+Aires%2C+2022.&gs_lcrp=EgZjaHJvbWUyBggAEEUYODIBCTM0MTdqMGoxNag CCLACAQ&sourceid=chrome&ie=UTF-8&zx=1738922885140&no_sw_cr=1 p. 108.

172 Cfr., SARRÍA, Cintia, Prostitución 2.0: la explotación sexual a través de la pantalla, Blog Médicos del Mundo, Madrid, 2023. Se encuentra disponible en: https://www.medicosdelmundo.org/blog/u ncategorised/prostitucion-2-0-la-explotacion-sexual-a-traves-de-la-pantalla/.

Una de las plataformas más conocidas es Onlyfans, tiene su sede en Londres, permitiendo a los creadores de contenido monetizar su trabajo directamente a sus seguidores, denominados "fanes", mediante suscripciones mensuales, pagos únicos o pagos por visión. Algunos sectores de la prensa la han descrito como un facilitador de la prostitución virtual.[173]

3.12.2 Pornografía infantil

Dentro de las organizaciones internacionales han surgido múltiples discrepancias a la hora de conceptualizar el término "pornografía infantil". En 1994, la Comisión Europea para los Derechos Humanos hace referencia a la prostitución y a la pornografía infantil diciendo: "La definición de trabajo de pornografía infantil será la representación visual o auditiva de un menor, con la finalidad de gratificación sexual del usuario, incluidas las representaciones pornográficas" (Monni, P., 2004). Esta interpretación cita de forma explícita el concepto "pornografía infantil" pero omite la referencia de su explotación.

Las imágenes explícitamente sexuales de menores de edad están prohibidas a nivel global y su elaboración se reduce a producciones independientes o particulares que son objeto de transacciones comerciales, constituyendo un material de intercambio entre personas que comportan un mismo interés de carácter erótico o sexual por los menores de edad. La producción de pornografía infantil no se limita exclusivamente a pedófilos, sino que su distribución se ha incrementado de forma exponencial englobando a todas las clases sociales.[174]

Según un informe sociológico realizado por la Fundación Alia2, emitido en España, en 2010, alrededor de unas dieciséis mil personas habían intercambiado archivos susceptibles de contenido de pornografía infantil. Según el estudio de esta institución considera que España es el segundo país en el mundo con mayor volumen de archivos con contenido de pornografía infantil a través de las redes de intercambio P2P. La pornografía infantil se ha caracterizado por su difusión a través de las publicaciones en papel o mediante cintas de vídeo. Sin embargo, con la irrupción de Internet el mundo de la comunicación va a experimentar un crecimiento desmesurado por el número de datos que se pueden transmitir de forma simultánea en un breve espacio de tiempo, lo que facilita su expansión alcanzando a un mayor número de seguidores o adeptos.[175]

---

173 Ibídem., https://www.medicosdelmundo.org/blog/uncategorised/prostitucion-2-0-la-explotacion-sexual-a-traves-de-la-pantalla/.

174 Op. cit., ÁGUILA SÁNCHEZ, Miguel Ángel, Tipos y Formas de delincuencia, Editorial Universitas, Madrid, 2013, pp. 269 -272.

175 Ibídem., pp. 269–272.

En la década de mil novecientos setenta, comienza a producirse el apogeo de la producción comercial de la pornografía infantil en el mundo occidental. Países como Dinamarca, Holanda y Suecia constituían los principales centros de producción. En la década de mil novecientos ochenta, existe una mayor intervención gubernamental adoptando medidas legislativas con la finalidad de prohibir la producción, venta y distribución de la pornografía infantil. En la década de mil novecientos noventa, se incrementan las medidas legislativas prohibitivas sobre las actividades de producción, difusión, exhibición y distribución de material pornográfico infantil al desarrollo de la evolución tecnológica.

En la actualidad, el tráfico de pornografía infantil no reside en el ánimo de lucro ni en motivos comerciales. La deriva de intercambio de material pornográfico infantil ha encontrado su campo de intercambio de material entre los pedófilos.[176]

El usuario puede revestirse de identidades ficticias difundiendo material pornográfico infantil entre países a través del ciberespacio lo que resulta complejo su seguimiento y localización. Las técnicas para el enmascaramiento de la fuente pueden realizarse a través de la utilización de los *anonymous remailers,* que permiten el envío de correos electrónicos sin remitente; los *remailers* suponen el uso de servidores de correo electrónico intermedios entre el remitente y el destinatario final, de forma que el remitente envía un mensaje a un servidor que, a su vez, lo reenvía al destinatario final sin que aparezcan los datos del remitente.[177]

La pornografía infantil conlleva una cadena de conductas protagonizadas por distintos usuarios, y cuya actuación es necesaria para cada una de las fases de su realización. Estas fases se podrían dividir en tres partes: *producción, distribución y consumo final* del material pornográfico infantil, cuyo desarrollo puede tener carácter nacional o transnacional.[178]

El primer eslabón de la cadena consiste en la *producción* de las imágenes o los vídeos. Los productores del material pornográfico infantil pueden ser profesionales

---

176 MORALES PRATS, Fermín, Pornografía infantil e Internet, Universidad Autónoma de Barcelona (Barcelona), 2002, p. 2. Se encuentra disponible en: https://www.uoc.edu/in3/dt/20056/20056.pdf.

177 MORÓN LERMA, E., Internet y Derecho Penal: Hacking y otras conductas ilícitas en la Red, Pamplona, Aranzadi, 1999, pp. 27–28, citado en MORALES PRATS, Fermín, Pornografía infantil e Internet, Universidad Autónoma de Barcelona (Barcelona), 2002, p. 3. Se encuentra disponible en: https://www.uoc.edu/in3/dt/20056/20056.pdf.

178 PÉREZ RAMÍREZ, Meritxell, HERRERO MEJÍAS, Oscar, PASCUAL FRANCH, Alejandra, GIMÉNEZ-SALINAS FRAMIS, Andrea y DE JUAN ESPINOSA, Manuel, Informe de consumidores de pornografía infantil, Instituto de Ciencias Forenses y de la Seguridad Universidad Autónoma de Madrid, Gobierno de España, Ministerio del Interior, Secretaría General de Instituciones Penitenciarias, Madrid, 2017, p. 8. Disponible en: https://ccff.icfs.es/wp-content/uploads/2017/03/Informe_Consumidores-pornografia-infantil.pdf.

cuya finalidad es el lucro, sin interés en los fines sexuales de los menores. También dentro de esta fase existe un grupo de delincuentes que, a diferencia del anterior, sí contempla los abusos sexuales de los menores porque se sienten estimulados como consecuencia de su pedofilia. Dentro de este perfil, son los propios consumidores quienes producen el material para su consumo o para el intercambio con otros usuarios.

La segunda fase de *distribución* consiste en el almacenaje del contenido pornográfico infantil en cualquier lugar del mundo y, al igual, que los productores estos pueden ser profesionales pertenecientes a grupos u organizaciones criminales que tienen como finalidad un interés lucrativo, o compartir información con otros usuarios para su autoconsumo o para establecer un estatus social dentro del ámbito virtual de pedófilos existentes en la Red.

Y, por último, el eslabón de los *consumidores*, cuyo perfil criminal suele obedecer a personas que se encuentran solos o aislados de la sociedad, con conocimientos técnicos básicos en el manejo de los equipos electrónicos.[179]

Diversos estudios realizados coinciden en señalar que el consumidor de imágenes de abuso sexual infantil posee una mayor adaptación psicosocial que el abusador y menos características de tipo antisocial: menores antecedentes delictivos, menos consumo de sustancias, etc.

Además, los consumidores muestran características psicológicas protectoras en comparación con los abusadores. Es decir, que puede deducirse o afirmarse que las personas que se dedican solo a descargarse pornografía infantil, aunque puedan tener inclinaciones pedófilas, poseen una serie de condicionantes que frenan el contacto físico con el menor.[180]

Los agresores duales, es decir, son aquellos que se descargan contenidos de explotación sexual infantil y además abusan de los menores, produciendo en cierto caso material con las víctimas a las que agreden sexualmente, constituyendo un perfil más cercano al abusador que al consumidor, en cuanto a rasgos antisociales, perteneciendo al grupo de mayores niveles de pedófila y con mayor facilidad de acceso a menores de su entorno —familiares, amigos, vecinos, etc.—.[181]

---

179 Ibídem., pp.8–9.

180 SOTOCA-PLAZA, Andrés, RAMOS-ROMERO, Manuel, y PASCUAL-FRANCH, Alejandra, El perfil del consumidor de imágenes de abuso sexual infantil: semejanzas y diferencias con el agresor offline y el delincuente dual, Anuario de Psicología Jurídica, Colegio Oficial de la Psicología de Madrid, Fundación Colegio Oficial de la Psicología de Madrid, Volumen 30 nº 1, Madrid, 2020, pp. 21–27. Disponible en: https://journals.copmadrid.org/apj/art/apj2019a11.

181 Ibídem., disponible en: https://journals.copmadrid.org/apj/art/apj2019a11.

3.12.3 Pedofilia

La pedofilia constituye en la actualidad uno de los problemas más acuciantes que existen en la sociedad. La RAE define el término **pedofilia** como: "Atracción erótica o sexual que una persona adulta tiene hacia niños". La paidofilia y/o pedofilia, son términos afines, que constituye un rasgo multifactorial de la personalidad, compuesto por aspectos mentales, institucionales, de actividad, de educación sexual, de violencia y del control de las pulsiones, entre otros.

La pedofilia se encuentra dentro de la categoría de parafilias, formando parte de los Trastornos *sexuales y de la identidad sexual*. Se la define como las fantasías sexuales recurrentes y altamente excitantes, impulsos sexuales o comportamientos que implican actividad sexual con niños —13 años o menos— durante un período no inferior a seis meses.[182]

El anonimato de Internet ha facilitado a los pedófilos el asociarse y compartir sus experiencias e informaciones. La pedofilia y la pornografía infantil han alcanzado un uso y una distribución exponencial en las redes proporcionando una sólida cobertura, donde tienen cabida todas las clases sociales, y donde aparecen toda clase de profesiones —educadores, pediatras, monitores deportivos, etc.— o donde también tiene cabida el carácter social —familia, amigos, vecinos, etc.— lo que facilita una relación de autoridad o de confianza en los niños.

Los archivos suelen estar camuflados en la Red aunque en otras ocasiones aparecen en las páginas *web* de libre acceso o con nombres explícitos donde no ocultan su contenido. De todos los tipos de grupos de intercambio de material pedófilo, en lo más alto de la pirámide se encuentran los círculos cerrados o comunidades graves.[183]

En los círculos más graves tener acceso a un menor conlleva un mayor "prestigio" entre los depredadores. Para acceder a estas comunidades, situadas generalmente en el *dark web* —parte de Internet que permite navegar de forma anónima y oculta. Se trata de una red de sitios web que no están indexados por los motores de búsqueda tradicionales— se pueden hacer de varias formas: por ejemplo, por invitación de algún usuario con quien se ha contactado a través de algún foro o red de apología. Para poder acceder existen una serie de normas de seguridad para evitar ser descubiertos. Se solicita algún nuevo material de abuso infantil y asegurarse de que pueda ser un policía infiltrado.

---

182 ROMI, Juan Carlos y GARCÍA SAMARTINO, Lorenzo, Algunas reflexiones sobre la pedofilia y el abuso sexual de menores, Cuadernos de Medicina Forense, Año 3, número 2 (93–112), p. 94. Disponible en: https://www.csjn.gov.ar/cmfcs/files/pdf/_Tomo-3(2004)/Numero-2-3/12.pdf.

183 Cfr., BOSCH, Patricia, Las comunidades pedófilas en las redes tienen estructura, jerarquía, roles definidos y simbología propia, El Reportaje, La Vanguardia, Sociedad, 20 de diciembre de 2020, p. 49 Se encuentra disponible en: https://hemeroteca-paginas.lavanguardia.com/LVE05/PUB/2020/12/20/LVG202012200491LB.pdf.

Dentro del círculo existe una cierta jerarquía donde el administrador es el rango de mayor graduación. Sus funciones consisten en coordinar el grupo aportando material y gestionando quién se queda o abandona el grupo. En esta posición de privilegio están los pedófilos que tienen algún contacto con un niño, por esta razón y porque a la vez puede aportar material pornográfico.

En cambio, los que no tienen acceso a un menor tienen un estatus menor. Los lazos personales entre sus miembros suelen ser muy cercanos, pero generalmente no las tienen fuera de la Red. También comparten además de medidas de seguridad y de material pornográfico, el "Manual del pedófilo" donde explican cómo acercarse a los niños, establecer contactos con madres solteras y una serie de conversaciones de aproximación a la víctima para irse ganando su confianza y amistad.[184]

Existen diversas clasificaciones de pedófilos en función de su comportamiento:

▸ Los perversos. Son pedófilos con un discurso estructurado o proselitismo para justificar su conducta, presentándolo como educativo y saludable para el niño.

▸ Los psicópatas. Es un pervertido sádico capaz de ocasionar daño físico grave e incluso el asesinato.

▸ Los señores de todo el mundo. Hombres o mujeres tentados por la relación sexual con un niño, impulsados por el deseo de originalidad a cambio de una cantidad económica en sitios alejados donde permiten todo libertinaje. Posteriormente, regresan a su lugar de origen continuando con su vida diaria.[185]

---

184 Ibídem., https://hemeroteca-paginas.lavanguardia.com/LVE05/PUB/2020/12/20/LVG2020122004 91LB.pdf.

185 Op. cit., KICILLOF, Axel, BERNI, Sergio, ALONSO, Javier, GARCÍA, Gonzalo, TELLO CORTEZ, Flavia, ADRIÁN POLES, Julio, GONZÁLEZ, Natalia y PERALTA, Rubén, Cibercrimen y Delitos informáticos, Apuntes para la materia, Superintendencia de Institutos de Formación Policial, Subsecretaría de Formación y Desarrollo Profesional, Ministerio de Seguridad, Gobierno de la provincia de Buenos Aires, 2022. Cibercrimen y Delitos informáticos, Apuntes para la materia, Superintendencia de Institutos de Formación Policial, Subsecretaría de Formación y Desarrollo Profesional, Ministerio de Seguridad, Gobierno de la provincia de Buenos Aires, 2022. Se encuentra disponible en: https://www.google.com/search?q=Cibercrimen+y+Delitos+inform%C3%A1ticos% 2C+Apuntes+para+la+materia%2C+Superintendencia+de+Institutos+de+Formaci%C3%B3n+Polic ial%2C+Subsecretar%C3%ADa+de+Formaci%C3%B3n+y+Desarrollo+Profesional%2C+Mini sterio+de+Seguridad%2C+Gobierno+de+la+provincia+de+Buenos+Aires%2C+2022.&oq=Cibe rcrimen+y+Delitos+inform%C3%A1ticos%2C+Apuntes+para+la+materia%2C+Superintendenc ia+de+Institutos+de+Formaci%C3%B3n+Policial%2C+Subsecretar%C3%ADa+de+Formaci%C3% B3n+y+Desarrollo+Profesional%2C+Ministerio+de+Seguridad%2C+Gobierno+de+la+provincia+ de+Buenos+Aires%2C+2022.&gs_lcrp=EgZjaHJvbWUyBggAEEUYODIBCTM0MTdqMGoxNag CCLACAQ&sourceid=chrome&ie=UTF-8&zx=1738922885140&no_sw_cr=1 p. 110.

La personalidad del pedófilo es polimorfa, es decir, que puede adoptar distintas formas pudiendo distinguir dos grandes tipos de pedófilos:

▶ Los primarios. Su inclinación sexual es casi exclusiva por los niños y su conducta compulsiva es independiente de su situación personal.

▶ Los secundarios o situacionales. Su conducta viene inducida por una situación de soledad o estrés. No son estrictamente pedófilos, solo recurren excepcionalmente a los niños de forma compulsiva, para posteriormente, percibir su conducta de anómala sintiendo culpa y vergüenza.

3.12.4 Grooming

Es un término que procede del inglés que se utiliza para denominar al acoso sexual realizado por adultos contra niños, niñas o adolescentes a través de cualquier plataforma tecnológica y/o de las redes sociales.

Grooming, es un vocablo inglés vinculado al verbo "groom". Trasladado al concepto de personas menores de edad, se refiere a "preparar a un niño/a a través de comunicaciones informáticas para abusar sexualmente de ellos". Normalmente los autores de este delito suelen crear un perfil falso en la red social, haciéndose pasar por un joven o una joven para entablar relación de amistad y ganarse la confianza del niño/a a la que desean acosar.

El objetivo de esta estrategia puede tener una doble vertiente, consistente en la obtención de imágenes del menor en situaciones sexuales o pornográficas, hasta la posibilidad de poder establecer contacto físico y presencial con el menor con la finalidad de abusar del mismo.

En el *grooming* existen una serie de fases en el comportamiento del acosador para ganarse la confianza del menor y consumar el abuso:

▶ Contacto y acercamiento: el acosador contacta con el menor a través de diversos medios como mensajería instantánea, *chat* o redes sociales, haciéndose pasar por otro menor de edad similar a la víctima, buscando su acercamiento haciéndole partícipe que muestran gustos similares u otras palabras que le incite la curiosidad por conocerle.

▶ Sexo virtual: conseguida su confianza, el acosador intentara que le envíe alguna fotografía comprometida o que encienda la *webcam* posando desnudo total o parcialmente.

⊮ Ciberacoso: una vez conseguido las imágenes o vídeos, o incluso conversaciones comprometidas para el menor, el acosador comenzara a amenazar al menor si no accede a sus pretensiones con el envío de esas imágenes o a difundir esas informaciones a sus contactos personales a través de las redes sociales.

⊮ Abuso y agresiones sexuales: ante el temor de las amenazas el menor puede acceder a contactar con su agresor para mantener relaciones sexuales.[186]

El anonimato que permiten las redes sociales hace que el número de agresores sexuales aumenten de forma exponencial aprovechándose del espacio virtual donde encuentran una vía de escape para sus incursiones delictivas en busca de la víctima más propiciatoria.

Dentro de los acosadores sexuales de menores podemos establecer tres grupos en relación con el *grooming*:

- *Acosadores directos.* Son los que navegan por las redes sociales, foros, blogs, en busca de la captación de menores. Una vez conseguido el contacto el siguiente paso consistirá en solicitarle el envío de imágenes comprometidas o íntimas o incluso propuestas de intercambio virtual a través de la *webcam* con la intención de obtener material comprometido para chantajear a su víctima.

- *Acosadores oportunistas.* Aquellos que se encuentran en Internet imágenes íntimas de menores, no necesariamente pornográficas, convirtiéndose en su objetivo. Este acoso consiste en un chantaje directo contra el menor, amenazándole con difundir las fotos o vídeos o enviarlas directamente a personas de su entorno como familiares, amigos, compañeros, etc.

- *Acosadores específicos.* Son pedófilos, con un objetivo principal de obtener imágenes pornográficas del menor y si las distancias lo permiten establecer contacto sexual con el menor. Estos últimos son las más difíciles de identificar.[187]

---

186 Cfr., Guía S.O.S. contra el Grooming, Padres y Educadores, INTECO, Instituto Nacional de Tecnologías de la Comunicación, Gobierno de España, Ministerio de Industria, Energía y Turismo, p. 5. Se encuentra disponible en: https://www.adolescenciasema.org/usuario/documentos/sos_groo ming.pdf.

187 Op. cit., BLANCAT SEBAQUEVAS, Diego Amador, Los peligros en la red: delitos informáticos, Depósito legal SE 578-2016, Écija (Sevilla), 2016, p. 121.

3.13 DELITOS DE ACOSO ESCOLAR Y LABORAL

3.13.1 El acoso escolar o bullying

Consiste en la exposición reiterada e intencional de un niño/a o adolescente a daños físicos o psicológicos por parte de compañeros del entorno escolar.

Este acoso puede tener lugar en cualquiera de las áreas del ámbito escolar: en clase, recreo, trayecto escolar, comedor, etc. Esta violencia escolar consiste en tratar de intimidar a la víctima abusando el agresor de su fuerza física o psicológica sobre su compañero.

Normalmente, el acosador suele estar rodeado de un grupo de acosadores que se unen de forma unánime para realizar este hostigamiento sobre la víctima. Esta violencia se focaliza sobre el niño/a considerado como diferente por diversas causas, como ser el que sobresale académicamente, al que consideran diferentes con sus comportamientos o aficiones, etc. Este mecanismo selectivo tiene su explicación en el denominado como *chivo expiatorio* —es la persona o grupo de personas a quiénes se quiere hacer culpables de algo con independencia de su inocencia, sirviendo de excusa a los fines del inculpador—.

Existen varios tipos de *bullying*: físico, psicológico, verbal, sexual, social, *ciberbullying* o *bullying* cibernético.

▼ *Bullying físico*: es el más habitual entre los chicos manifestándose a través de puñetazos o palizas del agresor o agresores a la víctima. Suele acompañarse del robo de pertenencias de la víctima.

▼ *Bullying psicológico*: trata de dañar la autoestima de la víctima causándole temor. Este resulta más difícil de detectar al no existir pruebas físicas que delaten esta influencia del agresor sobre su víctima. Sin embargo, el poder del acosador es tan grande que el agredido se somete sintiéndose indefenso y vulnerable.

▼ *Bullying verbal*: trata de discriminar, creando rumores falsos sobre la víctima, excluirla o realizando insultos en público. Este tipo de *bullying* se da preferentemente en las chicas.

▼ *Bullying sexual*: adopta diversas formas de asedio, con actos o comentarios de índole sexual.

▼ *Bullying social*: el objetivo es aislar a la víctima del grupo apartándola de cualquier actividad que se produzca durante el periodo lectivo o fuera del ámbito escolar, ignorando su presencia.[188]

▼ *Ciberbullying o bullying cibernético*: es el hostigamiento *online* por parte de pares, donde uno o varios niños son marginados, maltratados o discriminados por parte de uno o varios pares de forma continuada.

El *ciberbullying* consiste en todo acto discriminatorio que se produce entre chicos y chicas en el ámbito de las TIC. Comprende casos de ciberacoso en un contexto comprendido únicamente por niños o niñas y adolescentes mediante difusión de información, datos difamatorios o discriminatorios a través de dispositivos digitales como aplicaciones, *mails*, *WhatsApp*, etc.

La discriminación se produce tanto en los espacios *online* —significa "en línea", cuando se está conectado a una red de datos o de comunicación, como Internet— como en los *offline* —todo aquello que tiene lugar fuera de Internet, cuando no se está conectado a la red—. El hostigamiento *online* tiene como particularidad el permitir el sostenimiento del acoso, desde cualquier lugar y en cualquier hora de tiempo, es decir, se trata de conductas sistemáticas no aisladas.[189]

---

188 Cfr., Equipo de Expertos en Educación, Universidad Internacional de Valencia, Educación/Psicología, Tipos, causas y consecuencias del bullying, Valencia, 2023. Disponible en: https://www.universidadviu.com/es/actualidad/nuestros-expertos/las-diversas-formas-de-bullying-fisico-psicologico-verbal-sexual.

189 Op. cit., KICILLOF, Axel, BERNI, Sergio, ALONSO, Javier, GARCÍA, Gonzalo, TELLO CORTEZ, Flavia, ADRIÁN POLES, Julio, GONZÁLEZ, Natalia y PERALTA, Rubén, Cibercrimen y Delitos informáticos, Apuntes para la materia, Superintendencia de Institutos de Formación Policial, Subsecretaría de Formación y Desarrollo Profesional, Ministerio de Seguridad, Gobierno de la provincia de Buenos Aires, 2022. Cibercrimen y Delitos informáticos, Apuntes para la materia, Superintendencia de Institutos de Formación Policial, Subsecretaría de Formación y Desarrollo Profesional, Ministerio de Seguridad, Gobierno de la provincia de Buenos Aires, 2022. Se encuentra disponible en: https://www.google.com/search?q=Cibercrimen+y+Delitos+inform%C3%A1ticos%2C+Apuntes+para+la+materia%2C+Superintendencia+de+Institutos+de+Formaci%C3%B3n+Policial%2C+Subsecretar%C3%ADa+de+Formaci%C3%B3n+y+Desarrollo+Profesional%2C+Ministerio+de+Seguridad%2C+Gobierno+de+la+provincia+de+Buenos+Aires%2C+2022.&oq=Cibercrimen+y+Delitos+inform%C3%A1ticos%2C+Apuntes+para+la+materia%2C+Superintendencia+de+Institutos+de+Formaci%C3%B3n+Policial%2C+Subsecretar%C3%ADa+de+Formaci%C3%B3n+y+Desarrollo+Profesional%2C+Ministerio+de+Seguridad%2C+Gobierno+de+la+provincia+de+Buenos+Aires%2C+2022.&gs_lcrp=EgZjaHJvbWUyBggAEEUYODIBCTM0MTdqMGoxNagCCLACAQ&sourceid=chrome&ie=UTF-8&zx=1738922885140&no_sw_cr=1 p. 132.

La sensación de anonimato de la Red hace que otros muchos usuarios se adhieran al acoso, donde la falta de empatía hacia la víctima hace que el efecto de la discriminación minimice el sentimiento de hostigamiento ante la variedad de canales donde realizar el acoso, como los mensajes personales, imágenes, vídeos difamatorios, etc.[190]

3.13.2 El acoso laboral o mobbing

Es la acción de un hostigador u hostigadores dirigida a causar miedo, desprecio o desánimo en el trabajador afectado hacia su trabajo. La persona afectada recibe una violencia psicológica de actos hostiles dentro o fuera del ámbito laboral por parte de sus compañeros, de sus subalternos, o bien, de sus superiores.

Esta violencia psicológica se produce de forma sistemática y de forma prolongada en el tiempo pudiendo llegar en ocasiones a la agresión física. La finalidad de este hostigamiento o intimidación es que la víctima o las víctimas terminen por abandonar el puesto de trabajo que desempeña por considerarle molesto para sus intereses o simplemente porque su presencia molesta al grupo.

Existe cierto paralelismo entre el acoso laboral y el escolar. En ciertos casos, lo que se pretende es que a través del acoso psicológico a la víctima, este sea considerado como una persona improductiva, incompetente o problemática, para el desarrollo de su profesión o trabajo, según el grupo acosador; y a la vez, no ser acusados al no existir prueba alguna que demuestre su hostigamiento.

El acoso laboral puede ser "horizontal" cuando se produce entre compañeros de trabajo con el mismo nivel jerárquico. Acoso "vertical descendente" cuando es el superior quien ejerce el hostigamiento sobre su subordinado, y "vertical ascendente" a la inversa. Acoso "mixto" cuando se produce entre varios acosadores de niveles jerárquicos diferentes.

Generalmente, los acosadores se prevalen de su posición de poder jerárquico, aunque pueden recurrir a su poder de tipo informal dentro de la propia organización para remediar sus frustraciones ejerciendo la violencia psicológica sobre otros, compensar sus complejos o dar rienda suelta a sus tendencias más agresivas y antisociales.

---

190 Ibídem., p. 133.

3.14 ROOTKIT (LA AMENAZA INVISIBLE)

Es un programa que oculta la presencia de *malware* en el sistema. En los sistemas operativos de Windows, el *rootkit* es un programa que penetra al sistema e intercepta sus funciones. Consisten en un conjunto de herramientas utilizadas por los intrusos informáticos o *crackers* con el objetivo de acceder ilícitamente a un sistema informático. Fundamentalmente, los *rootkit* tratan de encubrir otros procesos que están llevando a cabo acciones maliciosas en el sistema. Están diseñados para pasar desapercibidos y no ser detectados.[191]

> ▼ ***Adware***. Los programas espías, en ocasiones, provienen de otro tipo de *software*, denominado *adware*, que son programas que despliegan publicidad, bien en ventanas emergentes, bien en barras, a cambio de la gratuidad de su utilización. Cuando incluyen códigos para obtener información de los usuarios, se consideran *spyware* —es un *software* malicioso que se instala en un dispositivo sin el consentimiento del usuario. Su objetivo es recopilar información personal y enviarla a terceros—.[192]
>
> A diferencia de los virus, no se traspasan a otros ordenadores por medio de Internet o por unidades de almacenamiento masivo.
>
> ▼ ***Scam***. No se refiere solo a estafas por correo electrónico, también se les llama *scam* a sitios *web* que tienen como finalidad ofrecer un producto o servicio que en realidad es falso, por lo que se estaría en un caso de estafa.
>
> Es la captación de usuarios por medio de correos electrónicos, *chats*, etc., donde empresas ficticias ofrecen trabajos para ser realizados desde el hogar cobrando salarios muy elevados. Sin saberlo, la víctima está blanqueando dinero obtenido a través del *phishing* (procedentes de estafas bancarias).[193]

---

191 Op. cit., BLANCAT SEBAQUEVAS, Diego Amador, Los peligros en la red: delitos informáticos, Depósito legal SE 578-2016, Écija (Sevilla), 2016, pp. 30–31.

192 Ibídem., p. 42.

193 Ibídem., p. 45.

4

CIBERDELINCUENCIA ORGANIZADA O SAQUEO INFORMÁTICO

La utilización de la Red ha supuesto un cambio cuantitativo y cualitativo, no solo en el ámbito legal, sino que la delincuencia se ha apropiado de un gran sector del campo virtual para sus actividades ilegales. Y, dentro del mundo delincuencial, han hecho acto de presencias las organizaciones criminales comenzando a surgir neologismos donde se engloba un comportamiento delictivo que abarca todo un entramado de asociaciones u organizaciones criminales que operan en la sociedad y, que queda recogida en el término de *cibercriminalidad organizada*: cibercrimen, ciberdelincuencia, ciberguerra, ciberterrorismo.

La delincuencia tradicional, que como entorno real ha tenido el espacio físico para sus actividades delictivas, va a experimentar un cambio radical en la ejecución de sus acciones encontrando en el ciberespacio un panorama virtual donde sus expectativas de crecimiento van a experimentar un crecimiento exponencial, dotándole de una mayor proyección a la vez que le proporciona una mayor seguridad fundamentada en un anonimato que le proporciona el espacio virtual, ya que no precisa de un desplazamiento físico para sus actividades delictivas y, donde además, puede realizar simultáneamente múltiples actos criminales.

El ciberespacio se ha convertido en un campo de interacción social donde se agolpan múltiples usuarios para sus actividades de todo tipo, teniendo en la informática una red que le facilita y proporciona una mayor rapidez en sus gestiones, lo que hace que las organizaciones criminales encuentren un abanico de posibilidades para sus actos ilícitos desde el ciberblanqueo de capitales, ciberfraude, ciberacoso, etc.

La globalización y los avances tecnológicos han supuesto una revolución en conceptos tan genéricos y, la vez tan específicos, como la economía, la comunicación, la seguridad, la informática, etc., el ciberespacio va a constituir una fuente de almacenamiento y distribución de información y comunicación donde los grupos criminales encuentran un sinfín de oportunidades para realizar sus acciones.

La Red constituye un gran avance social para la población en cuanto a su desarrollo, pero a la vez, se ha unido un mundo paralelo basado en la ciberdelincuencia, ciberguerra o el ciberterrorismo. Y, donde un gran número de sus acciones punibles fundamentadas en el anonimato quedaran impunes por la falta de su detección y persecución, por lo que algunas operaciones quedaran sin sanción penal.[194]

4.1 EL CIBERESPACIO COMO CAMPO DELICTIVO

La legislación actual encuentra una serie de barreras en cuanto a la tipificación, regulación y castigo ante la aparición de nuevas modalidades delictivas que no encuentran su acomodo jurídico debido a su variedad, apareciendo en la Red y representando una gama de delitos que, cuantitativamente, resulta difícil de controlar y perseguir por el número de organizaciones criminales que operan en Internet.

El anonimato contribuye a esa falta de persecución y castigo, debido a que muchas de esas operaciones delictivas resultan difíciles de delimitar en cuanto a la autoría, ya que los ordenadores en su conexión con Internet tienen asignado una dirección IP (*Internet Protocol*) por lo que su seguimiento resulta complejo pues su dinamismo puede ser detectado. Sin embargo, el problema surge cuando esos protocolos son manipulados por lo que no se puede garantizar la autoría de la acción.[195]

La Red está constituyendo desde su aparición un antes y un después en cuanto a la información y la comunicación se refiere. La interconexión abarca a todos los servicios de los distintos ámbitos de la sociedad: seguridad internacional y nacional, defensa, sanidad, financiero, cultural, ocio, etc. Cualquier actividad personal o social de la vida diaria tiene una incidencia en nuestras actividades.

Sin embargo, el desarrollo tecnológico que se ha instaurado en la sociedad como vehículo transmisor de información y comunicación, trae igualmente otros comportamientos que pueden hacer tambalear los fundamentos del Estado. La protección de la información ha de ser regulada no quedando al arbitrio de los

---

194 Cfr., ÁGUILA SÁNCHEZ, Miguel Ángel, Tipos y Formas de delincuencia, Editorial Universitas, Madrid, 2013, p. 279.

195 Ibídem., p. 280.

usuarios, por lo que se precisa una legislación para que esta facción de usuarios puedan ser perseguidos y sancionados por los actos criminales que cometan y no queden en la impunidad gran parte de los delitos punibles que realizan por falta de una legislación que contiene lagunas en ciertos aspectos legales surgidos por la constante evolución de Internet.

En la actualidad, el ciberespacio no precisa de una cercanía al poder ser realizado de forma intemporal y en espacios geográficos diferentes. El lugar del ciberespacio no requiere de un espacio físico concreto sino que su carácter es universal pudiendo encontrarse en todos los lugares a la vez lo que aprovechan las organizaciones criminales para realizar sus actividades delictivas alentadas por su intemporalidad y el anonimato en sus acciones.

Las organizaciones criminales están cada vez más introducidas en la Red abarcando todo tipo de acciones criminales: blanqueo de capitales, estafas, prostitución, pornografía infantil, tráfico de drogas, tráfico de órganos, trata de personas, etc.

El triángulo delictivo que se producía en la delincuencia tradicional compuesto por el delincuente o agresor, la víctima y el espacio físico donde se producía el delito, ha dejado de ser un factor fundamental y necesario para la ejecución delictiva.

Estos componentes van a dejar de ser necesarios, fundamentalmente, para la realización de la acción delictiva, al ser sustituidos por el ciberespacio. Mientras, en la delincuencia tradicional la víctima era el sujeto pasivo sobre la que recaía la agresión del delincuente, en el cibercrimen es la propia víctima la que da el primer paso cayendo en las redes previamente establecidas por el agresor, al interactuar en el ciberespacio convirtiéndola en el objetivo adecuado y no la voluntad del propio ciberdelincuente. Uno de los comportamientos que tienen lugar en la Red consiste en los fraudes como el *mail spoofing* y la *web spoofing*.

El *primero*, consiste en la suplantación del correo de un usuario a partir de un dominio para enviar mensajes como si realmente fueran parte de esa identidad. Es decir, mandan un mensaje para así poder comprobar la dirección del correo pidiendo una contestación lo que supone validar la dirección. Y, el *segundo*, consiste en el engaño haciendo creer a la víctima que la página que está visitando es la auténtica cuando la realidad es que se trata de una suplantación en poder de un cibercriminal que va a utilizar la información para sus actividades delictivas.[196]

Uno de los espacios frecuentados por los ciberdelincuentes son los denominados "portales de subastas" donde se ofrecen toda clase de productos y

---

196 Ibídem., p. 281.

servicios. En este *portal*, a través del engaño, se ofrece una serie de productos donde la víctima envía una cantidad económica a cambio del producto anunciado sin recibir la mercancía o el producto ofertado.

4.2 CIBERCRIMEN

Las posibilidades que ofrece la Red de ganar dinero, vulnerando la legalidad, no va a pasar desapercibida por las organizaciones criminales donde las mafias van a encontrar un nuevo escenario donde irrumpir en busca de nuevos retos y de acrecentar sus ganancias económicas de forma exponencial, además de contar una legislación laxa a la que le queda mucho por recorrer en busca de solucionar las lagunas legislativas que existen ante el constante avance de la tecnología.

Las organizaciones criminales cuentan con sus estructuras jerárquicas estructuradas con décadas en las actividades delictivas pero la aparición de las nuevas tecnologías y los constantes avances en el mundo virtual hace que se sientan desamparados ante esta innovación donde no cuentan con el personal cualificado para hacerse cargo de esta implementación. Aquí aparece la figura del *hackers*. Esta unión dará lugar al maridaje entre la delincuencia organizada y el cibercrimen.

Este vínculo entre ambas partes buscará el máximo rendimiento económico desde su fusión de la forma más rápida focalizando su propósito en la banca electrónica como fuente de grandes sumas donde expandir sus tentáculos. La evolución y la consiguiente especialización en las diversas etapas delictivas serán ofrecidas a otras organizaciones criminales, como la industria del *malware* y el campo de la información personal.[197]

El uso masivo de Internet, tanto de redes privadas como públicas, de los sistemas informáticos que demandan su utilización como medios de comunicación o información en las relaciones personales, sociales, y económicas, unido a la aparición de la telefonía móvil, ordenadores y redes sociales, precisan de una legislación actualizada a la aparición del nuevo modelo delictivo en el que las organizaciones criminales cuentan con una mayor inversión y, en consecuencia, de una mayor ventaja con respecto al Derecho. La aparición de las TIC —Tecnologías de la Información y la Comunicación— facultan a estos grupos organizados de una mayor versatilidad y rapidez en todas sus acciones punibles.

---

197 Cfr., SALOM CLOTET, Juan, El ciberespacio y el crimen organizado, Capítulo Tercero, Cuadernos de Estrategia, Ciberseguridad. Retos y amenazas a la seguridad nacional en el ciberespacio, número 149, 2011, p. 143. Disponible en: https://protecciondata.es/wp-content/uploads/2022/02/El-ciberespacio-y-el-crimen-organizado.pdf.

Este avance tecnológico ha supuesto asimismo una variación en las técnicas de investigación criminal, no solo en los nuevos comportamientos delictivos que le ofrece los dispositivos electrónicos, los cuales, les facilita su labor delictivo con un menor riesgo para sus acciones criminales, sino que también estos avances tecnológicos sirven para la investigación criminal de los delitos tradicionales, como puede ser el resultado de la geolocalización de un teléfono móvil, la determinación de una dirección IP o la realización de un registro remoto, todo ello facilita y allana el camino de la investigación para el esclarecimiento del hecho punible.

Pero toda innovación y avance tecnológico supone que en el ámbito de la legislación tenga ciertas limitaciones conforme a derecho que puedan afectar a derechos fundamentales de las personas, como puede ser el derecho a la intimidad, reconocido por la Constitución, y que puede suponer una barrera probatoria para el esclarecimiento de los delitos.[198]

---

198 Cfr., LAPUERTA IRIGOYEN, Carmen, El cibercrimen y el agente encubierto on line, Fundación Internacional de Ciencias Penales, 2017, p. 3. Disponible en: https://ficp.es/wp-content/uploads/2017/06/Lapuerta-Irigoyen.-Comunicaci%C3%B3n.pdf.

La aparición del ciberespacio esta suponiendo que todo el mundo este hiperconectado, donde la Red supone un elemento crucial y vital para lo que se podría denominar la era digital.

Dentro de las actividades delictivas que las organizaciones criminales van a comenzar a realizar en búsqueda de incrementar sus beneficios económicos podemos citar las siguientes.

4.2.1 Ingresos económicos de forma fraudulenta

A través de la Red se producen múltiples delitos de toda índole. Dentro de los fraudes existen dos especialidades muy utilizadas como son el *mail spoofing* y la *web spoofing*. El primero pretende suplantar el correo electrónico de un usuario o la creación de correos electrónicos supuestamente verídicos a partir de un dominio para enviar mensajes como si fuesen parte de esa identidad, para de esta forma obtener la dirección del correo electrónico y los datos. Mientras, el segundo, consiste en engañar al internauta de que la página que está consultando es la auténtica cuando en realidad se trata de una réplica, la cual, está controlada por el ciberdelincuente para extraer información y datos para sacar dinero o para realizar compras en su nombre.[199]

Además, y dentro del panorama delictivo de la Red aparecen múltiples ofertas como suministrar información a cambio de una compensación económica de cómo introducirse en los sistemas o los ordenadores de instituciones o empresas para robarles, manipular o dañar sus datos.

4.2.2 Fraude en comercio electrónico

La aparición de la informática en el mundo laboral ha hecho que gran cantidad de transacciones que se realizaban de forma personal entre un vendedor y comprador, haya ido reduciendo el número de personal laboral ante la irrupción de los sistemas tecnológicos para la adquisición de artículos comerciales a través de la Red reduciendo los costes.

Los sistemas tradicionales de venta van desapareciendo para hacer acto de presencia la adquisición del producto sin tener que desplazarse a una entidad o comercio físico para comprar el artículo. El sistema tradicional te aportaba una cierta

---

199 Cfr., SÁNCHEZ MEDERO, Gema, Ciberespacio y el Crimen Organizado. Los nuevos desafíos del siglo XXI, Facultad de Ciencias Políticas y Sociología, Universidad Complutense de Madrid, Madrid, 2012, pp. 78–79.

seguridad al poder tener un espacio físico y un personal donde se podía reclamar de manera presencial. En la actualidad, todo funciona a través de la Red por lo que la seguridad en la calidad del producto crea cierta inseguridad a la hora de poder reclamar por desconocer su procedencia o vendedor real.

Las tarjetas de crédito comienzan a sustituir al papel moneda para las transacciones a través de Internet, lo que conlleva cierta inseguridad a la hora realizar alguna operación al no acreditar su propiedad. Una vez que el poseedor tiene la numeración de la tarjeta de crédito/débito, y su fecha de caducidad, podrá realizar cualquier compra electrónica valiéndose de una filiación falsa. El terminal de venta virtual del comercio electrónico establece comunicación con su entidad financiera y la única verificación que realiza es comprobar la validez de la tarjeta.

Lo mismo ocurre con los sistemas de mensajería y transporte, ya que cuando no pueden contactar con el titular del domicilio donde se va a efectuar la entrega, dejan una notificación para acudir a la central de la empresa a recoger el porte, donde simplemente para adquirirlo es suficiente presentar la notificación.

El fraude comercial está adquiriendo gran expansión ante la facilidad que conllevan las operaciones que se realizan a través del espacio virtual. Una nueva modalidad son los portales de subastas o clasificados, donde el vendedor no es un comercial, sino que se trata de particulares que venden y compran. El fraude, por la exigencia del previo pago, simula una venta para cobrar y no entrega nada a cambio.[200]

4.2.3 El carding

Consiste en el uso de los datos de las tarjetas bancarias robadas para crear tarjetas virtuales. Los ciberdelincuentes con dichas tarjetas hacen una réplica virtual para realizar pequeñas compras por Internet, con el fin de que las operaciones no levanten sospechas a sus titulares. Un periodo propicio que suelen utilizar es la época de las grandes rebajas donde sus titulares pueden llevar a cabo múltiples compras de pequeñas cantidades donde se hace más fácil introducir operaciones que, en principio, pueden no ser detectadas ante el volumen de registros. También hacen uso de las tarjetas regalo precargadas, y a quiénes se les denomina *bineros* en alusión al BIN o número que identifica el emisor de la tarjeta.

---

200 Op. cit., SALOM CLOTET, Juan, El ciberespacio y el crimen organizado, Capítulo Tercero, Cuadernos de Estrategia, Ciberseguridad. Retos y amenazas a la seguridad nacional en el ciberespacio, número 149, 2011, pp. 144–145. Disponible en: https://protecciondata.es/wp-content/uploads/2022/02/El-ciberespacio-y-el-crimen-organizado.pdf.

Los ciberdelincuentes cuentan con diversas técnicas para obtener los datos de las víctimas:

▸ Técnicas de fraude como *phishing* —es un ciberataque que consiste en engañar a las personas para que faciliten datos confidenciales, haciéndose pasar los ciberdelincuentes por entidades legítimas como instituciones públicas, bancos, etc.—.

▸ *Smishing* —otro fraude que consiste en enviar mensajes de texto engañosos con la finalidad de robar información personal o financiera, que se realiza a través de SMS—.

▸ *Vishing* —es una estafa telefónica que suplanta la identidad de una empresa o persona de confianza para obtener información personal o financiera—.

▸ *Keylogger* —constituye un *software* o *hardware* malicioso que registra las pulsaciones de teclas de un dispositivo. Se utiliza para obtener información confidencial como contraseñas, números de tarjetas de crédito, correos electrónicos, e información personal—.

▸ Bases de datos de clientes o usuarios de páginas *web* cuya seguridad ha sido vulnerada y publicada en la Internet profunda (*deep web*: es la parte de Internet no indexada por los motores de búsqueda, como Google. Constituye un nivel más profundo de Internet, que contiene páginas personales, datos internos de empresas y otros contenidos).

▸ *Skimming* —robo de los datos de una tarjeta en un cajero automático manipulado—.[201]

El campo de la ciberdelincuencia cada vez resulta más amplio y, como consecuencia de ello, el número de posibilidades de conseguir alcanzar los delincuentes su objetivo dado la gran amplitud de hechos delictivos en el panorama virtual, resulta imperiosa la necesidad de adquirir una serie de medidas o contrarréplicas a estas actitudes criminales, con el fin de entorpecer o limitar sus recursos con unas prácticas preventivas o defensivas contra estos ataques.

---

201 Cfr., Banco de España, Eurosistemas, PORTALCLIENTEBANCARIO, BANCO DE ESPAÑA, Carding: el robo de los datos de las tarjetas bancarias, Madrid, 2023. Se encuentra disponible en: https://clientebancario.bde.es/pcb/es/blog/carding—uso-ilegitimo-de-datos-de-tarjetas-bancarias. html.

Dentro de las medidas preventivas como fuerza de choque contra el fraude se podrían citar las siguientes:

- ☛ Destrucción de las tarjetas de crédito caducadas.

- ☛ Utilizar las tarjetas prepago para las compras *on line*.

- ☛ No facilitar los datos de las tarjetas a personas desconocidas o entidades de dudosa procedencia.

- ☛ Revisar con frecuencia los movimientos de la cuenta bancaria.

- ☛ Desactiva la función NFC —es una tecnología que permite la comunicación inalámbrica entre dispositivos cercanos. Su traducción es "comunicación de campo cercano"— del dispositivo mientras no se esté utilizando.[202]

4.2.4 Ventas en portales de anuncios clasificados

La participación de los usuarios en la Red ha experimentado un crecimiento exponencial para todo tipo de actividades fundamentado en las grandes ventajas que le proporciona Internet, donde puede encontrar multitud de artículos en el mercado facilitándoles comodidad, en cuanto a tiempo invertido, y pudiendo acceder a múltiples artículos sin necesidad de desplazamientos físicos, entrando en un campo de subastas donde se compran y venden numerosos productos y donde la entrega de la compra queda supeditada a un pago previo donde los delincuentes centran su fraude en la estafa del vendedor hacia el comprador.

El ciberdelincuente se basa en la búsqueda de productos de gran demanda con la finalidad de conseguir la confianza de la víctima con precios atrayentes que consiga la atención del comprador, a la vez que le facilita un sistema de pago confiable para que efectúe el pago sin haber recibido el producto.

El sistema que emplean los defraudadores consiste en el copiado de los anuncios de las empresas de ventas legales existentes en la Red, manteniendo comunicaciones fluidas con los vendedores con el fin de obtener la información necesaria que precisan para realizar anuncios paralelos de venta del producto y llevar a cabo su acción delictiva con las víctimas.

---

202 Ibídem., Banco de España, Eurosistemas, PORTALCLIENTEBANCARIO, BANCO DE ESPAÑA, Carding: el robo de los datos de las tarjetas bancarias, Madrid, 2023. Se encuentra disponible en: https://clientebancario.bde.es/pcb/es/blog/carding—uso-ilegitimo-de-datos-de-tar jetas-bancarias.html.

El mercado de ventas es muy amplio teniendo cabida la venta de productos ilegales o delictivos. Casos como la venta de titulaciones falsas, y de otros documentos fraudulentos, en donde el vendedor tiene a su favor todo tipo de engaños y fraudes al comprador, y en caso de que este se percatara de la falsedad de la operación, cuenta con que la víctima no efectuará denuncia alguna sabiendo la naturaleza delictiva del servicio o producto.

Los sistemas de pago son los clásicos como la transferencia bancaria o a través de empresas como MoneyGram. También existen empresas intermedias que se ofrecen para realizar la función de intermediar entre el vendedor y el comprador para evitar el fraude, recibiendo el producto del vendedor y el dinero del comprador validando la operación entre ambos. Estas empresas se denominan *escrow*. Estas empresas ficticias son creadas virtualmente por los propios estafadores suponiendo falsas *webs* que simulan su existencia.

Alguno de los portales de ventas utilizados por los particulares es el sistema de pago por *PayPal* que consiste en cuentas virtuales vinculadas a tarjetas de crédito reales.[203]

4.2.5 Crime as a service

El amplio desarrollo que va a experimentar el *malware* hace que los grupos organizados dejen de tener una dependencia de los *hackers* que tenían a su servicio para empezar a contratar servicios que estos venden debido a la constante innovación tecnológica que invade el sector de la informática. Algunos de los *hackers* conscientes de disminuir riesgos y responsabilidades, en vez de dedicarse a utilizar y desarrollar el *software* deciden ponerlo a la venta, comercializando como un servicio personalizable. Sin embargo, otros se decantan por comercializar la información que obtiene.

En definitiva, lo que consiste es conseguir toda la información que se encuentra en las redes sociales desde los números de las tarjetas de crédito, tarjetas sanitarias, datos financieros, datos personales, etc., toda la información que podamos tener almacenada en nuestros sistemas operativos y, que pueda ser capturada por los ciberdelincuentes para sus operaciones delictivas. Toda información personal que se encuentre en el espacio virtual es susceptible de ser capturada representando una valiosa fuente de información para los defraudadores.

---

203 Op. cit., SALOM CLOTET, Juan, El ciberespacio y el crimen organizado, Capítulo Tercero, Cuadernos de Estrategia, Ciberseguridad. Retos y amenazas a la seguridad nacional en el ciberespacio, número 149, 2011, pp. 146–148. Disponible en: https://protecciondata.es/wp-conten t/uploads/2022/02/El-ciberespacio-y-el-crimen-organizado.pdf.

4.2.6 La infraestructura de mulas

En sus comienzos los grupos organizados enviaban a los distintos países donde operaban con sus actividades criminales a miembros de la banda para pasar la mercancía.

El paso lo realizaban con identidades falsas y con cada una de ellas y en distintas entidades bancarias abrían cuentas bancarias para recibir el dinero de las víctimas. Estos miembros de la banda serán reemplazados por los que pasaran a denominarse *mulas*, entre los colectivos de los inmigrantes naturales de los países en los que la organización tenía su sede. La mayoría de estos *muleros* accedían a realizar este transporte debido fundamentalmente a los escasos recursos económicos con los que contaban y, en principio, porque parte de las operaciones no representaban para sus participantes un delito grave.

Sin embargo, el endurecimiento de la acción penal, considerando la participación de las *mulas* como parte fundamental en la cooperación del hecho punible, obligara a las bandas a buscar nuevos recursos y nuevos colaboradores, ya que dejaban de ser útiles tras la recepción de dinero procedente del fraude.[204]

4.2.7 Los timos en la Red

Al igual que ha ocurrido con otros delitos de la delincuencia tradicional, que se han ido prolongando en el tiempo y, continúan vigentes en la actualidad, lo mismo sucede con los denominados "timos". La picaresca ha estado presente en la sociedad desde tiempos inmemoriales y, el engaño, es una faceta del ser humano desde el ámbito de la delincuencia tradicional.

La presencia física entre el timador y la víctima representaba un hecho fundamental y necesario para la realización del hecho delictivo. Este método de engaño sigue vigente en la actualidad, de forma presencial entre timador y víctima, pero se ha unido una nueva modalidad para la ejecución de este engaño, lo mismo que ha ocurrido con otros delitos. La diferencia es el resultado de la aparición de Internet. La utilización del correo electrónico ha suplantado a esa presencia física necesaria para realizar la táctica del engaño y obtener el éxito de nuestro ingenio a la hora de atraer a la víctima a nuestra trampa. El constante envío de mensajes, a modo

---

204 Ibídem., SALOM CLOTET, Juan, El ciberespacio y el crimen organizado, Capítulo Tercero, Cuadernos de Estrategia, Ciberseguridad. Retos y amenazas a la seguridad nacional en el ciberespacio, número 149, 2011, pp. 156–160. Disponible en: https://protecciondata.es/wp-conten t/uploads/2022/02/El-ciberespacio-y-el-crimen-organizado.pdf.

de *spam*, donde se ofrecen múltiples ganancias sin realizar ningún desplazamiento, hace que los timadores realicen constantes envíos para atraer y engañar a sus víctimas.

Uno de los timos más populares en la Red fueron las denominadas "cartas nigerianas". En estas se daba cuenta de la existencia de grandes fortunas de ciudadanos africanos, que por motivos de exilio o accidente inesperado, dejaba una cantidad de dinero sin un legítimo sucesor. La víctima solo debía realizar una pequeña aportación económica en concepto de impuestos, y de la aportación a funcionarios para la falsificación de los documentos y a los empleados bancarios corruptos. A cambio, recibirían importantes cantidades millonarias de dólares.[205]

4.2.8 La piratería informática

En ciertos casos resulta difícil de identificar a las víctimas de los delitos de piratería informática y de ciertas modalidades del cibercrimen. Esto es debido a que en ocasiones las víctimas no son conscientes de haber sido atacadas, al considerar que las infecciones del *software* malicioso pueden emular fallos de los sistemas informáticos y del *hardware*.

205 Ibídem., SALOM CLOTET, Juan, El ciberespacio y el crimen organizado, Capítulo Tercero, Cuadernos de Estrategia, Ciberseguridad. Retos y amenazas a la seguridad nacional en el ciberespacio, número 149, 2011, p. 163. Disponible en: https://proteccciondata.es/wp-content/up loads/2022/02/El-ciberespacio-y-el-crimen-organizado.pdf.

Algunos investigadores sostienen que el término piratería o *hacking*, surgió entre los estudiantes de ingeniería del Instituto de Tecnología de Massachusetts en la década de 1950.

En principio, estos ataques no resultaban maliciosos sino que constituían una destreza técnica en su manejo siendo considerado como un acto de *hacking*. En la década de 1950, comienzan a aparecer las unidades centrales informáticas que constituían unos sistemas de grandes proporciones que eran almacenados en salas climatizadas para su conservación. La aparición de los operadores informáticos encargados del manejo de estos voluminosos sistemas irá creando soluciones innovadoras para acelerar su funcionamiento denominándose a estas operaciones para solventar los problemas como *hacks* y, sus programadores, serán denominados *hackers*.[206]

En la década de 1970, la concepción de la piratería y su carácter ético va a experimentar un cambio sustancial con la aparición de dos actividades: el *phreaking* y el *homebrew computing*. El primero, permitirá a las personas realizar llamadas telefónicas a cualquier persona en el mundo mediante el control de los interruptores del sistema telefónico. Por tanto, es considerado como el primer fraude electrónico, al hacer uso de forma ilegal y el robo de servicios de telefonía.

Mientras, el segundo, verá el surgimiento de grupos de aficionados centrados en el desarrollo del *hardware* y en la programación informática, especialmente el Homebrew Computer Club en 1975. Las reuniones se centrarán en la construcción y discusión de ordenadores personales.[207]

La década de 1980, va a suponer el auge de los ordenadores personales constituyendo un boom internacional, principalmente, en los jóvenes comenzando a utilizarlos como forma de aprendizaje en la nueva tecnología y su aplicación en materia educativa.

El rápido y exponencial crecimiento tecnológico informático va a llevar aparejada la aparición de fines maliciosos y delictivos. La aparición de la película *WarGames* (Juegos de guerra) donde se presenta a Matthew Broderick como un *hacker* adolescente que, accede sin proponérselo, a sistemas informáticos militares pudiendo haber causado un holocausto nuclear.

---

206 HOLT, Thomas, Piratería informática y ciberintrusión, Universitat Oberta de Catalunya, Barcelona, 2019, p. 27. Se encuentra disponible en: https://openaccess.uoc.edu/bitstream/10609/148531/5/PirateriaInformaticaYCiberintrusion.pdf.

207 Ibídem., p. 29.

Los medios de comunicación comenzarán a estandarizar el término de *hacker* para referirse a este grupo de usuarios al ser dicho término el utilizado para sus acciones. Esto supondrá un antes y un después en el carácter ético que suponía el uso de los sistemas informáticos vinculado a la denominación de *hacker* en las décadas de 1950 y 1960. Esto dará lugar a un giro en la percepción de su uso por parte de otros usuarios donde su utilización comenzará a ser considerada delictiva apareciendo la piratería informática, persuadiendo al público, en general, y a los legisladores, en particular, a establecer una legislación penal para hacer frente a esta nueva modalidad delictiva de los *hackers*.[208]

La "piratería informática" consistirá en la comercialización de forma ilícita de las obras y otras prestaciones protegidas sin el consentimiento del titular de los derechos de la propiedad intelectual.

La aparición del ciberespacio ha supuesto un crecimiento exponencial en las últimas décadas lo que ha provocado la aparición de múltiples usuarios y organizaciones dedicados a actividades delictivas dedicadas a las copias ilegales de todo tipo de material protegido como películas, cintas musicales, libros, etc.

La delincuencia organizada ante el amplio espectro delincuencial que le ofrece Internet se va a servir en gran medida de la inmigración ilegal para la venta y distribución del material falsificado y de la distribución de las copias ilegales contando con una mano de obra barata para sus actividades delictivas.

Internet va a suponer un canal de comunicación sin barreras donde la duplicidad de todo tipo de material informático va a poder ser duplicado desde archivos de música, libros, vídeos, fotografías, o cualquier otro material que pueda ser falsificado a través de la Red, donde su salida al mercado va a ser rápido llegando a un gran número de consumidores.[209]

Las redes P2P (*peer to peer*, entre iguales) van a permitir el acceso a las obras de forma gratuita donde los ficheros no se encuentran focalizados en un sitio de la Red con responsabilidad para el servidor sino en la dispersión entre los ordenadores interconectados entre sí a través de una aplicación informática.

El plagio se va multiplicar de forma exponencial dañando no solamente patrimonialmente al autor de la obra sino que supone un daño a su derecho moral. La reproducción de las obras va a experimentar una magnitud de ventas que producirán pingües beneficios a las organizaciones criminales que cuentan con la tecnología

---

208 Ibídem., p. 30.

209 Op.cit., ÁGUILA SÁNCHEZ, Miguel Ángel, Tipos y Formas de delincuencia, Editorial Universitas, Madrid, 2013, p. 266.

adecuada de última generación para ver incrementados sus beneficios en tiempo real y sin peligrosidad penal próxima que impida su desarrollo. Por último, la distribución encuentra los mimbres adecuados para que su puesta a disposición del gran público encuentre un campo abierto a su amplia diversificación, basado en la publicidad y el número de falsificaciones realizadas que, por su volumen de copias realizadas, y su bajo coste de producción, representaran unos beneficios considerables para la organización o grupos criminales.

También se encuentra la figura del "pirata altruista" permitiendo el acceso a otros usuarios sobre obras protegidas sin recibir una contraprestación económica. Esta modalidad tendrá una gran repercusión a través de las redes P2P, formando parte de una red de computadoras donde no aparecen ni clientes ni servidores, actuando de forma simultánea como clientes y servidores permitiendo un intercambio de información entre los ordenadores interconectados.[210]

El aumento de los medios de comunicación ha llevado aparejado un crecimiento exponencial de los bienes intelectuales, lo que ha supuesto una forma de explotación ilícita de las obras protegidas por los derechos de autor, resultando muy problemático el poder ejercer un control sobre la multiplicidad de obras recogidas y, donde es prácticamente imposible, ejercer un control regulador tanto en el ámbito penal como económico.

La ciberpiratería se convierte así en una nueva modalidad delictiva donde las obras protegidas van a suponer un campo económico para las organizaciones criminales que les reportaran pingües beneficios económicos, y donde su distribución encontrará un vasto campo para su salida como la venta directa de las obras digitalizadas, pasando por la comunicación de las obras vía *streaming* (transmisión) a cambio de una cantidad económica.

La falta de control de los archivos y el uso abusivo de las obras con el intercambio gratuito, a través de sitios de búsqueda como Google y de otros similares, donde en sus páginas se ofertan múltiples contenidos no autorizados, o incluso, infringiendo a sabiendas los derechos de autor.

La regulación ante las numerosas lagunas jurídicas que existen hace necesaria una mayor aceleración en busca de unos conceptos jurídicos que contengan una reglamentación donde tengan cabida muchos de estos actos delictivos, y que debido al avance tecnológico y, la constante innovación informática, resulta fundamental la regulación jurídica que impida el intrusismo desmesurado que se viene produciendo.[211]

---

210 Ibídem., p. 267.

211 Ibídem., p. 268.

La década de 1990, va a suponer un acceso más asequible para la población lo que supondrá un mayor número de usuarios conectados a la Red, llevando aparejado un aumento de los *hackers* y del término *hacking* relacionándolo con actividades maliciosas.

Por último, la década de 2000 y hasta nuestros días, va a suponer la profesionalización de los *hackers*. La piratería que, en décadas anteriores, había tenido un halo altruista, donde la comunidad *hacker* contaba de cierto prestigio y de una aceptación social, va a experimentar un importante giro en la búsqueda del beneficio económico. La complejidad de las herramientas de los *hackers* aumentara, pasando su propósito de infección y degradación de redes globales al ataque y robo de información confidencial.

La creación y adopción de *malware* de *botnet* tendrá un importante impacto en las prácticas de piratería y de *malware*. El código de *botnet* —una *botnet* es una red de dispositivos como computadoras o dispositivos IoT (Internet de las Cosas, son objetos físicos que se conectan a Internet, y pueden recolectar, transmitir y recibir datos. Estos dispositivos, van desde sensores hasta actuadores, permitiendo la interconexión de objetos cotidianos, creando un ecosistema de servicios) infectados con *malware* y controlados remotamente por un ciberdelincuente. Estos dispositivos llamados *bots*, pueden trabajar juntos para realizar ataques maliciosos a gran escala— constituye una amenaza combinada, al aunar *malware* de troyanos y virus, propagándose de la misma forma que los programas de troyanos u otros métodos de infección. El surgimiento de los *botnets* va a proporcionar a los *hackers* una plataforma de ataque estable fácil de administrar y mantener.[212]

En marzo de 2015, Internet se llenaba de carteles con el bando "Se busca" donde se publicaba la fotografía de Evgeniy Mikhailovich Bogachev, alias "lucky12345", "slavik" y "Pollingsoon" por conspiración para participar en actividades mafiosas, fraude bancario, fraude informático, blanqueo de capitales.

Su foto se convertía para el FBI (Federal Bureau of Investigation) en uno de los ciberdelincuentes más buscados a nivel internacional llegando a ofrecer una recompensa de tres millones de dólares americanos. La cantidad económica ofrecida por el FBI por el criminal informático venía ofrecida por una *botnet* llamada Game Over Zeus (GOZ), de la que Bogachev era su administrador y que el FBI había desmantelado.

Con GOZ según fuentes del FBI se calcula que entre quinientos mil y un millón de ordenadores en todo el mundo, una cuarta parte de EEUU, se habían infectado causando unas pérdidas valoradas en cien millones de dólares americanos.

---

212 Op. cit., pp. 32 y 35.

Game Over Zeus es un virus troyano del tipo bancario y, por extensión, la *botnet* engrosada en los ordenadores que ha infectado de los usuarios se utiliza para robar el dinero de sus cuentas. El funcionamiento GOZ, una vez infectados los ordenadores, consistía en esconderse en el sistema y cuando las víctimas acudían a sus bancos, la GOZ comenzaba a grabar todo lo que el usuario tecleaba o lo que se viera en la pantalla. Posteriormente, los datos recogidos eran utilizados para realizar transferencias de las cuentas de las víctimas a los intermediarios, denominados "mulas" y, en último lugar, a sus cuentas.

La automatización experimentará un crecimiento exponencial. El número de usuarios y de ordenadores conectados a la Red abrirá un abanico de posibilidades delictivas que los ciberdelincuentes no dejarán de pasar su oportunidad para aprovechar el momento de realizar sus actos criminales. Debido a esta masificación de clientes surgirá el problema para los criminales de encontrar las suficientes "mulas" para gestionar las cantidades ingentes de dinero, por lo que acuden a los anuncios engañosos en medios de comunicación o portales de anuncios de trabajo, donde se solicitan intermediarios en ventas internacionales, comisionistas, etc., con la función de sacar dinero de una entidad bancaria para luego ingresarla en otra sucursal. Los contratados eran engañados en el sentido de que las operaciones parecían realmente lícitas al no sospechar cual era en realidad las intenciones criminales de la organización.[213]

4.2.9 Blanqueo de capitales

La terminología al igual que sucede con otros conceptos le resulta difícil encasillar la locución "blanqueo de capitales" de forma unitaria por distintos autores en la materia.

GALVEZ BRAVO, establece como blanqueo de capitales: "las diversas actividades que, como fin último tienen la incorporación al tráfico económico legal de bienes que proceden de conductas delictivas, para así conseguir la apariencia de legalidad de dichos bienes, para el disfrute de los mismos".[214]

---

213 MEDINA, Manel y, MOLIST, Mercè, Cibercrimen, ¡Protégete del Bit-Bang! Los ataques en el Ciberespacio a: Tu ordenador, tu móvil, tu empresa…Aprende de víctimas, expertos y Cibervigilantes, Tibidabo Ediciones, S.A., Barcelona, 2015, pp. 144–145 y 150.

214 GALVEZ BRAVO, Rafael, Los modus operandi en las operaciones de blanqueo de capitales, Editorial Wolter Kluwer España, Barcelona, 2017, p. 24.

BLANCO CORDERO, considera el blanqueo de capitales como: "el proceso en virtud del cual los bienes de origen delictivo se integran en el sistema económico legal con apariencia de haber sido obtenidos de forma lícita".[215]

La Ley 10/2010, de 28 abril, de prevención de blanqueo de capitales y de la financiación del terrorismo, disposiciones generales, en su Artículo 1.2 establece como blanqueo de capitales las siguientes actividades:

a) "La conversión o la transferencia de bienes, a sabiendas de que dichos bienes proceden de una actividad delictiva o de la participación en una actividad delictiva, con el propósito de ocultar o encubrir el origen ilícito de los bienes o de ayudar a personas que estén implicadas a eludir las consecuencias jurídicas de sus actos.

b) La ocultación o el encubrimiento de la naturaleza, el origen, la localización, la disposición, el movimiento o la propiedad real de bienes o derechos sobre bienes, a sabiendas de que dichos bienes proceden de una actividad delictiva o de la participación en una actividad delictiva.

c) La adquisición, posesión o utilización de bienes, a sabiendas, en el momento de la recepción de los mismos, de que proceden de una actividad delictiva o de la participación en una actividad delictiva.

d) La participación en alguna de las actividades mencionadas en las letras anteriores, la asociación para cometer este tipo de actos, las tentativas de perpetrarlas y el hecho de ayudar, instigar o aconsejar a alguien para realizarlas o facilitar su ejecución.

Existirá blanqueo de capitales aun cuando las conductas descritas en las letras precedentes sean realizadas por la persona o personas que cometieron la actividad delictiva que haya generado los bienes.

A los efectos de esta Ley se entenderá por bienes procedentes de una actividad delictiva todo tipo de activos cuya adquisición o posesión tenga su origen en un delito, tanto materiales como inmateriales, muebles o inmuebles, tangibles o intangibles, así como los documentos o instrumentos jurídicos con independencia de su forma, incluidas la electrónica o la digital, que acrediten la propiedad de dichos

---

215 BLANCO CORDERO, Isidoro, El delito de blanqueo de capitales, Editorial Aranzadi, cuarta edición, Pamplona, 2015, p. 107.

activos o un derecho sobre los mismos, con inclusión de la cuota defraudada en el caso de los delitos contra la Hacienda Pública".[216]

Igualmente se considerara que hay blanqueo de capitales aun cuando las actividades que hayan generado los bienes se hubieran desarrollado en el extranjero.

Asimismo, el Código Penal español, recoge en su Artículo 301.1, lo siguiente:

"El que adquiera, posea, utilice, convierta, o transmita bienes, sabiendo que estos tienen su origen en una actividad delictiva, cometida por él o por cualquiera tercera persona, o realice cualquier otro acto para ocultar o encubrir su origen ilícito, o para ayudar a la persona que haya participado en la infracción o infracciones a eludir las consecuencias legales de sus actos, será castigado con la pena de prisión de seis meses a seis años y multa del tanto al triplo del valor de los bienes…".[217]

Las fases de blanqueo de capitales resultan cada vez más complejas y difíciles de detectar debido fundamentalmente al número de operaciones que tienen lugar dentro de la Red y por las técnicas empleadas cada vez menos permeables a su seguimiento. Dentro de las fases según el Grupo de Acción Financiera Internacional (GAFI) se podrían establecer tres fases diferenciadas aunque no tienen por qué ser de forma cronológica, ni ser independientes entre sí.

▸ *Colocación*. Consiste en introducir los ingresos obtenidos de la actividad delictiva en el sistema financiero legal. Este primer paso resulta muy delicado ya que las entidades financieras tienen la obligación de comunicar a las autoridades cualquier movimiento financiero que pudiera tener relación o sospechas de que pudiera tratarse de un blanqueo de capitales o, por ende, pudiera estar relacionado con otras actividades delictivas.

Para tratar de esquivar los múltiples controles establecidos por las entidades bancarias y las autoridades, los blanqueadores emplearan diversas técnicas con la finalidad de burlar dichos controles.

El sistema denominado "pitufeo" o *smurfing* consiste en el fraccionamiento de grandes cantidades de dinero haciendo varios envíos para que de esta forma el volumen de dinero sea menor, llamando menos la atención, y encontrando menos dificultades para su remisión. Se utiliza uno o varios remitentes –pitufos– y varios beneficiarios, para eludir los controles

---

216 Ley 10/2010, de 28 de abril, de prevención del blanqueo de capitales y de la financiación del terrorismo, Boletín Oficial del Estado, número 103, de 29 de abril de 2010, Sec. I, p. 37460.

217 BOE número 281, de 24 de noviembre de 1995, Ley Orgánica 10/1995, de 23 de noviembre, del Código Penal, Capítulo XIV, De la receptación y el blanqueo de capitales, Artículo 301.1, p. 116.

de seguimiento ante grandes cantidades, por lo que se efectuaran imposiciones y disposiciones inferiores a los tres mil euros.

La operación consiste en el envío por parte del miembro de la organización criminal que ha obtenido los ingresos ilícitos en el exterior, contactando con los "pitufos", que se encuentran en otro país donde se desea introducir el dinero fraudulento realizando las transferencias correspondientes, retirando el dinero de la entidad receptora y, a cambio, reciben su comisión.[218]

▼ *Encubrimiento*. Tiene lugar realizando diversas transacciones financieras con la finalidad de distraer su origen inicial. Una vez introducido el dinero en el sistema financiero convencional, los fondos son enviados por transferencias electrónicas a sociedades extraterritoriales donde el secreto bancario y societario es muy fuerte para perder la trazabilidad del dinero.

Esta fase es la más compleja de las tres ya que el dinero se encuentra ya introducido en el sistema financiero legal y, lo que se pretende es alejar el dinero ilegal de su titular, diseminando el rastro del dinero a través de operaciones constantes, a través de distintos países, bancos en paraísos fiscales, cuentas y sociedades, para entorpecer su rastreo.

▼ *Integración*. Una vez blanqueados los capitales a través del sistema financiero retornan al blanqueador con apariencia de dinero legal, por lo que podrá integrarlos en su patrimonio y de esta forma invertirlo a través de los libros contables de inversiones y negocios recogidos como legales, mezclando las sumas ilícitas con el dinero legal. Realizada esta fusión si no se ha conseguido seguir la trazabilidad del dinero resultará muy difícil demostrar la existencia del dinero blanqueado.[219]

4.2.10 Causas y consecuencias del blanqueo de capitales

Las causas para el blanqueo de capitales son múltiples y complejas en su realización por lo que se hace muy difícil encontrar el origen de los bienes a blanquear y, seguir su trazabilidad, antes de que el "dinero negro" procedente de actividades criminales se reconvierta en dinero de curso legal.

---

218 CARDOSO LÓPEZ, María Jesús, Blanqueo de capitales: técnicas de blanqueo y relación con el sistema tributario, Cuadernos de Formación. Colaboración 4/15. Volumen 19/2015. Se encuentra disponible en: https://www.ief.es/docs/destacados/publicaciones/revistas/cf/19_04.pdf, p. 50.

219 Ibídem., p. 51.

Entre los factores que favorecen el blanqueo de capitales estarían los siguientes:

- La globalización del sistema económico y financiero.

- La expansión y existencia de las redes sociales con un aumento exponencial de las tecnologías que ha dado lugar a realizar operaciones internacionales con suma rapidez mediante su conexión a Internet, facilitando las conexiones entre los agentes dispuestos a la realización de las actividades ilícitas en tiempo real y llevando operaciones múltiples, lo que resulta de una complejidad inmensa debido al volumen de gestiones abiertas imposibilitando en algunas de estas su seguimiento por falta de medios, tanto humanos como materiales.

- En ocasiones la estrecha relación existente entre blanqueo y corrupción. Esto viene motivado por la existencia de algunos países que se ven beneficiados por las actividades ilícitas y permiten su continuidad a estas prácticas. Los paraísos fiscales con las prácticas de no intercambiar información de las operaciones y de la protección instaurada en su suelo para el secreto bancario y empresarial.

- Falta de colaboración internacional y falta de una legislación actualizada que pueda contemplar las múltiples actividades ilícitas que se producen diariamente quedando muchas de ellas en el anonimato, debido entre otras razones, por una tardía y lenta criminalización del blanqueo de capitales.

Las consecuencias del blanqueo de capitales tienen una relación entre ellas. Existen numerosas variedades de compleja tipología. Entre las más extendidas podemos citar las siguientes:

- Consecuencias en los mercados. La globalización de los mercados hace que grandes cantidades de dinero ilícito circule de unos países a otros, lo que provoca efectos negativos sobre el conjunto de la economía que puede provocar efectos como: cambios en la demanda de dinero que hagan ineficientes las políticas monetarias que afecten a la estabilidad de los precios. Asimismo, cambios en el comportamiento del valor de activos negociados en mercados secundarios.

- Favorecer la realización de operaciones especulativas, nada relacionadas con la verdadera productividad o las previsiones relacionadas con las empresas cotizadas, lo que provoca un perjuicio a los pequeños inversores y dando lugar a una nueva actividad delictiva, como es el caso, de la información privilegiada.

▸ La inflación de bienes inmuebles. Se puede provocar cuando el dinero obtenido por actividades delictivas por cualquier organización criminal decide invertir fuertes sumas de capital en la compra de viviendas para posteriormente dedicarlas a alquiler o la venta de las mismas. Este procedimiento conllevaría al incremento falseado del precio de la vivienda, perjudicando con esta operación la adquisición por parte de los posibles compradores con capital legal, que observan como sus proyectos quedan suspendidos por la fuerte inflación experimentada.

▸ Las comisiones y los sobornos. Para la realización del blanqueo de capitales, se precisa de personal que esté situado en sitios estratégicos para poder llevar a cabo las operaciones bancarias y financieras a fin de reconvertir dichas cantidades en legales. Estas personas que obtienen los beneficios económicos por su participación en las operaciones criminales también están participando en dicho blanqueo de dinero, ya que sin su participación la operación no se podría realizar. Es decir, reciben dinero negro de la actividad delictiva de origen.

Además, existen países donde los propios gobiernos son financiados por capitales que provienen de sobornos o de comisiones, facilitados a través de una legislación lasa que permita o facilite la conversión del dinero negro en legal. De ahí la existencia de los denominados paraísos fiscales donde confluyen los blanqueadores.

▸ Efectos sociales y políticos. Tienen como foco principal aquellos países emergentes o en vías de desarrollo y, en aquellos que tienen una legislación más lasa, donde los blanqueadores de dinero invierten más recursos al resultarles más propicias sus operaciones fraudulentas, al no encontrar tantas barreras legislativas y judiciales.

El ingreso del capital fraudulento producirá grandes ingresos a la economía del país, esto dará origen a una mala distribución de la riqueza, lo que generará que el país no logre su desarrollo y caiga en la corrupción.

▸ Efectos en el sistema financiero y en el sistema bancario. El sistema bancario se basa en la confianza de los impositores. La reputación constituye uno de los activos más valiosos de las instituciones financieras. Si se canalizaran fondos procedentes de actividades ilícitas a través de una entidad financiera porque sus administradores o empleados hubieran resultado sobornados, o por el hecho de no haberse cumplido con la obligación de "conocer a su cliente", el banco podría ser acusado de colaborador con organización criminal. Esto redundaría en un pánico bancario que colapsaría no solo el sistema bancario sino también el financiero. Esto podría dar lugar, en función de la importancia de la entidad financiera a nivel internacional, podría llegar a producir una crisis internacional.[220]

---

220 Ibídem., p. 51–53.

4.2.11 Técnicas de blanqueo de capitales

Existen múltiples operaciones para realizar el blanqueo de capitales o "lavado de dinero" como popularmente se denomina. Como continuación con el párrafo anterior, donde se formalizarían todos los requisitos y condiciones para realizar las transacciones de forma lícita y, debidamente comprobados todos sus extremos, para llevar a cabo las operaciones bancarias no existirá situación de ilegalidad y seria el procedimiento adecuado y corriente. Sin embargo, la realidad demuestra que esto no ocurre en la totalidad de los casos, y ante el contínuo flujo de operaciones que se producen de forma simultánea, existen algunas de ellas cuya transparencia no es tan evidente.

Analizadas estas operaciones bajo los aspectos del blanqueo de capitales, las notas que caracterizan este canal son las siguientes:

1. Ausencia de controles. El elevado número de operaciones dificulta la posibilidad de implementar unos controles y medidas preventivas que puedan servir de barrera a las actividades delictivas.

2. Las operaciones se realizan con información escasa y sujeta a una serie de códigos, lo que facilita el tratamiento informático y automatización de procesos, pero elimina, casi por completo, aquellos datos esenciales para analizar adecuadamente los movimientos.

3. Como consecuencia de lo anterior, el sistema financiero de un país puede favorecer los movimientos de capitales entre otros territorios, aportando estándares de control y calidad ficticios, evitando que los destinatarios conozcan el proceso completo de la transferencia.[221]

Además de las transacciones bancarias, descritas anteriormente, existen otras modalidades de blanquear capitales como son los casinos, donde las organizaciones criminales tienen una elevada presencia, la adquisición de boletos de la lotería que han resultado premiados, y otros.

Dentro del ciberespacio también se encuentran diversas técnicas para el blanqueo de capital virtual. *Una*, consiste en la utilización de las denominadas *mulas* para el envío de dinero, que hacen referencia a los usuarios de Internet que tienen o abren cuentas bancarias, a través de la página *web* con la finalidad de realizar alguna transacción bancaria desde su domicilio. Situación que es aprovechada para transferir su cuantía a las cuentas de los cibercriminales.

---

221 Ibídem., p. 54.

Y, *otra* de estas técnicas, es la obtención de divisas por medios de los juegos *on line*. Este sistema consiste en que el dinero real o físico se intercambia por dinero virtual para participar en los juegos. Esta actividad delictiva suele utilizarse en los casinos, donde se entra con una cantidad de dinero ilícito invirtiendo todo o parte de ese capital en adquirir un número determinado de fichas para su juego. Al terminar el jugador cambia las fichas por la cantidad equivalente a su valor y solicitando por parte del casino la confirmación de que dicha transacción procede del juego, con lo que queda legalizado su origen al haberlo obtenido en un lugar legal establecido.[222]

Dentro de las técnicas enunciadas como son los *juegos de azar*, como los casinos y la lotería, que constituyen unas de las formas más tradicionales para el blanqueo de capitales, conviene mencionar que, con el transcurso de los años y el crecimiento y aparición del ciberespacio se han ido incrementando e integrando nuevas modalidades delictivas.

El método de los casinos, ya referenciado, es un método muy recurrente por organizaciones criminales. Con respecto a los décimos de lotería, permite ignorar la procedencia de ese dinero ilícito, al no saber su comprador ni quién canjea el boleto, lo que permite fácilmente el blanqueo de capitales.

El método de los boletos premiados se puede realizar con grandes o pequeñas sumas. El primer supuesto, consistiría en que el blanqueador contactaría con el poseedor del boleto premiado, al que le ofrecerá una determinada cantidad pactada entre ambos, que consistiría en la cantidad premiada y una cantidad a mayores, o de forma inversa, que el poseedor no quisiera pagar los impuestos del gravamen especial sobre premios de loterías y apuestas. Esta se haría con boletos de pequeñas cantidades con un límite de 2.500 euros, como pago en efectivo, siempre que una de las partes actúe como empresario o profesional, con los establecimientos de loterías. Así, los blanqueadores compran los décimos premiados dirigiéndose directamente a los establecimientos de venta de loterías para canjear los boletos premiados inferiores a 2.500 euros.

Compra-venta en efectivo de bienes de gran valor. La compra-venta de bienes inmuebles viene realizándose desde hace décadas en España con la compra de bienes inmuebles en zonas turísticas de nuestro país como en la Costa Brava, Costa del Sol y otras zonas, donde las organizaciones criminales han realizado fuertes inversiones adquiriendo numerosos inmuebles, lo que unido al número de turistas de la zona que optan igualmente por la compra de inmuebles, hace que el blanqueamiento de

---

222 MIRÓ LLINARES, Fernando, El cibercrimen. Fenomenología y criminología de la delincuencia en el ciberespacio, Derecho Penal y Criminología, Marcial Pons, Ediciones jurídicas y sociales, S.A., Madrid, 2012, p. 83, citado en ÁGUILA SÁNCHEZ, Miguel Ángel, Tipos y Formas de delincuencia, Editorial Universitas, Madrid, 2013, pp. 273–274.

capital resulte más fácil de inscribirlo en el registro de la propiedad, con una cantidad inferior a la acordada para después el resto pagarlo en dinero "negro", y después lo venderá por un precio superior alegando mejoras realizadas en el inmueble para blanquear el dinero anteriormente pagado en "negro".[223]

Utilización de empresas fantasmas y emisión de facturas falsas. Estas estrategias permiten justificar ingresos y movimientos de fondos que, en realidad, proceden de actividades delictivas. Tiene lugar cuando se crea una apariencia de legalidad, insertando los ciberdelincuentes el dinero en el sistema económico sin levantar sospechas en un primer momento.

Existen varias formas para poner en práctica este método delictivo:

- ▶ "Uso de negocios sin actividad real". Es decir, la creación de empresas fantasma, consistente en negocios que existen legalmente pero que no desarrollan ninguna actividad económica real. La finalidad de estas entidades consiste en mover dinero ilícito simulando ingresos legales.

  Las empresas suelen estar registradas con estructuras aparentemente legítimas, pero no cuenta con personal, instalaciones ni operaciones comerciales verificables. Su actividad consiste en la emisión de facturas falsas, o realizar movimientos de dinero o transferencias encubriendo el verdadero origen de los fondos.

- ▶ "Simulación de transacciones comerciales". Consiste en crear operaciones ficticias entre empresas para realizar el movimiento de dinero ilícito como si procediera de una actividad económica legal. Estas transacciones falsas facilitan el movimiento de grandes sumas de dinero entre empresas bancarias sin despertar en principio sospecha alguna.[224]

  Criptomonedas y blanqueo digital. El auge de las criptomonedas, debido a su carácter descentralizado, ha abierto una nueva vía de blanqueo de capitales, permitiendo operar de forma anónima y contando con una falta de regulación en algunas plataformas de intercambio.

- ▶ "Uso de *bitcoin* y otras criptomonedas para ocultar el origen del dinero". Las criptomonedas como *bitcoin* permiten realizar transacciones

---

223 DOMÍNGUEZ JUANES, Juan, El blanqueo de capitales, Universidad de Valladolid, Facultad de Ciencias Sociales, Jurídicas y de la Comunicación, Grado en Derecho, Valladolid, 2020.Se encuentra disponible en: https://uvadoc.uva.es/bitstream/handle/10324/42285/TFG-N.%201289.pdf?sequence=1, pp. 26–27.

224 GARCÍA, Chema, Métodos más utilizados para el blanqueo de capitales y como detectarlos, Cursosfemxa.es de 26 de marzo de 2025. Disponible en: https://www.cursosfemxa.es/blog/metodos-blanqueo-capitales.

entre usuarios sin la necesidad de intermediarios financieros. Los ciberdelincuentes pueden convertir dinero en efectivo en criptomonedas a través de las plataformas de intercambio, enviándolas a otras billeteras digitales, para reconvertirlo en dinero fiduciario. Sin que aparezca rastro alguno de la procedencia de los fondos.

▸ "Plataformas de intercambios no reguladas". También conocidas como *exchanges* sin supervisión, constituyen un riesgo significativo en materia de blanqueo de capitales. Al no tener un control en la identificación de los usuarios ni a políticas de prevención, las operaciones gozan de un alto grado de anonimato.[225]

Paraísos fiscales y cuentas offshore. Estas jurisdicciones cuentan con una baja o nula tributación, contando con un alto nivel de secreto bancario, lo que provoca una dificultad para desarrollar la trazabilidad de la actividad delictiva, evitando la supervisión de las autoridades financieras y fiscales.

Los ciberdelincuentes pueden mover grandes cantidades de capitales sin dejar rastro alguno de la trazabilidad de los movimientos, fundamentado en la falta de transparencia y en la escasa colaboración a nivel internacional en alguna de estas jurisdicciones, dificultando la recuperación de los activos.

▸ "Transferencias a bancos en jurisdicciones con baja regulación". La utilización de los paraísos fiscales supone un lugar idóneo para las transferencias de fondos a las entidades bancarias por parte de las organizaciones criminales, al contar estos países con una regulación financiera laxa y de una escasa cooperación internacional. Todo ello unido a la confidencialidad bancaria hace que la titularidad de los depositarios dificulte su identificación y el origen del dinero depositado.

▸ "Empresas pantalla en países con secreto bancario". Las empresas pantalla tienen como finalidad ocultar la identidad de los propietarios del dinero y desviar la atención de su origen. Su función consiste en canalizar fondos, emitir facturas falsas o servir como titulares de cuentas bancarias y activos en el extranjero, sin dejar rastro hacia las personas implicadas.[226]

225 Cfr., GARCÍA, Chema, Métodos más utilizados para el blanqueo de capitales y como detectarlos, Cursosfemxa.es de 26 de marzo de 2025. Disponible en: https://www.cursosfemxa.es/blog/metodos-blanqueo-capitales.

226 Ibídem., GARCÍA, Chema, Métodos más utilizados para el blanqueo de capitales y como detectarlos, Cursosfemxa.es de 26 de marzo de 2025. Disponible en: https://www.cursosfemxa.es/blog/metodos-blanqueo-capitales.

4.2.12 Mecanismos de detección del blanqueo de capitales

La detección del blanqueo de capitales resulta compleja al tener que realizar un análisis de múltiples indicadores, comportamientos inusuales y patrones financieros que puedan despertar sospechas.

Los indicadores de alerta en transacciones financieras no constituyen una prueba definitiva, pero sí pueden ser considerados como una señal de alerta que requiere de un análisis más pormenorizado y, en su caso, la comunicación al SEPBLAC (Servicio Ejecutivo de la Comisión de Prevención del Blanqueo de Capitales e Infracciones Monetarias).

Estos indicadores de riesgo incluyen:

- ▶ Movimientos de grandes cantidades de dinero sin una justificación económica aparente.

- ▶ Repetición de ingresos por debajo del control de umbral obligatorio.

- ▶ Operaciones realizadas en efectivo con frecuencia inusual.

- ▶ Transferencias a paraísos fiscales o desde paraísos fiscales.

El desarrollo de las nuevas tecnologías ha facilitado automatizar la identificación de las operaciones sospechosas, reduciendo los errores humanos, y aumentando la eficacia de los controles internos en las entidades financieras.

Entre las herramientas más utilizadas están los programas de análisis de transacciones, los sistemas de gestión del riesgo basado en la Inteligencia Artificial y las plataformas de cumplimiento normativo, cruzando datos en tiempo real con listas de sanciones, países de riesgo o personas expuestas políticamente.[227]

4.3 CIBERTERRORISMO

Las nuevas tecnologías han supuesto para las organizaciones terroristas un medio de propaganda entendida esta como una fuente de información, ideas, doctrinas o apelaciones que están especialmente enfocadas para influenciar en la opinión,

---

227 Ibídem., GARCÍA, Chema, Métodos más utilizados para el blanqueo de capitales y como detectarlos, Cursosfemxa.es de 26 de marzo de 2025. Disponible en: https://www.cursosfemxa.es/blog/metodos-blanqueo-capitales.

emociones, actitudes y el comportamiento sobre grupos específicos alentando ideas o mensajes para atraer súbditos a la causa.

El fenómeno de la globalización ha resultado decisivo para la dinámica de transnacionalización del terrorismo, que ha ido progresivamente adecuando sus métodos a través de Internet. Los numerosos conflictos sociales que tienen lugar en el mundo, unido a las numerosas revueltas políticas en muchos países dan lugar a la insatisfacción de la población provocando disturbios y altercados que desembocan en una inestabilidad en la zona y, dando lugar, a atentados de carácter político, religioso, tribales, fronterizos, etc.

La Red ha sido utilizada por anarquistas, nacionalistas separatistas y neofascistas para la apología de la violencia, siendo extendido su uso progresivo a las organizaciones terroristas. Uno de los grupos más activo será por parte de los yihadistas, en un primer momento será tema de discusión interna entre sus miembros, antes del atentado del 11S, al considerar que el activismo cibernético pudiera ser compatible o no con los principios fundamentales del islam.

El ciberespacio se ha convertido en un marco idóneo para las acciones de los grupos terroristas que han puesto a su disposición sus intereses tácticos y estratégicos que le proporciona la Red, con escasa regulación y control gubernamental, anonimato, rapidez en la transmisión de información para sus acólitos, y acceso a la opinión pública, lo que redunda en un amplio control de los recursos tecnológicos para adecuarlos a sus operaciones terroristas.[228]

La comunicación ha experimentado un crecimiento exponencial a través de múltiples mensajes reivindicando masacres que se han venido produciendo desde finales del siglo XX y, dotando a estos de una rapidez de transmisión más rápida para asumir su autoría: acciones anteriores al 11S (11 de septiembre de 2001) se reivindicaban en semanas o meses, pasando a reivindicarse en tiempo real.[229]

El concepto de ciberterrorismo, en ocasiones, ha sido tratado por algunos autores afirmando que poseen idénticas connotaciones con la ciberdelincuencia. Es cierto, que los ciberterroristas en algunas de sus acciones incurren en actos delictivos dentro de la Red, pero la causa y la finalidad, tiene unos motivos y beneficios diferentes entre sí.

La principal diferencia entre cibercrimen y ciberterrorismo radica en que en el cibercrimen las acciones están dirigidas a conseguir un beneficio económico.

---

228 MERLOS, Alfonso, Terror.com, Irak, Europa y los nuevos frentes de la Yihad, Ediciones Universidad de Navarra, S.A. (EUNSA), Navarra, 2008, p. 111.

229 Ibídem., p. 113.

Mientras, que el ciberterrorismo pretender ocasionar el máximo daño posible a la población por razones políticas o religiosas.[230]

El ciberespacio se ha convertido en un foco de atracción no solo para la ciberdelincuencia, sino que también encuentra su espacio y acomodo el ciberterrorismo. Organizaciones terroristas como Al Qaeda, Hamás, Hezbollah, GIA (Grupo Islámico Armado), hacen uso de la Red con tecnologías informáticas de cifrado para mantener y establecer contacto entre sus células.[231]

La guerra de Gaza comenzaría el 7 de octubre de 2023. Ese día grupos armados de milicianos palestinos, compuesto principalmente de Hamás y de la Yihad Islámica Palestina, lanzaron un ataque contra Israel desde la Franja de Gaza. Los combates rápidamente se extenderán a otros escenarios. En Cisjordania, aumentaría la violencia de los colonos israelíes contra la población civil palestina. En la frontera israelí-libanesa, el ejército de Israel se enfrentará con la milicia chií Hezbollah. En el Mar Rojo, los hutíes comenzarán ataques contra barcos con destino a Israel, y Estados Unidos y Reino Unido, responderán con ataques contra objetivos hutíes.

El grupo islámico Hamás utilizará la Red para compartir comunicación operacional convirtiéndola en un sistema de armamento. Las salas de *chats* sirven para planear operaciones y como sistema de coordinación entre sus acólitos en Gaza, Cisjordania y Líbano. Las células de Al Qaeda y de estos grupos terroristas cuentan con grandes bases de datos que contienen objetivos estratégicos para realizar sus acciones terroristas.

Los grupos terroristas utilizan la Red para el reclutamiento, adiestramiento, financiación y, como fuente de información entre sus células, para coordinar y ejecutar sus acciones terroristas atrayendo a su causa más adeptos involucrándoles en su doctrina orientada principalmente contra el mundo occidental.

4.3.1 Comunicación y propaganda

Internet y en especial la *World Wide Web* (WWW, conocida como la *Web*, constituye un sistema de intercambio de información que funciona a través de Internet. Es una red de páginas *web* interconectadas que permiten a los usuarios acceder a una gran cantidad de datos y recursos) ha dado la oportunidad a los terroristas de

---

230 Cfr., SÁNCHEZ MEDERO, Gema, Ciberespacio y el Crimen Organizado. Los nuevos desafíos del siglo XXI, Facultad de Ciencias Políticas y Sociología, Universidad Complutense de Madrid, Madrid, 2012, p. 74.

231 Op.cit., ÁGUILA SÁNCHEZ, Miguel Ángel, Tipos y Formas de delincuencia, Editorial Universitas, Madrid, 2013, p. 285.

establecer nuevos lazos de comunicación y de expandir de forma exponencial sus doctrinas e ideas a cualquier parte del mundo en tiempo real, sirviendo como base de adoctrinamiento, intercambiar comunicación, difundir propaganda, recaudar fondos, coordinar sus acciones terroristas, reivindicar sus actuaciones y, con su presencia permanente en la Red, consigue una guerra psicológica que le mantiene en un primer plano en las redes.[232]

La expansión virtual va a suponer un crecimiento del terrorismo internacional de límites insospechados coexistiendo igualmente con el terrorismo tradicional lo que supone un incremento de las acciones terroristas y, en consecuencia, de un estado de alarma que sume a la población en una inseguridad y en un constante desasosiego psicológico.

El terrorismo ha sabido adaptarse e introducirse a las iniciales páginas *web* que aparecieron. Posteriormente, recurrieron a la presencia de determinados foros como *PalTalk*, plataformas de contenido multimedia del estilo de *YouTube*, y de redes sociales como *Facebook* o *Twitter*, para seguir adaptándose a nuevas apariciones tecnológicas con aplicaciones cifradas alcanzando una mayor seguridad y a un número ilimitado de seguidores, destacando *Telegram* o *TrueCrypt*, si bien las restricciones impuestas a estas aplicaciones han hecho que surjan nuevas tendencias.

Asimismo, los terroristas se han ido desplazando hacia la *deep web* (red profunda, es la parte de Internet que no está indexada por los motores de búsqueda tradicionales, como *Google*. Posee una gran cantidad de información, incluyendo bases de datos privadas, redes académicas, intranets y contenido protegido con contraseñas. No es ilegal por sí misma, pero requiere acceso específico –contraseña, *software*, etc.–) consistente en una parte de Internet que tiene unas quinientas veces más capacidad que la *web* superficial y a cuyo contenido no se puede acceder mediante los buscadores tradicionales como *Google*, *Yahoo* o *Bing*.[233]

Internet para las organizaciones terroristas ha supuesto, asimismo, un abaratamiento en sus medios de comunicación además de una mayor interconexión entre sus miembros. Los desplazamientos físicos ya no resultan necesarios, lo que redunda en una mayor rapidez de comunicación y les proporciona una seguridad entre sus miembros para realizar sus estrategias de planificación, utilizando los mensajes de correo electrónico como principal herramienta de intercambio entre sus facciones. Aunque, conviene resaltar que los grupos terroristas hacen uso de determinadas

---

232 MONTES NOBLEJAS, Diego, A vueltas con el terrorismo e Internet: hacia una definición de ciberterrorismo, Revista de Derecho UNED, número 27, Madrid, 2021, p. 719. Disponible en: http s://revistas.uned.es/index.php/RDUNED/article/view/31102.

233 Ibídem., p. 720.

técnicas con el fin de evitar la interceptación de sus mensajes como la *estenografía* –permite el ocultamiento de mensajes u objetos, dentro de otros, denominados "portadores", impidiendo percibir su existencia–, la *encriptación* –codifica o cifra una información de forma que no sea ininteligible para cualquier intruso, aunque sepa de su existencia– y los *semáforos rojos* –es un cambio de color de una imagen o del fondo de una fotografía en una página preestablecida convirtiéndose en un signo o en una señal que esconde un significado entre los terroristas en su comunicación interna–.

Utilizan múltiples métodos de comunicación, si bien, uno de los que resulta más creativo es el establecimiento de comunicaciones a través de cuentas de correo electrónico con nombres de usuarios y claves compartidas. Una vez establecidas las claves, los terroristas se las comunican por medio de *draft, messages* o borradores. El sistema consiste en que el emisor escribe un mensaje en esa cuenta y no lo manda, archivándolo en el borrador, y el destinatario, abre el mensaje, y una vez leído lo destruye, evitando su interceptación. Estos comunicados se realizan en buzones de espacios públicos, lo que hace imposible la identidad de quién ha sido el usuario que ha accedido en un momento determinado a un ordenador concreto.[234]

La funcionalidad que ofrece Internet a las organizaciones terroristas es inmensa ya que les proporciona una serie de características propias como son la transnacionalidad, la descentralización, la deslocalización, y una neutralidad, basada en el espacio virtual que le proporciona una globalización a nivel mundial para la ejecución de sus actividades terroristas, para poder incrementar sus objetivos de manera más anónima pudiendo incrementar el número de potenciales objetivos.

Asimismo, el espacio cibernético, cuenta con unas ventajas con respecto a otros métodos de ataque, ya que este atesora una mayor maleabilidad con menor peligro frente a otros materiales que pueden resultar más peligrosos en su utilización como –nucleares, químicos o biológicos– así como su manejo a distancia sin tener que realizar la manipulación de explosivos o cometer "ataques suicidas", lo que contribuye al interés por parte de algunos adeptos a la "causa", pero que muestran su disconformidad con los métodos mortales.[235]

El campo de actuación del terrorismo de carácter *yihadista* es muy amplio ya que consideran Internet como una herramienta de comunicación segura

---

234 Cfr., SÁNCHEZ MEDERO, Gema, Ciberespacio y el Crimen Organizado. Los nuevos desafíos del siglo XXI, Facultad de Ciencias Políticas y Sociología, Universidad Complutense de Madrid, Madrid, 2012, p. 76.

235 Op. cit., MONTES NOBLEJAS, Diego, A vueltas con el terrorismo e Internet: hacia una definición de ciberterrorismo, Revista de Derecho UNED, número 27, Madrid, 2021, p. 721. Disponible en: https://revistas.uned.es/index.php/RDUNED/article/view/31102.

proporcionándoles una gran rapidez para la coordinación operacional, dotándoles de una mayor divulgación de sus mensajes y, asimismo, proporcionándoles un anonimato inicial que reporta en beneficio de sus atentados terroristas.

Incluso se da la circunstancia de que personas ajenas a la organización terrorista, e incluso, no simpatizantes de las creencias políticas o religiosas de los terroristas, han colaborado en ciertos actos aportando sus conocimientos informáticos para la realización de determinadas operaciones que no contaban con los conocimientos necesarios para el desarrollo de la operación. Algunos de estos "yihadistas virtuales" son captados por los grupos terroristas para llevar a cabo lo que se denominaría la "yihad mediática".[236]

La comunicación como medio de conexión entre los grupos terroristas a través de los mensajes, correos electrónicos y otros métodos ya expuestos, resultan fundamentales para el desarrollo y ejecución de sus acciones. Pero Internet abre a estas organizaciones terroristas un campo enorme para la publicidad con la finalidad de atraer la atención, no solo de sus adeptos, sino asimismo, la del público, en general. Anteriormente, a la llegada de Internet los grupos terroristas no podían hacer alarde de sus acciones violentas si no conseguían atraer hacia su "causa" a los medios de comunicación: televisión, radio, prensa escrita.

Todas las organizaciones terroristas han encontrado su hábitat natural para exponer sus dogmas, creencias o ideas políticas o religiosas, donde expandir e imponer sus postulados. Además de las páginas *web* los grupos terroristas vienen utilizando los foros, con el objeto de evitar los inconvenientes de la inestabilidad de sus *webs* oficiales.

La propaganda no solo sirve como medio de divulgación para su "causa" sino que puede ser incluso utilizada como "guerra psicológica" al manejar la Red para expandir noticias falsas o equívocos sobre determinadas situaciones, realizar amenazas, divulgar imágenes de sus acciones, la exposición de rehenes, y otras informaciones, que a través de su divulgación lo que pretende es atraer la atención a su "causa", a la vez que demuestran según sus mensajes la indefensión en que se encuentra la sociedad occidental.

La pertenencia al "espacio común" que supone Internet para los internautas, ha propiciado un volumen de intercambio de información infinita, tanto para los grupos terroristas, como para el público, en general. En un primer contacto, eran las plataformas digitales ajenas al movimiento *yihadista* las que buscaban la atención de cualquier grupo de la *yihad* para divulgar sus contenidos.

---

236 Op.cit., ÁGUILA SÁNCHEZ, Miguel Ángel, Tipos y Formas de delincuencia, Editorial Universitas, Madrid, 2013, p. 287.

En la actualidad, sucede a la inversa son las propias organizaciones terroristas las que buscan captar la atención de estas plataformas para transmitir sus mensajes. Un ejemplo de esta afirmación lo constituye el grupo *yihadista* somalí *Shabaab-al Mujahideen*. Esta organización ha pretendido proyectar la idea de que Somalia se ha convertido en el principal y único que combate por la imposición de la *sharia* y la ocupación de "los cruzados" (tropas etíopes).

Las redes *yihadistas* han declinado la posibilidad de establecer una *site* (sitio *web*) oficial debido al esfuerzo que representaría su implantación y confección, por lo que optara por la alternativa de la *web* 2.0 cuyo sistema consiste en portales *web* basados en la colaboración y el intercambio de información entre todos los usuarios de la Red.

La ventaja de esta vía de distribución frente al intercambio de ficheros P2P (*peer to peer*) es la mayor rapidez que posee en la transferencia de datos, y fundamentalmente, por un grado superior en cuanto a seguridad y anonimato en la transferencia de archivos de ordenador a ordenador.[237]

Las organizaciones terroristas son conocedoras de que una publicidad con fuerza que proclame su imagen, mostrando el poder de sus acciones criminales y sus logros tácticos, puedan proyectar una imagen de poder que difunda y justifique su ideología, dando un comunicado a la población de una ambición infinita en lograr sus objetivos.

La propaganda de imágenes, vídeos o audios, manifiestan la capacidad del grupo terrorista con lo que cuenta para la realización de actos criminales, publicar declaraciones con sus intenciones y dar a conocer los apoyos con los que cuenta para hacer efectiva su amenaza.

El auge de las organizaciones terroristas en los inicios del siglo XXI, con grupos como el Estado Islámico, también denominado EI, EIIL o Daesh, escisión de Al-Qaeda, alcanzara gran notoriedad y expansión con la aparición de las nuevas tecnologías. El surgimiento de las redes proporcionará una fuente de propaganda a estos grupos terroristas que supondrá una fuente de canalización en la captación de acólitos a la causa ocasionando un estado de desestabilización en el mundo occidental que verá quebrantada su estabilidad ante los continuos mensajes amenazantes de las organizaciones terroristas y de las acciones terroristas contra sus ciudadanos.

La canalización de la propaganda terrorista se ha focalizado como la infraestructura más utilizada resultando como más importantes las siguientes:

1. *Sitios web*. Este cauce informativo será el primero por el que se darán a conocer los grupos terroristas. Este sistema de comunicación ponía a

---

237 Ibídem., p. 288.

disposición de sus seguidores un conjunto de recursos, como revistas, vídeos, etc., donde podían visualizar o descargar la información. Más tarde, y con aparición y auge de las redes sociales, las páginas *webs* irán perdiendo presencia y permitiendo la descentralización de la información.

2. *Redes sociales y aplicaciones de mensajería instantánea.* A través de las redes sociales existentes, como Facebook y Telegram, especialmente esta última, las organizaciones terroristas han ido creando sus perfiles por la seguridad y la privacidad que ofrece mediante el cifrado completo y la eliminación de los mensajes en pocas horas.

   En la actualidad, se considera que las redes sociales constituyen la puerta de entrada de los jóvenes al terrorismo, suponiendo el medio de conexión entre las organizaciones terroristas y sus seguidores. Una de sus características reside en la inmediatez de su comunicación y de interactuar con otros individuos por las aplicaciones de *chats* de que disponen.

3. *Foros y chats.* Esta plataforma tiene la particularidad de mantener al grupo con una información actualizada y servir como enlace a usuarios que, aunque no estén integrados en el grupo, pueden compartir un pensamiento común con su ideología y facilitar métodos, técnicas o conocimientos operacionales para la ejecución de actos terroristas.

   No obstante, para acceder a ellas, se hace necesario el uso de claves de acceso como sistema de seguridad que son remitidas por algún miembro de la organización cuando ha podido comprobar que dicho usuario ofrece las garantías suficientes de fiabilidad y considera que puede reportar algún beneficio a la organización.

   Estas restricciones de acceso van encaminadas a evitar infiltraciones por parte de los cuerpos policiales que puedan acceder al sistema para de esta forma ser identificados y, en consecuencia, dejar de ser operativos a través de la red dejando el foro de funcionar. Aunque conviene resaltar que en caso de ser sorprendido alguno de sus miembros, el resto del grupo puede continuar con sus funciones. Es decir, que no finaliza su funcionamiento ya que son ramas independientes, en cuanto a su funcionamiento, a pesar de tener una dependencia de información general por parte de la organización.[238]

---

238 TAMARIT SUMALLA, Josep María, y GUIRAO CID, María del Carme, Ciberterrorismo. Concepto y aproximación al fenómeno, Universitat Oberta de Catalunya, Barcelona, 2020, pp. 18–19. Se encuentra disponible en: https://openaccess.uoc.edu/bitstream/10609/150222/1/CiberterrorismoConceptoYAproximacionAlFenomeno.pdf.

4. *Videojuegos*. Las posibilidades audiovisuales proporcionan emular o posibilitar situaciones socioculturales del mundo real al virtual. Consiste en que el autor se cree su propio "yo" como elemento gráfico y lo represente en el juego.

Existen gran variedad de videojuegos, si bien, los más característicos y utilizados por los grupos terroristas son los de temática bélica con la intención de captar al mayor número de seguidores. Algunas organizaciones terroristas incluso han creado o modificado sus propios videojuegos haciéndoles más personalizados hacia la causa *yihadista*.

Al tratarse de un videojuego, es decir, no perteneciente al mundo real, sabe que la violación de las normas no le reportara ningún castigo real, lo que aleja al jugador del coste real teniendo en cuenta su conducta si se hubiera realizado en el mundo fuera de línea.

5. *Revistas en línea*. Las opciones multimedia suponen para las organizaciones terroristas un medio ideal para difundir su ideología y para la captación de nuevos adeptos. En las revistas:

Tienen la oportunidad de exponer nuevos manifiestos que capten la atención de sus seguidores manteniéndoles informados de forma puntual.

Se publican cartas o testamentos de los muyahidines muertos por el "enemigo" con la finalidad de ensalzar su acción y de banalizar la muerte.

Se realizan comunicados contra los "enemigos" y se explica cómo elaborar explosivos o la utilización de cualquier otro medio para realizar actos de terrorismo en sus países de residencia.

Estas publicaciones son de fácil acceso y atraen la atención y el seguimiento de los lectores ya que su contenido resulta atractivo por la forma en que está expuesto y elaborado en diversos idiomas como el inglés, francés, ruso y, por supuesto, en árabe.

6. *Nasheed*. Este género musical musulmán consiste en cantar a capela acompañado de un instrumento musical en un enlace matrimonial algún poema o parte de él. Sin embargo, y tras la autoproclamación del Estado Islámico, por parte del Dáesh, se han convertido en auténticos himnos para los simpatizantes de la ideología *yihadista*, con la finalidad de la movilización y radicalización de sus oyentes.

A diferencia de las *nasheeds* originales, las actuales son cantadas por coros de voces masculinas repitiendo narraciones de tipo bélico (*nasheeds* de batalla), narraciones de conmemoraciones de un mártir caído en combate con el "enemigo" (*nasheeds* de martirio) o narraciones de ensalzamiento de los muyahidines (*nasheeds* de alabanza).

La intención es conseguir la atención del receptor como si se tratara de un disco comercial habiendo sido manipulada por programas informáticos.[239]

4.3.2 Financiación de los grupos terroristas

La financiación supone para las organizaciones terroristas una fuente de financiación primordial para recaudar fondos para la "causa". Al igual que sucede con otras organizaciones criminales. Cuentan con páginas *web* donde a través de sus comunicados y mensajes solicitan donaciones a sus simpatizantes. Un caso, es Hamás, donde ha recaudado dinero a través de una organización benéfica con sede en Texas, La Fundación Tierra Santa para la Ayuda.

También se están valiendo de Internet para realizar extorsiones a grupos financieros, transferir dinero, efectuar ventas falsas de productos, y otras actividades delictivas.[240]

4.3.3 La captación de los seguidores o súbditos

La Red constituye una fuente de captación de seguidores a nivel global de suma importancia. Las organizaciones criminales en su rastreo por Internet van recogiendo información de los perfiles de usuarios que pueden atraer su atención y comenzar a enviar mansajes para de alguna forma intentar atraer al mayor número de usuarios a su "causa".

Una vez conseguida la información de los usuarios que navegan por sus redes comienzan a contactar con los que consideran pueden ser atraídos o llamados para cooperar o participar en sus acciones terroristas.

Los grupos terroristas cuentan en sus páginas *web* como servir a la *yihad*. La captación ya no precisa de un contacto físico entre los simpatizantes del movimiento, donde la Red ha minimizado estos acercamientos dotando a Internet de los mecanismos necesarios para su integración y adiestramiento. Las páginas *web* de las organizaciones terroristas se ofrecen desde la forma de pertenecer o integrarse en la organización hasta la preparación de artefactos explosivos y la ubicación donde cometer los atentados terroristas.

---

239 Ibídem., pp. 20–21.

240 Op. cit., SÁNCHEZ MEDERO, Gema, Ciberespacio y el Crimen Organizado. Los nuevos desafíos del siglo XXI, Facultad de Ciencias Políticas y Sociología, Universidad Complutense de Madrid, Madrid, 2012, p. 75.

La creación de este espacio virtual *yihadista* ha transformado la concepción de grupo terrorista, entendido este como la composición de dos o más terroristas, hasta convertirse en células independientes entre sí, que pueden actuar de forma solitaria, lo que se vienen denominando "lobos solitarios" hasta en grupos siguiendo las directrices del líder espiritual.

La corriente *Takfir wal Hijra* (Anatema y Exilio) consiste en el grupo reducido al que se le permite no cumplir los preceptos del islam para no focalizar la atención de los occidentales donde desarrollan su actividad diaria. Estos *yihadistas* de tendencia *takfirista* se incorporan a las tendencias occidentales donde residen con la intención de pasar desapercibidos para los cuerpos policiales y su entorno más próximo.

Estos seguidores para continuar con su actividad terrorista se apoyan en técnicas de engaño para infiltrarse en las sociedades occidentales eludiendo el control de servicios de información basándose en la *taqiya* y el *kitman*. Estos conceptos fundamentales de la doctrina social del Corán dice que los musulmanes permiten actuar con ocultación y en la intimidad sus convicciones más profundas siempre que vayan encauzadas a doblegar a falsos creyentes, judíos o cristianos (*taqiya*) y reservar para su fuero interno sus intenciones mas malévolas (*kitman*).[241]

4.3.4 Adoctrinamiento

La presencia de Internet supone para las organizaciones terroristas un medio de formación para sus seguidores donde publicar todos sus comunicados pudiendo emitir mensajes con el contenido que la organización considere necesarios para ofrecer nuevas oportunidades y la manera de ser percibidos, pudiendo manipular su contenido ensalzando la ideología e ideas del grupo y demonizando a sus enemigos.

Además de Internet, los foros suponen otro medio de seguimiento y adoctrinamiento donde miembros de la organización terrorista se registran utilizando estas plataformas para anunciar nuevos comunicados y materiales.

La versatilidad de la Red ha propiciado que las organizaciones terroristas encuentren un medio de formación para formar a sus acólitos, tanto en su ideología y creencias, como en la fabricación de explosivos para la realización de sus atentados terroristas, a través de manuales o materiales de información en varios idiomas y con instrucciones detalladas para su confección.

---

241 Cfr., ÁGUILA SÁNCHEZ, Miguel Ángel, *Tipos y Formas de delincuencia*, Editorial Universitas, Madrid, 2013, p. 286.

4.3.5 El uso de Internet y su radicalización en la Red

El contacto permanente en Internet permite intensificar y agilizar el proceso disminuyendo el tiempo necesario para difundir la ideología y el contacto permanente con sus agentes radicalizadores.

A este fenómeno se le ha denominado "adoctrinamiento exprés". Por lo que la ciberradicalización no debe ser considerado como un proceso paralelo a la aparición de las TIC, sino que son las propias organizaciones las que se han encargado de redefinirlas (Grabosky, 2001).[242]

La propaganda a través de la Red de los grupos terroristas puede tener en el receptor diversas consideraciones. Entre las más representativas pueden citarse las siguientes:

1. **Teoría del impacto directo** (Katz y Lazarsfeld, 1995). Según diversas organizaciones terroristas, entre ellas el Daesh (Estado Islámico de Irak y Siria), intenta alcanzar con sus producciones la máxima calidad cuidando sus planos, secuencias, iluminación, vestimenta, etc., o bien, introducen efectos especiales o *nasheeds* —es un canto a capela de temática religiosa llevada a cabo por los seguidores del credo mahometano. Las organizaciones terroristas lo utilizan para publicitar sus acciones, y a la vez, reclutar nuevos adeptos—. Las filmaciones tratan de asemejarse a la estética de los videojuegos y de las películas estilo Hollywood.

2. **Teoría del doble flujo de comunicación** (Katz y Lazarsfeld, 1995). Esta teoría mantiene que para conseguir su objetivo, no basta solo con difundir el mensaje impactando en el destinatario, sino que se precisa además, la existencia de otro individuo físico que transmita la misma información. Asimismo, recoge la importancia que mantiene el sujeto con su grupo de pertenencia o familiares.

3. **Teoría de los usos y gratificaciones** (Katz, Blumer y Gurevitch, 1973). Esta sostiene que, a diferencia de las anteriores, que el efecto no viene motivado por el medio sino que es el propio consumidor quién lo genera. Es decir, que el receptor deja de ser un sujeto pasivo para convertirse en activo, ya que interacciona e interpreta el mensaje propagandístico que recibe.

---

242 Cfr., TAMARIT SUMALLA, Josep María, y GUIRAO CID, María del Carme, Ciberterrorismo. Concepto y aproximación al fenómeno, Universitat Oberta de Catalunya, Barcelona, 2020, p. 28. Se encuentra disponible en: https://openaccess.uoc.edu/bitstream/10609/150222/1/Ciberterrorism oConceptoYAproximacionAlFenomeno.pdf.

Los medios propagandísticos generados por las propias organizaciones terroristas pugnan por atraer la atención del mayor número de seguidores hacia su fuente de información, con la finalidad de conseguir el monopolio en la Red. Se podría afirmar que la rivalidad *offline* entre organizaciones terroristas se ha generalizado al mundo *online*.[243]

A partir de los atentados a las Torres Gemelas y el Pentágono, el 11 de septiembre de 2001, en Estados Unidos, se ha tenido constancia de la existencia de procesos de adoctrinamiento yihadista. Las TIC han supuesto una modalidad patente en el proceso de captación a través de Internet, sin la necesidad de presencia física entre los actuantes. Aunque, la radicalización sigue teniendo un mayor poder de captación mediante el contacto físico. Cuando el nivel de confianza se ha conseguido entre los sujetos, el reclutador propone un primer encuentro entre ambos, sin que ello suponga el abandono de interactuar en el ciberespacio. Es cuando la radicalización se produce tanto en el entorno *offline* como en el *online*.

Sin embargo, el crecimiento de las redes sociales ha supuesto un decaimiento de estas páginas *web*, ya que las redes sociales constituyen unas herramientas más difíciles de controlar y su seguimiento resulta más complejo para cerrar por los cuerpos de seguridad. En el supuesto de que este apartado se produjera, el grupo podría abrir nuevos perfiles de forma inmediata.

Las propias organizaciones han utilizado y modificado diversos videojuegos para adaptarlos a lo que para ellos constituyen su ideología *yihadista*, añadiendo a sus imágenes y reproduciendo las calles de Siria o la introducción de los trajes color naranja de los presos de Guantánamo.[244]

4.4 CIBERGUERRA

Dentro de las agencias militares la ciberguerra es un área de los países cuyo objetivo es encontrar las vulnerabilidades técnicas de los sistemas o de las redes informáticas del enemigo para atacarlas y extraer los datos e información sensible. El ciberespacio es el campo de batalla donde se producen todos los ataques mediante programas o aplicaciones informáticas que sustituyen a las armas tradicionales.

---

243 Cfr., GUIRAO CID, María del Carme, La ciberradicalización: una nueva forma de victimización, Universitat de Lleida, 2019, p. 7. Disponible en: https://raco.cat/index.php/IDP/article/view/373558/467168.

244 Ibídem., p. 9.

Las tácticas a desarrollar consisten en la infiltración de las redes enemigas interfiriendo las señales inalámbricas, la recogida de datos, así como, ataques a través de virus, gusanos, y bombas lógicas.

Entre los países que destacan en estos procedimientos se encuentran Estados Unidos, Rusia, China, Israel, Francia, entre otros.[245]

4.4.1 ¿Qué es ciberguerra?

En la década de 1990, las agencias de seguridad de los Estados Unidos, a través de los servicios de inteligencia comienzan a ver en Internet una herramienta para desarrollar el espionaje electrónico.

Las infraestructuras críticas de información de un país son sistemas informáticos que constituyen el funcionamiento de los servicios públicos de un país, como son: las redes de transmisión, conductos de gas, distribución eléctrica, sistemas eólicos, sistemas de control del tráfico aéreo, ferroviario o vial, etc., que pueden resultar potenciales objetivos en el supuesto de un conflicto bélico.

---

245 Cfr., SAIN, Gustavo, ¿Qué es la ciberguerra? Revista pensamiento penal, Buenos Aires (Argentina), 2016, p. 1. Se encuentra disponible en: https://www.pensamientopenal.com.ar/system/files/2016/02/doctrina42952.pdf.

Este tipo de conflictividad se diferencia de la guerra convencional, en que mientras en esta última requiere la presencia física de otra potencia o la declaración de guerra contra otra nación. En la guerra cibernética el atacante puede ocultar su identidad con la finalidad de evitar represalias. Esto tiene lugar al ser los ataques realizados desde lugares públicos como los *ciber* o locutorios realizando las comunicaciones de forma anónima y con un proceso de encriptación.[246]

4.4.2 El sistema informático en la ciberguerra actual

La ciberguerra ha modificado el sistema tradicional del concepto de la guerra convencional. Los pasos tradicionales como la presencia física para la invasión de un territorio por parte de las fuerzas agresoras, pasan a un segundo plano con la aparición de los sistemas informáticos, permitiendo la sorpresa del ataque y ocultando su ejecución.

La ciberguerra ha modificado el *locus*, *tempo* y el *pugnator* del conflicto. El *locus* o lugar tiene la facultad de realizar una acción desde distancias remotas a la vez que puede ocultar su procedencia.

A través de distintas herramientas tecnológicas consigue ocultar la ruta o trayecto de la acción buscando su clandestinidad.

El *tempo* también puede resultar difícil su concreción en su ejecución ya que puede difuminar su actuación al ingresar en los sistemas cibernéticos una condición latente o encubierta, para ser accionada en el momento que sea requerida.

Durante los periodos de paz los preparativos y ensayos continúan buscando las vulnerabilidades de los sistemas del adversario para infiltrarse en ellos y contaminarlos de "bombas lógicas" y detectar las "puertas traseras" para en el momento del recrudecimiento de las hostilidades hacer uso de las mismas.

El *pugnator* tiene otra dimensión al intervenir de una forma directa en el conflicto rompiendo la clásica delimitación entre combatientes militares y civiles, ya que un alto porcentaje de las comunicaciones estratégicas son realizadas por sistemas de propiedad de civiles o son operados por ellos. Esto conduce a que tanto los militares como los civiles pueden realizar las acciones sobre blancos sensibles como pueden ser las infraestructuras de comunicaciones o financieras, sistemas de interconexión eléctrica, transporte, etc., objetivos que pueden escapar a la clasificación de objetivos militares pudiendo afectar a la población civil y los medios que precisan para su subsistencia.

---

246 Ibídem., p. 2.

Las ciberrredes han ido ocupando un papel primordial en los conflictos actuales al no limitarse su uso como una fuente de información sino que han pasado a constituir unos brazos remotos que se encargan de gestionar, monitorizar, activar y conectar gran parte de los recursos tecnológicos de los que se disponen pasando a ser considerados como infraestructuras críticas.

Esto redunda en la obligación por parte de los gobiernos a realizar medidas de seguridad que sirven para gestionar estos recursos tecnológicos y enfrentarse a estos nuevos riesgos, tanto desde el sector público como el privado.[247]

4.4.3 Ciberespacio: territorio sin fronteras

Las telecomunicaciones, en la actualidad, han hecho posible que las conexiones entre las distintas redes se hayan expandido a nivel global facilitando que la información entre sus usuarios en todos los rincones del planeta pueda recibirse e intercambiarse información de forma instantánea.

No deben confundirse conceptos como Internet y Ciberespacio. Ya que este último posee una mayor amplitud. Interpretando estos términos diríamos que los acontecimientos que se suceden en Internet no están específicamente ocurriendo en los países en donde sus participantes o servidores se encuentran físicamente, sino que tienen lugar en el ciberespacio. La integración de estos servicios y su carácter anónimo impulsa y convierte el espacio virtual como un nuevo campo de batalla.[248]

Por tanto, el término Ciberespacio surge para referirse a la gestión de espacios físicos. Sin embargo, con la llegada de Internet, se ha aplicado al espacio virtual que se crea dentro de ella. El ciberespacio representa un espacio simbólico y figurativo que existe dentro del ámbito de Internet.

A diferencia de los espacios tradicionales, el ciberespacio constituye un ámbito artificial y en constante expansión. Intentar delimitar o establecer unas fronteras o límites físicos resulta imposible de establecer dada su amplitud al estar

---

247 Cfr., LEIVA VILLAGRA, René, Aparece la ciberguerra, Capítulo I, en ALTAMIRANO CAMPOS, Guillermo, La ciberguerra: sus impactos y desafíos, Coronel Director de la Academia de Guerra del Ejército de Chile, y 13 más, Centro de Estudios Estratégicos, (CEEAG), Chile, 2018, pp. 32–34. Disponible en: https://www.ceeag.cl/wp-content/uploads/2020/06/LA-CIBERGUERRA-SUS-IMPACTOS-Y-DESAFIOS.pdf.

248 Cfr., PANTANO, Ariel, Ciberguerra, Universidad de Palermo, Argentina, p. 2. Se encuentra disponible en: https://dspace.palermo.edu/dspace/bitstream/handle/10226/1448/Ciberguerra-Pantano%2068586.pdf?sequence=1&isAllowed=y.

conformado por redes, sistemas, nodos y dispositivos, usuarios, información y todo tipo de datos interconectados que hacen que su extensión resulte ilimitada.

Asimismo, el crecimiento del ciberespacio no es lineal, sino que podría calificarse como exponencial, pues así ocurre con los dispositivos, sistemas y datos. El crecimiento de los dispositivos interconectados se estima en varias decenas de miles de millones en la actualidad, y su ritmo de crecimiento, aproximadamente, es de triplicarse cada cinco años. Más impactante resulta el crecimiento de los datos que se duplican cada dos años. Para asimilar este crecimiento exponencial estaríamos hablando que en veinticuatro meses se generan, procesan y almacenan tantos datos como en toda la Historia precedente de la Humanidad.

· Esto significa que a mayor cantidad de datos para un supuesto conflicto bélico, representaría una superficie más extensa y un mayor número de objetivos potenciales que habrá de defender del agresor. Y, desde el prisma del atacante, amplía las posibilidades de actuar sobre el adversario.

Si en principio los objetivos eran exclusivamente las redes y sistemas de información y telecomunicaciones, la aparición de lo "ciber" —relación entre las redes informáticas— en las tecnologías operacionales (OT), el Internet de las Cosas (IoT) y la superdependencia del ciberespacio de todos los sectores de actividad amplían los objetivos potenciales resultando extraño que cualquier activo no pueda ser afectado por cualquiera de las múltiples técnicas de ciberataque.[249]

Las unidades de combate se han convertido en conglomerados de *hardware* y *software* que navegan sobre el terreno, generando e intercambiando información y datos continuamente.

Las ciberamenazas han pasado a constituir uno de los riesgos principales no solo desde la fase de operación de los sistemas, sino desde su diseño y construcción hasta su retirada del servicio. Asimismo, el ciberespacio supone un arma silenciosa en cuanto a su transcendencia en su preparación y ejecución, pudiendo pasar inadvertido si se actúa con la precaución necesaria de que no transciendan sus técnicas de evasión avanzadas.[250]

Los avances tecnológicos han sido inherentes en los campos de acción de la Seguridad y Defensa de los Estados, cambiando drásticamente el campo de

---

249 Cfr., CUBEIRO CABELLO, Enrique, La ciberguerra y su impacto en el orden mundial, Director de la División Defensa de S2Grupo, Revista UNISCI /UNISCI Journal número 68 (May/Mayo 2025), p. 107. Disponible en: https://www.unisci.es/wp-content/uploads/2025/05/UNISCIDP68-4CUBEIRO.pdf.

250 Ibídem., p. 108.

operaciones o campo de batalla tradicionales, donde tenían lugar los enfrentamientos físicos entre ambos contendientes de los Estados o entre un Estado y una organización terrorista.

También es preciso resaltar que en un principio con la expansión de las tecnologías el ciberespacio no era concebido como un escenario para la guerra. Sin embargo, hoy en día, el ciberespacio se ha convertido en la quinta dimensión de la guerra. La información constituye un medio disuasorio de los Estados. El ciberespacio se constituye como el pilar donde se sustenta el medio ambiental virtual de información y de continua interacción humana y artificial que transgrede el espacio geográfico del mundo y las barreras temporales de comunicación formando parte de las actividades diarias del mundo.[251]

4.4.4 El conflicto Israel-Hamas

El 7 de octubre de 2023, el grupo terrorista Hamas realizó una incursión en territorio israelí que culminaría con múltiples víctimas y el secuestro de 230 rehenes entre los que figuraban numerosas mujeres, niños, ancianos y soldados que fueron conducidos a la franja de Gaza. Entre las víctimas fallecerían alrededor de 350 adolescentes que se encontraban en un concierto en el mar Rojo.

La contraofensiva israelí denominada "Espada de Hierro" se iniciaría días después continuando hasta la actualidad. La ciberguerra ha atravesado por distintas fases. En primer lugar, se procedió al lanzamiento de panfletos advirtiendo a la población de que se trasladara de la zona a lugar seguro ya que se iba a proceder al bombardeo de puntos blancos de Hamas.

Posteriormente, y tras el bombardeo continuado, se procedió a la incursión del ejército israelí en busca de los 230 rehenes, mientras se continuaba destruyendo las infraestructuras y armamento de Hamas.

El ataque a Israel sorprendió tanto a civiles como militares, lo novedoso de esta agresión cinética, es que se agregaron ciberoperaciones masivas contra organismos y empresas israelíes causando pánico en la población.

En el conflicto participaron otros actores como *Hezbollah* desde Líbano, Siria, Irán, Rusia, Jordania, y las milicias *hutíes* desde Yemen.

---

251 Cfr., MONZÓN TORRES, Juan Pablo, Ciberguerra: nuevos desafíos a la seguridad de los Estados, Capítulo X, pp. 303–304. Se encuentra disponible en: https://esdeglibros.edu.co/index.php/editor ial/catalog/download/73/96/1239?inline=1.

Desde el inicio del conflicto se utilizaron ciberataques por parte de grupos de *hacktivistas* que serían identificados como los autores de dichas acciones. El ataque se produjo con la inserción de *banners* pro palestinos en páginas oficiales del gobierno israelí. También hubo ataques de DDNS, y otro, a la aplicación "RED ALERT" que mantiene informada a la población de ataques de misiles en tiempo real.

Este conflicto ha supuesto un cambio a la confrontación tradicional dando paso a la era digital, donde los teclados constituyen las espadas y los *firewalls* los escudos.[252]

Las cibertácticas tratan de minar la moral del enemigo. Casos como los grupos vinculados a Irán están detrás de los ataques destructivos empleados contra Israel, en diciembre de 2023, contra Administraciones Públicas y el sector financiero por *Handala Hack* —grupo de *hacktivistas pro palestinos* que han tenido como objetivo instalaciones del régimen israelí, provocando la filtración de datos militares sensibles, comunicaciones diplomáticas y diversa información clasificada—.

También se han producido campañas de *phishing* para obtener información de personas clave en las tomas de decisiones en EEUU e Israel. Los expertos consideran que los *hackers* distribuyen "información exagerada" con la finalidad del impacto real de los ataques a infraestructuras consideradas críticas para fomentar la percepción de la debilidad en las defensas y minar la moral de la población.

La actividad cibernética ha aumentado considerablemente de los grupos terroristas de Hamas durante el conflicto bélico, utilizando técnicas más sofisticadas para hacer llegar *software* malicioso a objetivos claves de Israel.[253]

También tanto Irán como Palestina han utilizado *malware* móvil para espiar a usuarios en Israel con la finalidad de recoger datos de ubicaciones estratégicas y de comunicaciones. Asimismo, Irán ha empleado operaciones cibernéticas para perturbar los sistemas y obtener información sobre Israel y Estados Unidos y afectando a países limítrofes en la región.[254]

---

252 Cfr., WAJSMAN, Gustavo, Ciberataques masivos. El caso de Israel y Hamas, Instituto de Relaciones Internacionales/Universidad Nacional de La Plata, Boletines del Instituto de Relaciones Internacionales, Departamento de Seguridad Internacional y Defensa, Ángel Pablo Tello. Disponible en: https://www.iri.edu.ar/index.php/2024/06/13/ciberataques-masivos-el-caso-de-israel-y-hamas-por-gustavo-wajsman/.

253 Cfr., PRIETO, M., Informe, Espionaje, ataques destructivos y desinformación: así se libra la ciberguerra en el conflicto Israel-Hamas, Expansión, Economía digital, Madrid, 14 de febrero de 2024. Se encuentra disponible en: https://www.expansion.com/economia-digital/innovacion/2024/02/14/65cba752468aeb61418b4580.html.

254 Cfr., ADRADOS HERRERO, Antonio, Ciberguerra 2024: Israel, Irán y Hamas, Silicon, Technology, Powering Business, 14 de febrero de 2024. Disponible en: https://www.silicon.es/ciberguerra-2024-israel-iran-y-hamas-2494615.

4.4.5 El conflicto Rusia-Ucrania

Los primeros ataques a sistemas informáticos de empresas privadas e instituciones privadas de Ucrania se producen en las manifestaciones masivas de 2013. La "Operación Armagedón" consistente en una campaña rusa de ciberespionaje sistemático a los sistemas informáticos de agencias gubernamentales y de defensa pensada para ayudar a Rusia en el campo de batalla.

Entre 2013 y 2014, algunos sistemas informáticos gubernamentales ucranianos fueron afectados por un virus de computadora conocido como *Snake/Uroborus/Turla*. En febrero y marzo de 2014, con la entrada de las tropas rusas en Crimea los centros de comunicación eran allanados y los cables de fibra óptica ucranianos manipulados cortando la conexión entre la península y el resto de Ucrania.

Además los sitios de gobierno y los medios de comunicación social fueron cerrados o sufrieron un ataque DDoS —ataque de denegación de servicio, consistente en un ataque a un sistema de computadoras o red que causa que un servicio o recurso sea inaccesible a los usuarios legítimos—.

En paralelo con la guerra física en Ucrania se está produciendo una "guerra virtual" donde las armas convencionales como los tanques, aviones, helicópteros, misiles, bombas o granadas, son sustituidas por dispositivos como ordenadores, teléfonos móviles o tabletas. De hecho la "guerra cibernética" tuvo comienzo antes que la convencional.

En diciembre de 2015, en pleno invierno, un ciberataque ruso dejo sin electricidad a 230.000 personas en Kiev. Dos años después, tuvieron lugar los ataques de *malware NotPetya* y de *ransomware WannaCry* que se extendieron por múltiples países ocasionando unas pérdidas globales de 4.000 millones de dólares.

Diversas investigaciones han descubierto un nuevo tipo de *malware* denominado *wiper*, utilizado para atacar distintas organizaciones de Ucrania y, otros países de la región, como Lituania y Letonia. Los *wipers* son muy dañinos ya que pueden paralizar sistemas enteros mediante el borrado completo de datos.

Coexisten con estas acciones otros métodos empleados por los cibercriminales como el gran crecimiento de mensajes *spam* de correo electrónico, para que realicen donaciones para aportar a las víctimas de la guerra.

En el otro frente Ucrania ha recibido ayuda por parte de Estados Unidos para mejorar su ciberseguridad. El Ejército de las TI (Tecnologías de la Información) de Ucrania está formado por miles de especialistas de seguridad. Se publican objetivos de los ataques a sitios o personajes rusos en un canal de *Telegram*. Asimismo, el colectivo de *hackers Anonymous* está apoyando a Ucrania con la finalidad de evadir la censura del gobierno ruso, proporcionando información real de la guerra a los ciudadanos rusos mediante el envío de millones de SMS y mensajes de WhatsApp.[255]

El conflicto ruso-ucraniano marca una primicia en el uso de las ciberarmas. Sin embargo, es necesario resaltar los opacos límites legales de la ciberguerra. Esto se fundamenta en que la amenaza puede causar daños considerables a la población civil, si estos tuvieran relación con los ciberataques selectivos contra infraestructuras críticas.

A principios de octubre de 2022, el Comité Internacional de la Cruz Roja (CICR), publicó una lista de normas con la finalidad de gestionar mejor los ciberconflictos. El mensaje consistía en limitar el impacto sobre la población civil.

Las ocho reglas o recomendaciones para los ciberatacantes son:

1. "No realizar ciberataques contra bienes civiles.

2. No utilizar programas maliciosos u otras herramientas o técnicas que se propaguen automáticamente y dañen indiscriminadamente objetivos militares y bienes civiles.

3. Al planificar un ciberataque contra un objetivo militar, hacer todo lo posible por evitar o minimizar los efectos que su operación pueda tener sobre la población civil.

4. No lleves a cabo ciberataques contra instalaciones médicas y humanitarias.

5. No lleves a cabo ciberataques contra objetos esenciales para la supervivencia de la población, o que pueden liberar fuerzas peligrosas.

6. No amenazar con la violencia para sembrar el terror entre la población civil.

7. No fomentar las violaciones del derecho internacional humanitario.

8. Seguir estas reglas aunque el enemigo no lo haga".

Todas estas normas o reglas son extensivas a todos los conflictos armados que tienen lugar en la actualidad en diversas partes del mundo, teniendo repercusión en el ciberespacio.[256]

---

255 Cfr., MILLÁN, Ramón, La ciberguerra de Ucrania, bit, la revista profesional sobre tecnología y transformación digital, tribuna. Disponible en: https://bit.coit.es/opinion/la-ciberguerra-de-ucrania/

256 Cfr., POITEVIN, Víctor, Uso de herramientas de la ciberseguridad en la guerra ruso-ucraniana: análisis estratégico de una primera e importante guerra, Stormshield, 9 de octubre de 2024. Disponible en: https://www.stormshield.com/es/noticias/uso-de-herramientas-ciberneticas-en-la-guerra-ruso-ucraniana-analisis-estrategico-de-una-primera/.

En las guerras convencionales el uso de los mapas resultaba esencial para cualquier conflicto bélico por donde las tropas debían tener un conocimiento del terreno físico al que se iban a enfrentar para su avance. En la guerra de Ucrania existe una batalla de imágenes y (des)información que tienen lugar en las redes sociales.

Las grandes plataformas tecnológicas se han convertido en herramientas del conflicto: recogiendo datos con gobiernos, controlando información, y/o eliminando cuentas de redes sociales, entre otras actuaciones.[257]

Los gigantes tecnológicos de Estados Unidos, ejercen de actores privados alineados con la estrategia occidental, ya sea como presión política o para la captura y control de datos y de información. Ante la posibilidad de que se pudiera utilizar Google Maps como una herramienta de guerra, tanto por el bando ruso como por el ucraniano, Google optó por desactivar temporalmente esta funcionalidad en esta parte del mundo.

La batalla por el control del relato se libra desde la propia Unión Europea, consciente de la influencia que ejerce sobre la población europea la información proveniente de Rusia. A petición de Bruselas, Google, Meta y *Twitter*, adoptaron medidas contra las cuentas vinculadas al Kremlin, con la finalidad de evitar la diseminación de la información y el acceso a contenidos de canales rusos como RT y Sputnik. Apple retiraría la *app* de RT News de su tienda y YouTube bloqueó el canal de noticias ruso.

La desinformación como medio propagandístico en la guerra virtual supone un medio de expansión que puede influir de forma notoria para influir sobre la capacidad de resistencia del enemigo.

El impacto que puede tener en la confrontación bélica los avances de los militares rusos y la capacidad de resistencia ucraniana, puede verse minada o fortalecida, mediante esta desinformación con la infección de *software* malicioso en las infraestructuras y vías de comunicación.[258]

En consecuencia, estamos ante la presencia de una primera guerra híbrida donde convergen los métodos tradicionales —tropas militares, tanques, aviones, helicópteros, misiles y todo tipo de armamento— y la aparición de la denominada ciberguerra donde alcanza una gran preponderancia y notoriedad los sistemas tecnológicos a través del ciberespacio.

---

257 Cfr., COLOMINA, Carme, Guerra digital en Ucrania, CIDOB opinión 720, mayo 2022, p. 1. Se encuentra disponible en: https://www.cidob.org/sites/default/files/2024-07/720_OPINION_C ARME%20COLOMINA_CAST.pdf.

258 Ibídem., pp. 2 y 4.

5

HACKERS

Existen múltiples definiciones acerca del término *hacker*, hispanizado como jáquer o jacker, está recogido en el Diccionario de la Real Academia Española como: "Persona con grandes habilidades en el manejo de computadoras que investiga un sistema informático para avisar de los fallos y desarrollar técnicas de mejora".

El término se encuentra asociado a todo experto en las tecnologías de comunicación e información que utiliza sus conocimientos técnicos en computación y programación con la finalidad de solucionar un problema, principalmente asociado a la seguridad. Suelen ser técnicos o ingenieros informáticos con conocimientos en seguridad y con la capacidad para detectar los fallos o errores en los sistemas informáticos para informar los fallos a los desarrolladores del *software* encontrado vulnerable.

Asimismo, conviene diferenciar entre *hacker* y *cracker*, ambos son expertos en descubrir las vulnerabilidades de los sistemas, pero con la diferencia de que el segundo lo ejecuta con propósitos ilícitos o lucrativos. No obstante, y más allá de la terminología del *hacker*, como la persona vinculada al mundo de la informática o tecnológico, cabe destacar la utilización del término a toda persona que implementa soluciones para cualquier sistema, aunque no tenga la consideración de informático, de forma que este pueda ser utilizado de forma diferente de quiénes crearon dichos sistemas. Por tanto, la utilización de la palabra *hacker* puede ser cualquier persona que manipula o tiene conocimientos prácticos para modificar los usos de esos sistemas de forma que puedan emplearse para fines no previstos en su origen. Esto sucede con el término *hackeado* o jaqueado como alterando sus fines para cumplir otras funciones.

5.1 LA APARICIÓN DEL HACKER, JÁQUER O JACKER

El término *hacker* comienza a aparecer en la década de 1960 en Estados Unidos, en alusión a los componentes del Instituto de Tecnología de Massachusetts (MIT) programadores que trabajaban en el campo de la informática interactiva para que las computadoras pudieran comunicarse entre sí por medio de la innovación tecnológica.

En el comienzo de los avances tecnológicos existían los denominados "Programadores Auténticos", que en principio no se hacían llamar así aunque tampoco aceptaban el término *hacker*. La calificación de "Programadores Auténticos" no será acuñada hasta 1980. No obstante, a partir de 1945 la tecnología incipiente atrajo a numerosos programadores hacia la computación.

La introducción de la cultura de los "Programadores Auténticos" fue el despertar de las computadoras interactivas, las universidades y las redes. Provocando el nacimiento a una ininterrumpida tradición de ingeniería y programas, que darán lugar a la aparición de la cultura *hacker* de código abierto.[259]

---

259 BRUCE STERLING, ERIC S. RAYMOND, MIQUEL VIDAL, RICHARD STALLMAN, ERIC HUGHES, JOHN GILMORE, MARILINA WINIK, STEVE MIZRACH, JONAS LÖWGREN, JAROMIL, CHRISTIAN FERRER, THOMAS PYNCHON y BILL JOY, Compilador Carlos GRADIN, Internet, hackers y software libre, Editora fantasma, 2004, pp. 27 y 28. Disponible en: https://libros.metabiblioteca.org/server/api/core/bitstreams/052799a6-a649-4f64-9a94-dd54961d b30d/content.

La cultura informática del MIT se estima que fue la primera en emplear el término *hacker*. La primera red de computadoras transcontinental de alta velocidad fue ARPA (Red de computadoras creadas por encargo del Departamento de Defensa de los Estados Unidos para utilizarla como medio de comunicación entre las diferentes instituciones académicas y estatales). Esto constituyó que los *hackers* de Estados Unidos, a través de sus sistemas electrónicos, crearan una masa crítica. En lugar de permanecer aislados formando pequeños grupos, desarrollando de forma individual sus propias culturas locales y efímeras, descubrirán que pueden unirse como tribu unidos en la red.

El comienzo de la década de 1990, la tecnología de trabajo de la década anterior, comenzaba a verse superada por la aparición de nuevas computadoras personales (PC´s) que resultaban económicas y de un alto rendimiento basadas en el chip Intel 386 (era un procesador de 32 *bits* que ofrecía las características del procesador Intel 80286, además de un modo protegido de 32 *bits* con tamaño de páginas variables, permitiendo un espacio de memoria plano donde se accedía a los 4GB de RAM accesibles sin segmentación) y sus sucesores.

Por primera vez, los *hackers* tenían la posibilidad de acceder desde su hogar a una computadora comparable en poder y almacenamiento a las minicomputadoras de la década anterior –sistemas Unix– que podían sostener un entorno de desarrollo completo y comunicarse a través de Internet.[260]

5.2 LAS HERRAMIENTAS DEL HACKER

Cualquier sistema se puede *hackear*. El código informático contiene diferentes tipos de errores, *bugs* (los *bugs* o errores pueden tener diversas funciones, en función del contexto en el que se produzcan. Algunas de las funciones más comunes consisten en interrumpir el funcionamiento del *software*. Hace que el *software* deje de funcionar correctamente, lo que puede provocar que se cierre inesperadamente, es decir, que quede bloqueado) como pueden ser: errores en las especificaciones, errores en la programación, errores que ocurren en algún lugar del proceso de creación del *software*, errores como los tipográficos y los ortográficos.

Las aplicaciones del *software* pueden contener miles de errores. Estos errores se almacenan en el *software* que se está utilizando en ese momento: tu ordenador, tu móvil, o cualquier otro dispositivo del "Internet de las cosas (IoT)" (constituye una red de objetos físicos que se encuentran equipados con sensores, *software* y tecnología de conectividad para permitir recopilar, transmitir y compartir datos a través de Internet. Estos dispositivos conocidos como "cosas inteligentes" pueden

---

260 Ibídem., pp. 29 y 37.

abarcar desde dispositivos domésticos hasta sistemas industriales complejos) que tengas en tu hogar o trabajo.

Algunos de esos errores introducen agujeros de seguridad. En el lenguaje informático estos errores se denominan "vulnerabilidades". La forma de corregir estas vulnerabilidades en el código informático son: en primer lugar, la existencia de una variedad de herramientas que pueden detectar las mismas antes de que el código esté terminado. Y, en segundo lugar, después de que el código está disponible para todo el mundo hay varias formas de localizarlas y, sobre todo, de parchearlas con rapidez.[261]

El *hacker* no tiene por qué ser una persona que ataca al sistema o roba información confidencial, sino que lucha por el conocimiento extremo de los sistemas y por desmenuzar, todos y cada uno de los recovecos, del mundo de la informática.

El gran reto del *hacker* está en el descubrimiento de la vulnerabilidad, no en su explotación.

Entre las herramientas con las que cuenta el *hacker* podríamos destacar las siguientes:

▸ **NMap**. Consiste en un potente escaneador de puertos, existente para plataformas Windows y para entornos Linus. Esta herramienta es imprescindible para localizar objetivos y estudiar sus puntos de acceso.

▸ **Hping2**. Es una herramienta de red que funciona de forma similar a como lo hace el comando *ping* (herramienta de red utilizada para verificar la conectividad entre dos dispositivos a través de una red IP. Envía paquete de datos a un *host* —"anfitrión" o "servidor"—, cuyo dispositivo está conectado a una red que tiene una dirección IP única y espera a que el *host* responda, indicando la velocidad de la conexión y la latencia) con la diferencia de que es capaz de realizar el envío no solo de paquetes ICMP (*Protocolo de Control de Mensajes de Internet*, son mensajes que se utilizan en una red para comunicar problemas de transmisión de datos, como cuando un paquete no llega a su destino), sino también paquetes UDP (*User Datagram Protocol*, unidad de datos utilizada en redes para transmitir información entre aplicaciones. No requiere una conexión previa entre emisor y receptor, siendo más rápido pero menos confiable que el TCP) y TCP (*Protocolo de Control de Transmisión*, consiste en la transmisión de datos a través de una red utilizando el protocolo TCP) hechos a medida, mostrando después las respuestas del *host* de destino.

261 BRUCE SCHNEIER, La mente del hacker. Como revertir la situación cuando las élites rompen las reglas, Ediciones Anaya Multimedia, Madrid, 2023, pp. 22 y 24.

▸ **Wireshark**. Se trata de un importante *sniffer* –es una herramienta de *software* o *hardware* que permite al usuario supervisar su tráfico en Internet en tiempo real y capturar todo el tráfico de datos que entran y salen de su equipo. Su nombre proviene del inglés "to sniff" (olfatear), ya que husmea en los datos que se transmiten. Los *sniffers* funcionan colocándose en modo promiscuo permitiendo interceptar todos los paquetes de datos que pasen por la red, no solo los dirigidos al dispositivo donde está instalado– que funciona bajo los sistemas operativos Unix y Windows indistintamente. Permite la reconstrucción del flujo de una sesión TCP.

▸ **Netcat**. Lee y escribe información a través de conexiones de red TCP o UDP. Sus capacidades hacen que sea a menudo usada como una herramienta para abrir puertas traseras una vez invadido el sistema y obtenidos los privilegios de administrador del equipo.

▸ **John the Ripper**. Es una herramienta que utiliza ataques de diccionario y fuerza bruta para descifrar contraseñas. También es utilizada por los administradores de red para comprobar lo seguras que son las contraseñas establecidas por los usuarios.

▸ **Ettercap**. Soporta disecciones activas y pasivas de varios protocolos e incluye varias funciones para el análisis de un *host* o de una red.[262]

▸ **Tcpdump**. Se emplea para la monitorización y la adquisición de datos en redes.

▸ **Cain & Abel**. Está enfocada a la monitorización de la red que permite la recuperación de contraseñas para el sistema operativo Windows.

▸ **Snort**. Herramienta de código abierto para la detección de intrusos en la red y sistema de prevención. Permite la detección de ataques y barrido de puertos que permite registrar, alertar y responder ante cualquier anomalía o comportamiento sospechoso.

▸ **Nessus**. Fue la primera herramienta de escaneo de vulnerabilidades en el sistema operativo Unix.

▸ **Suite Aircrack**. Se utiliza para descifrar contraseñas de acceso a las redes inhalámbricas.[263]

---

262 JIMENO GARCÍA, María Teresa, MÍGUEZ PÉREZ, Carlos y MATAS GARCÍA, Abel Mariano, Hacker Edición 2010, Ediciones Anaya Multimedia, Madrid, 2010, pp. 20–24.

263 Ibídem., pp. 20–24.

5.3 LA ENSEÑANZA HACKER

El término *hacker* como primera referencia documentada tiene una connotación que implica un ataque o ruptura de la seguridad de un sistema en el periodo interno del MIT –Instituto de Tecnología de Massachusetts– denunciando el abuso que hacían estos del sistema telefónico con el perjuicio derivado hacia el resto de la comunidad. A mediados de la década de 1970, se generaran una serie de términos comunes sobre la figura del *hacker* dando lugar a la aparición de un *Diccionario del hacker*, también conocido como *jargón file* –el archivo de la jerga– (Finkel et al., 1988).[264]

Para gran parte de público consideraban a los *hackers* en la década de 1960, como una cierta "estirpe" de programadores que llevaría a cabo la "revolución informática", refiriéndose a la vieja escuela de los *hackers*, significándose en que *hackear* consistía en hacer accesible y abierta la tecnología, por la devoción que sentían hacia la computadora manifestando que "preferían programar en vez de dormir". En definitiva, lo que pretendían era liberar la información, descentralizando el acceso a la comunicación.

Muchos de los viejos *hackers* consideran que los términos con los que se les califican no son justos y que no merecen ese nombre, prefiriendo denominarlos como "criminales informáticos", "vándalos, o "delincuentes juveniles" basándose en el sesgo generacional. Los medios comienzan a definir al *hacker* como jóvenes talentosos, que hacen uso de las computadoras para utilizar sus *módems* y poder entrar en otros sistemas sin la autorización requerida. Esta consideración no será bien recibida por la vieja escuela. La mayoría de los *hackers* no tienen conocimientos de programación. Solo son usuarios que carecen de la ética precisa para dedicarse al robo de *passwords*, código, *software*, y todo tipo de información para ser intercambiado entre sus allegados. Estos comportamientos lo que logran es violar los sistemas de seguridad de los sistemas lo que conlleva a la falta de confianza de los usuarios en las redes abiertas.[265]

---

264 BRIONES MEDINA, Fernanda, CABAÑES MARTÍNEZ, Eurídice, MIRANDA DÍAZ, Alejandro, SERRALDE RUIZ, José María y WOLF ISZAEVICH, Gunnar, Coordinadora SORIA GUZMÁN, Irene, Ética hacker, seguridad y vigilancia, Universidad del Claustro de Sor Juana México, D.F., 2016, p. 22.

265 Op. cit., BRUCE STERLING, ERIC S. RAYMOND, MIQUEL VIDAL, RICHARD STALLMAN, ERIC HUGHES, JOHN GILMORE, MARILINA WINIK, STEVE MIZRACH, JONAS LÖWGREN, JAROMIL, CHRISTIAN FERRER, THOMAS PYNCHON y BILL JOY, Compilador Carlos GRADIN, Internet, hackers y software libre, Editora fantasma, 2004, p. 127. Disponible en: https://libros.metabiblioteca.org/server/api/core/bitstreams/052799a6-a649-4f64-9 a94-dd54961db30d/content.

El término de *hacker* con la masificación de las redes comienza a extenderse entre el gran público, si bien la mayoría de estos, no son conocedores del significado de su alcance y cometido. Sin embargo, y a pesar de su aparente carácter subversivo, los *hackers* representan un activo reconocido en la industria del cómputo.[266]

Sin embargo, el concepto de *hacker* y después de décadas de la diversificación de su término, comienza a ser aceptado en su totalidad. No obstante, y dada la constante innovación y proyección tecnológica, es probable que su significado pueda verse alterado por la constante evolución de la sociedad, e incluso a nivel individual, al ser auto adquirido su concepto de *hacker*. Sin embargo, esto no implica que *cracker* vaya a gozar de una mayor aceptación, sino que implica que la polisemia de *hacker* comienza a ser aceptada a nivel general.[267]

La polisemia surge cuando el mismo término *hacker* es aplicado por los medios a un grupo distinto de individuos. A finales de la década de 1990, comienzan a aparecer calificativos como "*hacker* de sombrero blanco" y "*hacker* de sombrero negro", con la pretensión de establecer la condición de cada individuo de su comportamiento o actitud catalogándolo de bueno o malo.

El *hacker* de sombrero blanco nunca se plantearía la vulnerabilidad de un sistema de forma maliciosa, para la obtención de un beneficio personal o sin la autorización expresa de sus propietarios. Mientras que el *hacker* de sombrero negro basaría su comportamiento precisamente en estos fundamentos.[268]

Existen teorías distintas sobre las diferencias existentes entre ambos modelos que se vienen sucediendo durante décadas para clarificar y diferenciar esa dualidad entre unos y otros. Aparte de lo citado anteriormente, también se recogen grandes diferencias entre los denominados viejos y nuevos *hackers*.

Los primeros competían por la creación, investigación y difundir información de interés general, cumpliendo ser éticamente bueno con un criterio diferenciado de *crackear*. Aunque en un sentido más específico pudiera referirse a cuanto tiene de implicación con la informática, computación, *software*, *hardware*, reparación y/o modificación.

---

266 Cfr., BRIONES MEDINA, Fernanda, CABAÑES MARTÍNEZ, Eurídice, MIRANDA DÍAZ, Alejandro, SERRALDE RUIZ, José María y WOLF ISZAEVICH, Gunnar, Coordinadora SORIA GUZMÁN, Irene, Ética hacker, seguridad y vigilancia, Universidad del Claustro de Sor Juana México, D.F., 2016, p. 23.

267 Ibídem., p. 28.

268 Ibídem., pp. 29 y 32.

Suelen ser personas apasionadas por las nuevas tecnologías, investigando nuevos recursos rompiendo las barreras conocidas para aportar nuevos recursos superiores para ofrecer dicha información al alcance de todos. Utiliza sus conocimientos técnicos en computación y programación para superar los problemas que se presentan, generalmente, asociados a la seguridad. Son conocidos como técnicos o ingenieros informáticos con conocimientos en seguridad y encargados de detectar los errores o fallos de los sistemas informáticos para informar de los fallos a los desarrolladores del *software* vulnerable o al público en general.

En un análisis comparativo, el primer grupo, compite por crear y ama el control que tiene sobre sus computadoras. El segundo grupo, compite por destruir y robar, además de amar el control que las computadoras tienen sobre las personas.

El primer grupo, busca mejorar y simplificar los recursos para hacer más accesible su uso para el público; el segundo, busca el aprovechamiento y la manipulación de esos recursos. Los primeros eran un grupo comunitario muy unido que compartía con el grupo sus nuevas "*hackeadas*" y descubrimientos; el segundo, (Levy, 1984) dice es "paranoico, marginado y se mueve en secreto".

Para (Levy, 1984) los viejos *hackers* eran considerados como magos de las computadoras, mientras que los nuevos *hackers* son terroristas informáticos en la búsqueda de nuevas formas de vandalismo electrónico o bromas maliciosas, que no reparan en los graves perjuicios que pueden ocasionar con su conducta.

De hecho muchos de los *hackers* de la década de 1990, no poseen un carácter destructivo, sino que fomentan una "Ética *hacker*" actualizada fomentando que su objetivo no consiste en *hackear* la privacidad de las personas ni a los usuarios de las computadoras personales, fijando su objetivo en las grandes corporaciones o las propias organizaciones burocráticas de los gobiernos.[269]

Dentro de la "**Ética *hacker* tradicional**" resumida por Stephen Levy en *Hackers: Heroes of the Computer Revolution* (New York, Bantam books, 1984), describe las siguientes características:

---

269 Op. cit., BRUCE STERLING, ERIC S. RAYMOND, MIQUEL VIDAL, RICHARD STALLMAN, ERIC HUGHES, JOHN GILMORE, MARILINA WINIK, STEVE MIZRACH, JONAS LÖWGREN, JAROMIL, CHRISTIAN FERRER, THOMAS PYNCHON y BILL JOY, Compilador Carlos GRADIN, Internet, hackers y software libre, Editora fantasma, 2004, pp. 128–130. Disponible en: https://libros.metabiblioteca.org/server/api/core/bitstreams/052799a6-a649-4f64-9a94-dd54961db30d/content.

1. **El acceso a las computadoras debe ser ilimitado y total**.

2. **Toda información debe ser libre**. La idea de la información libre va en contra de concepciones como el *copyright* y *software* propietario. No obstante, existen ciertas diferencias entre el *software libre* y el concepto de código abierto. El primero, según Richard Stallman, consiste en una visión profunda sobre la libertad, la comunidad, la cooperación y la emancipación en la sociedad ideal. Mientras, el segundo, se concentra más en la eficiencia y la coexistencia con modelos contemporáneos de negocios. No obstante, ambos pueden coexistir como sucede en la actualidad.

3. **Desconfía de la autoridad-promueve la descentralización**. Las culturas *hackers* consisten en discutir en base a fuentes primarias: hechos e información que deben ser accesibles de forma igualitaria. La autoridad en este contexto se asocia en sustituir el poder por información.

4. **Los *hackers* deben ser juzgados por sus acciones, no basándose en falsos criterios como títulos, edad, raza o posición**.

5. **Se puede crear arte y belleza con una computadora**.

6. **Las computadoras pueden cambiar la vida para mejor**.

Estos dos últimos conceptos, no resultan extraños en la actualidad, pero si nos retrotraemos a la década de 1970, las computadoras resultaban extrañas y alejadas del gran público siendo vistas como máquinas para el procesamiento de datos administrativos, perforación de tarjetas o teletipos.

Mientras la "**Nueva Ética *hacker***" de Steve Mizrach del Departamento de Antropología de la Universidad de Florida, realiza un resumen de sus conclusiones en un nuevo conjunto de principios éticos extraídos de diversos textos de la década de 1990, en el trabajo titulado: *¿Is there a hacker ethic for 90s hackers*? (¿Existe una ética de los *hackers* de los 90?).

1. *Primero, no hagas daño*. No busques intencionadamente causar daño a las computadoras o la información. Asume que *crackear* sistemas por diversión y para explorar es éticamente correcto, siempre y cuando el *crackear* no cometa robos, vandalismo o vulnere la confidencialidad.

2. *Protege la privacidad*. Exigir una buena voluntad de la información libre al separar la información libre de la privada.

3. *No derroches*. Utilizar recursos desaprovechados incorporando sugerencias para su utilización pueden ser aprovechadas posteriormente.

4. *Excede las limitaciones*. La mentalidad del *hacker* consiste en no rendirse ante cualquier obstáculo que se le presenta, convirtiéndolo en un nuevo reto para buscar la solución.

5. *El imperativo comunicacional*. La comunicación resulta un hilo conductor en la ética y comportamiento de los *hackers* que necesitan intercambiar información y asociarse con otros para continuar avanzando en su conocimiento mediante el intercambio de ideas.

6. *No dejes huellas*. Procura la seguridad no acudiendo a sitios "*hackeados*" lo que sirve de ayuda a otros *hackers* que pueden ser atrapados o perder el acceso.

7. *¡Comparte*! La información es una fuente multiplicadora de ideas y conocimientos al ser compartida con otros usuarios, lo que redundara en una mejora del *software*.

8. *Combate la cibertiranía*. El *hacking* ayuda a proteger el mundo de desarrollos distópicos de sistemas globales de información *à la* 1984.

9. *Confía, pero mantente alerta*. Los descubrimientos que vayas produciendo pueden contribuir a mejorar los sistemas técnicos y sociales.[270]

La ética *hacker* es una ética de tipo axiológico, es decir, que se basa en una determinada serie de valores, donde Himanen rescata algunos fundamentales como la pasión, conciencia social, anticorrupción, igualdad social, etc. Quienes practican la ética *hacker* piensan en una sociedad democrática.

Por tanto, el sistema de valores que la ética *hacker* fomenta no puede producirse en un ámbito puramente individual o sectario, es por ello, que la ética *hacker* en vez de la tradicional democracia representativa donde no se llevan a realizar muchos de los proyectos sociales, promulga una democracia participativa, donde las personas se sienten útiles actuando en la práctica.

Para gran número de personas, hablar del bien común, el libre acceso a la información, entre otros valores significa ser una persona llena de prejuicios. Para Himanen en su obra *La ética del hacker y el espíritu de la era de la información*, defiende que un *hacker* no es un delincuente, vándalo o pirata informático con conocimientos técnicos, sino aquel que trabaja con entusiasmo por lo que realiza.

---

270 Ibídem., pp. 136–142.

La ética *hacker* se ha ido transformando desde sus orígenes en las décadas de 1960-1970, hasta hoy en día, donde muchos grupos asocian esta ética con el activismo digital, la defensa de la privacidad y el rechazo a estructuras tecnológicas cerradas o centralizadas.

5.4 ¿QUIENES SON LOS CRACKERS?

El término *cracker* está otorgado a quién rompe la seguridad de un sistema, quién irrumpe en un sistema violando o adivinando las claves de los usuarios. En general, se trata de adolescentes, delincuentes, maliciosos que buscan la emoción destruyendo o alterando datos de un sistema.

El *cracker* o *cráquer* –rompedor– son personas que rompen o vulneran sistemas de seguridad informática. A partir de 1980, aparece la cultura *hacker*, que son programadores con conocimientos importantes de informática. Estos se mantenían dentro de la legalidad, pero con el transcurso de los años comenzaron a aparecer personas que con sus conocimientos de informática fueron utilizados estos aprovechando las debilidades o errores de algunos sistemas informáticos y los *crackeaban*, es decir, burlaban el sistema de seguridad. No obstante, al principio eran considerados como *hackers* pero en 1985, los auténticos *hackers* empezaron a denominarlos *crackers*.

Dentro de los *crackers* existen diversos tipos:

- ▶ **De sistemas**. Son las personas cuya especialidad consiste en trabajar con mecanismos de protección contra copias de *software*. Estos no participan en la explotación de redes, sino en *software* protegido contra copia. Su función consiste en craquear un programa y alterar el contenido del *software*.

- ▶ *Ciberpunks*. Son denominados piratas informáticos especializados en alterar páginas *web* o sistemas informáticos.[271]

- ▶ **De criptografía**. Es un individuo que intenta romper sistemas criptográficos con fines maliciosos, accediendo a información protegida o alterando su funcionamiento. Se especializan en ataques a sistemas de cifrado y codificación diseñados para proteger datos y documentos.

---

271 Cfr., Ciberseguridad, ¿Qué es un cracker informático? Todo lo que debes saber. Se encuentra disponible en: https://ayudaleyproteccciondatos.es/2021/10/18/cracker/.

▼ **Piratas**. Son individuos con la finalidad de quebrantar la seguridad de un sistema cibernético. Se vale de sus conocimientos técnicos para invadir los sistemas, descifrar contraseñas y otras actividades digitales ilícitas.

▼ *Phreakers*. Es conocido también como pirata telefónico con amplios conocimientos de telefonía que puede llegar a realizar actividades no autorizadas con los teléfonos, especialmente con los teléfonos inteligentes. Actúan en el ámbito de las telecomunicaciones.

▼ *Insiders*. Se refiere a un individuo que, trabajando dentro de una organización, ataca sus propios sistemas informáticos. Suelen ser empleados descontentos o ex empleados y su finalidad es la venganza o la obtención de beneficios ilegales.

Los ataques realizados por los *crackers*:

▼ **Troyanos vía mensajería instantánea**. Este *crack* se basa en la instalación de un programa con un troyano o caballo de Troya, que se utiliza como una herramienta remota para atacar. Una vez que se ha ejecutado ejerce el control sobre la computadora infectada. Su función consiste en leer, moverse, borrar y ejecutar cualquier archivo.

Tiene una particularidad el troyano que se basa en que una vez cargado en un programa de mensajería instantánea de forma remota, el *hacker* sabe el momento en que el usuario se conecta. A partir de aquí el intruso podrá robar la información.

▼ **Analizadores**. El ataque de *cracker* con analizadores implica el uso de *software* con la finalidad de interceptar y examinar el tráfico de red, para buscar información sensible o las vulnerabilidades. Utilizan analizadores de paquetes para capturar datos como contraseñas, nombres de los usuarios o cualquier información que circula por la red.

▼ **Ataques de fuerza bruta**. Se refiere a un método de ataque intentando adivinar una contraseña, clave de cifrado o credenciales de inicio de sesión realizando todas las combinaciones posibles para encontrar la correcta.

▼ **Ataques DDos** (Denegación de Servicio Distribuido). Es un ciberataque que busca la saturación de un servidor, sitio *web* o red con tráfico malicioso, impidiendo a los usuarios legítimos que accedan a los servicios. Su objetivo es interrumpir o deshabilitar los servicios en línea, con el objetivo de afectar a la disponibilidad y funcionalidad de sus recursos.

▼ **Denegación de servicio** (DoS). Tiene como objetivo inhabilitar una máquina o red para que sus usuarios no puedan acceder a ella, enviando información que produce su colapso.

▼ **Sitios *web* falsos.** La suplantación de dominio se produce cuando los ciberdelincuentes falsifican el nombre de un sitio *web* o un dominio de correo electrónico con la finalidad de engañar a los usuarios, para que interactúe con un correo electrónico malicioso o un sitio *web* de *phishing* como si fuera legítimo.

5.5 LA OCULTACIÓN DE MENSAJES: LA CRIPTOGRAFÍA

La criptografía proviene del término derivado de las palabras griegas (*kryptos*: oculto) y (*grafé*: escritura) consistente en el conjunto de métodos que permiten la ocultación de mensajes de posibles adversarios.

La criptografía supone un reto para los *hackers* no solo desde el prisma relacionado con la seguridad de la información, sino que además el campo de la criptografía es una serie de *hacks* consistentes en una serie de implementaciones exitosas de soluciones no obvias a problemas interesantes.

La criptografía clásica, anterior a la invención de los sistemas de cómputo, no precisa la elaboración de operaciones matemáticas complejas, sino de una aplicación reiterada de un mismo conjunto de transformaciones no obvias, que convierten un "texto plano" –el mensaje en claro– en un "criptomensaje" ininteligible.

La mayor parte de la criptografía simétrica, principalmente la orientada a bloques sigue basando su operación en el método de la *substitución*, es decir, reemplazar un símbolo o conjunto de símbolos por otro, y en la *transposición*, consistente en alterar el orden de los símbolos dentro del mensaje. Dentro del argot criptográfico a estas dos operaciones se les denominan como confusión y difusión, respectivamente.[272]

Pero la criptografía moderna se acerca más al perfil del *hacker*, al considerarla como todo sistema cuyo fundamento es un mecanismo –algoritmo– públicamente conocido. La fuerza del cifrado consiste exclusivamente en la llave empleada para efectuar las transformaciones entre el mensaje en claro y el texto cifrado.

---

272 Cfr., BRIONES MEDINA, Fernanda, CABAÑES MARTÍNEZ, Eurídice, MIRANDA DÍAZ, Alejandro, SERRALDE RUIZ, José María y WOLF ISZAEVICH, Gunnar, Coordinadora SORIA GUZMÁN, Irene, Ética hacker, seguridad y vigilancia, Universidad del Claustro de Sor Juana México, D.F., 2016, pp. 34 y 35.

El punto de partida de la criptografía moderna, concebida como rama de las matemáticas, surge del artículo de (Claude Shannon, 1949) quién hace una revisión de las principales técnicas criptográficas conocidas hasta entonces, recogiendo las propiedades deseables en un mecanismo cifrado, y anotando estos conceptos con rigor matemático. El trabajo adopta –aunque no de forma exclusiva– el mensaje como una entidad digital, partiendo de la traducción de los símbolos que conforman a los "lenguajes naturales" a un alfabeto con únicamente dos símbolos.

Con la criptografía matemática muchos de los supuestos anteriores cambiaran rápidamente. Así, incluso después de haber sido aceptado que un algoritmo conocido y verificado era mucho más seguro que el uso de un algoritmo secreto, la expectativa de la comunicación radicaría en la llave secreta de cifrado.

Es decir, un grupo de personas que requieran comunicarse entre sí de forma secreta deben acordar una llave, comunicándosela de forma privada, empleándola para cifrar y descifrar todas sus comunicaciones. Lógicamente, esa llave debía protegerse de caer en manos ajenas al grupo, ya que entonces la comunicación que se hubiera cifrado resultaría vulnerable.

En 1976, los profesores (Diffie & Hellman, 1976) presentan un artículo titulado "Nuevas direcciones en la criptografía" convirtiéndose en el punto de partida de la "criptografía de llave pública".

Esta consistía en que las operaciones de cifrado y descifrado ya no se realizaban con la misma llave secreta, sino con un conjunto de llaves matemáticamente relacionadas entre sí.

Además, cada par de llaves correspondería a uno de los componentes del esquema criptográfico. Ya no se emplearía una llave única para las comunicaciones del grupo, sino que cada uno de los componentes tendría su propio par. La operación de la criptografía de llave pública radica en encontrar representaciones y conjuntos de funciones matemáticas que resulten fáciles de calcular en un sentido, pero difíciles de calcular en sentido contrario.[273]

Lo mismo que sucede con otros medios como la televisión de pago, los programas o incluso Internet, deben poseer unos sistemas de seguridad que protejan la intimidad de sus datos. Los canales de televisión pueden ser protegidos mediante modificaciones en la señal compuesta. Estos procesos de encriptación de componentes son reversibles con la finalidad de obtener la información en el lado autorizado para tal fin. Este mismo proceso sucede con la informática.

---

273 Ibídem., pp. 42 – 43 y 45.

Un canal de televisión está compuesto por ciertas funciones analógicas y unos componentes indicativos de la señal. Estos componentes pueden ser sustituidos o transformados por otros elementos. A este proceso se le conoce como enmascaramiento o encriptación.

El proceso de la criptología consiste en transformar un mensaje claro en otro sin sentido alguno. Este mensaje deber ser reversible en el otro extremo como si no hubiera sucedido nada. Pero los programas criptográficos no poseen toda la seguridad que se requeriría precisando de unos complementos que aumentan la seguridad de un terminal informático.

El terminal del ordenador posee dos puertas de acceso al sistema. Uno, consistente a través del teclado, que es la puerta de introducción de datos más usual, y la otra puerta, es el *modem* que tiene la función de comunicar al ordenador con el exterior a través de Internet.

En el primer supuesto debe introducirse una contraseña como mínimo de cuatro dígitos, para poder acceder al sistema operativo. Esta protección resulta valida y eficaz para impedir el acceso a nuestro ordenador a través del teclado. Sin embargo, no resulta infalible para expertos informáticos, por lo que la segunda puerta presenta un mayor grado de seguridad. En consecuencia, cada ordenador debe tener un nombre de identificación pudiendo comunicarse con el otro terminal, como puede ser mediante acuse de recepción y otros detalles. Sin esos detalles un terminal no podrá identificar nunca al del otro extremo, ni dejar constancia de ello.

Pero la seguridad de esta puerta estaba basada únicamente en los números de identificación del terminal correspondiente, al igual que sucede con los números de teléfono de cada propietario. En consecuencia, para tapar el agujero de esta segunda puerta se ha buscado una solución a través de los *firewalls* o *muros de fuego*. Este programa identifica quién solicita el servicio de nuestro ordenador y además impide la entrada de datos al ordenador. Sin embargo, tampoco supone un seguro total para nuestro terminal.[274]

Existen dos tipos de criptosistemas, simétricos y asimétricos. Los *simétricos*, son sistemas de cifrado basados en "claves secretas", empleando la misma clave para encriptar y desencriptar el mensaje o los datos de control del descodificador. Mientras, que los *asimétricos*, utilizan dos claves distintas. Una "clave pública" para encriptar y otra "clave secreta" para desencriptar. Este cifrado ofrece mayores garantías de seguridad.[275]

---

274 Cfr., HERNÁNDEZ, Claudio, Hackers. Los piratas del Chip y de Internet, 2001. Disponible en: Hackers. Los piratas del chip y de internet.pdf, pp. 123–125.

275 Ibídem., p. 128.

La criptografía como disciplina científica puede verse como un *hack* sobre otro. Este *hack* es el fundamento básico de lo que hoy en día se conoce "firma electrónica". La firma electrónica posee propiedades muy superiores a la firma autógrafa. Esta última es reconocida como un rasgo biométrico —forma parte de asegurar la identidad de una persona, como la huella dactilar u otros— aunque resulta fácil de falsificar.

La firma electrónica resulta diferente a la autógrafa. Las llaves criptográficas para firmar y verificar un documento continúan vigentes, la firma resultante depende por completo del documento firmado, donde las firmas generadas por un mismo par de llaves son completamente diferentes entre sí, pero se validan a la misma identidad.

Y, es precisamente la firma electrónica, y no el ocultamiento de información que nos proporciona el cifrado, la operación criptográfica que resulta más importante para el funcionamiento de la economía sobre la red como la conocemos en la actualidad. La evidencia completa de cualquier operación se sustentará únicamente en materia digital, la única protección existente del vendedor es contar con un certificado con el que el banco determine si la transacción fue llevada a cabo desde una ubicación y patrón de uso que reflejen los hábitos del usuario. Este certificado es el que lleva la firma, no la firma del usuario final, que delega la facultad de operar sobre los fondos que tiene en depósito el banco, sino del banco mismo.[276]

5.6 EL SOFTWARE LIBRE

El *software* libre consiste en extender la vida del ordenador mediante un consumo crítico, ya que su producción responde a lógicas distintas respecto de las comerciales. El actual mercado capitalista está basado en el consumo imponiendo un cambio del aparato, sea informático o de cualquier otra índole, cada cuatro años, fomentando un consumo programado. Por lo que usando un *software* generado fuera del ciclo industrial rompe con esas ataduras industriales ampliando la longevidad de los productos industriales.[277]

El movimiento ideológico del *software* libre auspiciado por Richard Stallman en la década de 1980, combatía las patentes de *software* con la intención de beneficiar el desarrollo tecnológico abierto y ético como en la ciencia.

---

276 Op.cit., BRIONES MEDINA, Fernanda, CABAÑES MARTÍNEZ, Eurídice, MIRANDA DÍAZ, Alejandro, SERRALDE RUIZ, José María y WOLF ISZAEVICH, Gunnar, Coordinadora SORIA GUZMÁN, Irene, Ética hacker, seguridad y vigilancia, Universidad del Claustro de Sor Juana México, D.F., 2016, pp. 51 – 53 y 56.

277 Ibídem., pp. 73 – 74.

La eficacia de las conexiones a Internet, facultaría a las empresas a distribuir contenido mediático con total libertad en la segunda década del siglo XXI. La industria de la mediación a través del *software* encontró una forma para evitar las pérdidas por copias no autorizadas:

1. "Dejó de vender el *software*. Lo rentó y controló el proceso de pago granularizando el cobro entre millones de usuarios.

2. De este modo pudo entender cabalmente con registros remotos y formas de espionaje de prácticas consensuadas, las necesidades específicas de los autores digitales.

3. Aprovecharía la trascendencia cultural en la que se finca la concepción del artista post-Internet y logró introducir con fuerza el modelo de *software* como servicio".

Los principios del *software* libre combaten el secreto industrial. Persiguen un *software* interoperable por la apertura de su código y la estandarización a partir de la transparencia de los algoritmos para leer cada uno de sus archivos.[278]

El *software* libre se refiere a programas cuyo código está abierto para que cualquier usuario pueda modificarlo, usarlo y/o distribuirlo sin que por ello implique un problema legal. No obstante, el *software* libre debe contar con la autorización para manejar un código abierto. Las tecnologías digitales de la información lo que facilita es que las actividades resulten más fáciles y cómodas de utilizar, facilitando la copia y la modificación de la información.

Según estas ideas, los programas de cómputo no deben de tener un dueño que se reserve los derechos, sin que suponga que esto signifique que no es el autor de los mismos. Lo que se dice con esta premisa es que el conocimiento pertenece a todos, y al compartir este conocimiento se provoca un beneficio, no solo de carácter particular, sino colectivo.[279]

5.7 CIBERSOCIEDAD Y CIBERGRUPOS DE HACKERS

El mundo de la informática a lo largo de los años se ha ido encargando de divulgar el término de *hacker* a todo tipo de personas que se dedicaban a atacar a

---

278 Ibídem., pp. 140 y 142.

279 Ibídem., pp. 205 y 207.

las redes y sistemas informáticos. Así, como los denominados *crackers* haciendo referencia a los *hackers* maliciosos, que se introducen en un sistema para beneficio propio.

Por tanto, es importante establecer una clasificación distinguiendo las tendencias y las manifestaciones de los cibergrupos, teniendo en cuenta sus objetivos, destrezas, intencionalidad, conocimientos y sus técnicas de ataque. Dentro de esta clasificación podemos distinguir los siguientes:

▶ ***Crackers***. Son los considerados como *hackers* maliciosos cuya intención consiste en experimentar y conocer nuevas estrategias con la finalidad de obtener unos beneficios ilícitos. Mediante la ingeniería inversa crean seriales, generadores de claves/llaves y *cracks*, que son utilizados para modificar o ampliar el comportamiento y la funcionalidad del *software* o *hardware* al que se aplican.

El *cracker* infringe la seguridad de un sistema informático a como lo realizaría un *hacker*, con la diferencia de que el primero realiza la intrusión con fines de hacer daño o de beneficio personal.

▶ ***Lammers y Script Kiddies***. Se refiere al grupo más numeroso y de mayor presencia en la red. Son individuos que tienden a realizar acciones de *hacking*, pero carecen del conocimiento técnico necesario para su ejecución.

Su aspiración consiste en llegar a ser catalogados como *hackers* jactándose de pertenecer a dicho grupo pero sin llegar a tener tal categoría. Se aprovechan de todas las herramientas que circulan por la red pero sin el conocimiento necesario para su utilización. Representan una de las mayores amenazas para los sistemas y las redes, al poner en práctica todo el *software* de *hacking* que se encuentran bajándolo de Internet.

Utilizan programas de *sniffers* para espiar las redes, interceptando las contraseñas y correo electrónico, para posteriormente, enviar mensajes con direcciones falsas poniendo en peligro el sistema.

Los *lammers* ejecutan programas creados por otros y sus acciones van dirigidas a molestar o adquirir notoriedad dentro de su círculo de confianza.

▶ ***Newbies* o novatos**. Comienzan sus primeros pasos a aprender *hacking* de las herramientas que circulan por la red. Son los aspirantes a *hackers*, con la filosofía del *hacking*, intentando superar los retos para alcanzar grandes conocimientos de la informática, las computadoras, las redes y las TIC.

▶ **Piratas informáticos**. Son aquellos que copian programas o se dedican a reproducir *software* de forma ilegal y venden de forma ilícita las copias de programas comerciales como DVD, CD de música, películas, etc.

▶ *Phreakers*. Poseen altos conocimientos de telefonía y de los sistemas telefónicos. Se refiere a los procedimientos y técnicas utilizadas por ciertas personas para engañar a empresas telecomunicaciones y utilizar los servicios sin pagar mediante el uso de *software* y *hardware*.

La cibersociedad o sociedad de la información considera la información como un recurso económico fundamental. Los recursos tele informáticos facilitan los medios a través de los cuales se localiza dicha información. La cibersociedad actual está manifestada en todos ámbitos de la vida: cultural, político, económico, académico, social, sanitario, ocio, etc.

Muchos de los avances tecnológicos como las computadoras, las comunicaciones, la Inteligencia Artificial, la nanotecnología, que existen en la actualidad, han sido impulsados y mejorados por estas personas. Internet, las redes, el computador personal, el desarrollo de *software*, los sistemas operativos —Linux y Unix— y los componentes de seguridad, están basados en el entusiasmo, dedicación y vocación de estas personas que pusieron en práctica sus ideas para extenderlas a toda la sociedad.[280]

5.8 ORIGEN Y PRECEDENTES DE LOS HACKERS

Dentro de los orígenes y precedentes de los *hackers* que puedan estar considerados como más importantes en la historia de los programadores existe una gran relación. En la presente lista se recogen algunos de los que pueden considerarse como más notorios en las últimas décadas recogidos por orden cronológico:

▶ *Richard Stallman*. Se integró en el laboratorio de Inteligencia Artificial del MIT en 1971, creando sus propias aplicaciones de Inteligencia Artificial. En la actualidad, se dedica a crear múltiples utilidades gratuitas para entornos UNIX.

---

280 SALCEDO, Octavio J., FERNÁNDEZ, Carlos A. y CASTELLANOS, Lilia, Hackers en la sociedad de la información: análisis de su dinámica desde una perspectiva social, Universidad Distrital Francisco José de Caldas, Facultad Tecnológica, 2012, pp. 122 – 124.

▼ *Dennis Ritchie, Ken Thompson y Brian Kernighan.* Buenos programadores trabajando para Bell. Labs especialistas en el entorno UNIX y en el lenguaje C. Han resultado fundamentales en el nacimiento y progreso de Internet.

▼ *John Draper.* Es el descubridor que llevó a cabo que con un silbato de los cereales *Crunch* se podía hacer *Phreaking*. Este silbato podía generar un silbido de 2.600 hertzios, que era la frecuencia que se utilizaba para cortar los contadores de los teléfonos de Bell.

▼ *Paul Baran.* Está considerado como el mejor de todos los *hackers*. Asimismo, se le asigna la consideración de ser uno de los iniciadores de Internet. Comenzó a crear lo que en la actualidad se denomina, un Navegador. Esta herramienta sigue siendo utilizada por millones de internautas de todo el mundo.

▼ *Kevin Mitnick.* Es el *cracker* más famoso del mundo a la edad de 10 años fue capaz de burlar el sistema de seguridad del sistema de defensa de los EEUU. Sus inicios están basados en el *Phreaking*, desde entonces ha sido capaz de burlar todos los sistemas de seguridad militares, grandes empresas o las grandes firmas.

Mitnick tuvo que cumplir condena por estas acciones y se le impuso la prohibición de tener contacto con un ordenador. Sin embargo, se pudo certificar que Mitnick actuó como asesor de seguridad contra el famoso *Virus I Love You*.

▼ *Kevin Poulsen.* Especialista en controlar el sistema telefónico de Pacific Bell. Igual que Mitnick, ha conseguido burlar todos los sistemas de seguridad, pero su interés se centra con mayor fuerza en conocer los sistemas de defensa militar. También tuvo que pasar una condena, siendo puesto en libertad después de cinco años en 1996.[281]

El mundo de los *hackers* ha alcanzado gran popularidad y expansión, siendo utilizada su leyenda por numerosos escritores que se han encargado y se encargan de recoger sus actuaciones y, donde el cine igualmente se ha hecho eco a través de sus películas para hacer incursiones de estos genios de la informática.

---

281 Op. cit., HERNÁNDEZ, Claudio, Hackers. Los piratas del Chip y de Internet, 2001. Disponible en: Hackers. Los piratas del chip y de internet.pdf, pp. 22 – 25.

5.9 LA CIBERSOCIEDAD ACTUAL Y DE FUTURO

La nueva cibersociedad surge como consecuencia de la aparición de la informática cuando es instalada en los hogares estando al alcance de cualquier usuario para su uso particular. La posibilidad de poder manejar y tener al alcance de sus manos un ordenador ha tenido un crecimiento exponencial en la adquisición de estos equipos al resultar asequibles para el gran público.

La posibilidad de tener al alcance de todo usuario un número de información infinita a través de Internet ha propiciado que la navegación en la Red se haya visto multiplicada a nivel mundial de manera considerable.

El encuentro con el *software* específico y el acercamiento para cualquier usuario a la tecnología de los *bits* y las comunicaciones, han conducido a numerosos estudiosos del mundo de la informática a explorar nuevos horizontes en busca de profundizar y mejorar el sistema.

En cualquier programa de comunicación, como puede ser un navegador o un gestor de correo, siempre existirá una "puerta trasera" donde realizar operaciones que no están permitidas. A esto se le denomina *bugs* —en español, bichos, es un error de *software*, o simplemente un fallo que consiste en un problema en un programa de computadora o sistema de *software* que desencadena un resultado indeseado—.

Lo que realmente han permitido los *bugs* ha sido un aumento de "cerebros fugados" capaces de detectarlos y hacer uso de ellos algunos de forma indebida, encontrando estos "cerebros" una fuente de inspiración en Internet, ya que a través de la Red se realizan grandes *hacks* que comprometen la seguridad del internauta aislado.[282]

La Red continúa avanzando y expandiendo información donde con seguridad surgirán nuevos clanes que aparezcan en el ciberespacio implementando nuevas técnicas de conocimiento. La libertad de expresión y el campo de desarrollo para nuevas tecnologías abren un abanico de posibilidades para futuras generaciones en el mundo de la informática.

5.10 CRÓNICAS DE HACKERS Y CRACKERS

En este epígrafe se relatan algunos de los casos más impactantes que se han ido produciendo en los sistemas informáticos, y de las acciones delictivas, que han transcendido a lo largo de los años y que resultan curiosos de conocer dentro del ámbito tecnológico.

———

282 Ibídem., pp. 28 y 44.

5.10.1 El caso del Phreaker ciego

Se trata Tim Rosenbaum, un chico que con solo 10 años de edad, que nacería ciego, va a desarrollar un excelente sentido del oído, superior al resto de los mortales. También tenía una facultad extraordinaria para el silbido, que fascinaba a los chicos de Dollan, un pueblo costero al este de Maine. Era capaz con sus silbidos de imitar a toda clase de pájaros controlando el tono del silbido alcanzando notas musicales.

Un día Tim al que le encantaban los teléfonos y, sobre todo, lo que le encantaba era escuchar la voz del otro lado del hilo cuando alguien llamaba a su casa. En ocasiones se dedicaba a marcar cualquier número de teléfono al azar para oír la voz cálida que decía: "este número está fuera de servicio".

Sin embargo, y después de diversas ocasiones realizando esta operación Tim silbó al mismo tiempo que la voz del otro extremo repetía la misma frase, callándose en el acto. Ante su asombro volvió a marcar otro número de teléfono diferente, volviendo a silbar y ocurriendo lo mismo.

Al cabo de los años descubrió que era capaz de generar silbidos a una frecuencia perfecta de 2.600 ciclos, el tono que indica que el teléfono está colgado.

Tim será catalogado como uno de los primeros *Phreakers* de la historia. Tras el descubrimiento algunos ingenieros electrónicos realizarían pruebas con diversas frecuencias descubriendo que se podían activar y desactivar los contadores de las centralitas pudiendo realizar llamadas de larga distancia de forma gratuita.

Basándose en la generación de tonos, con osciladores estables, se crearía la primera caja azul, que se extenderá rápidamente por su buen funcionamiento, y principalmente, porque resultaba gratuita.

5.10.2 El robo del banco

Dos *hackers* tenían como objetivo el conseguir tener los máximos beneficios económicos en el menor tiempo empleado. Su objetivo fijado fue el banco Citibank de Nueva York.

Estos *hackers* mientras monitorizaban en la Red descubrieron que la sucursal realizaba transferencias a través de una compañía telefónica, y el sistema empleado era una red X.25.

Ambos decidieron que si podían monitorizar estas transacciones las podrían redirigir a otra cuenta. Comenzaron a buscar el prefijo de la sucursal, probando varios números en serie a partir de un par de prefijos que ya sabían con anterioridad, hasta terminar por conectarse con varias terminales VAX —acrónimo de extensión de dirección virtual, es una serie de computadoras con una arquitectura de conjunto de instrucciones (ISA) de 32 *bits* y cuya memoria virtual fue comercializada a finales del siglo XX—.

Tras diversas pruebas terminaron con quedarse con cinco terminales. De las seleccionadas una de ellas tenía un *debug* o puerta abierta. Empleando la clave de acceso del fabricante que no había sido cambiada, lograron su acceso.

Tras horas de investigación dieron con un paquete de herramientas que les permitan crear directorios y programas. Por lo que acto seguido crearían uno que interceptaba todas las entradas y salidas del terminal. Finalmente, crearon un directorio decidiendo que este fichero seria el capturador de las transacciones.

Después se encargarían de grabar los datos, generando cientos de transacciones a una cuenta "ficticia" creada por ellos. Tras esta operación abrirán una cuenta en Suiza y otras seis en Estados Unidos, donde residían. Las cuentas estaban registradas con nombres distintos y con pequeñas cantidades de dinero con la finalidad de no llamar la atención de grandes operaciones bancarias.

Los dos *hackers* en las horas posteriores, fueron contestando los acuses de recibo, alcanzado la cantidad de 200.000 dólares en su cuenta de Suiza. Esta operación se reprodujo tiempo después por un *hacker* en Japón que había robado las cuentas de 200.000 clientes de un banco del país. Esta vez sería descubierto.[283]

5.11 LA SEGURIDAD EN INTERNET Y LA AMENAZA DE LOS VIRUS INFORMÁTICOS

El sistema de seguridad en Internet es término utópico ya que en la red de redes todo tiene cabida tanto desde el interior como desde el exterior. Resulta vulnerable a cualquier ataque que pueda ser provocado internamente, como desde fuera de la red, aunque también es conocido que no todas las amenazas contra tu ordenador personal radican en Internet.

El número de amenazas en la Red es muy amplio ya que se puede navegar a través de páginas *web*. Además está la opción del correo electrónico facilitando la comunicación entre usuarios a través del texto, pero los continuos avances de la tecnología permiten en la actualidad enviar un vídeo unido al texto, así como audios, por lo que la comunicación a través de Internet nos proporciona un amplio abanico de posibilidades que facilitan la comunicación entre las personas, en comparación con los métodos tradicionales como puede ser el uso del teléfono.

---

283 Ibídem., pp. 46 – 48.

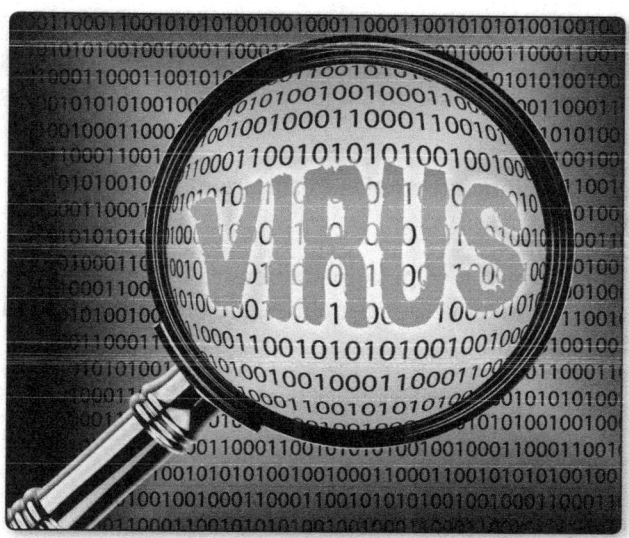

El objetivo fundamental de Internet consiste en que cualquier ordenador puede conectarse o comunicarse con cualquier otro aparato desde cualquier punto del planeta. En principio, y antes de la masificación y la posibilidad de tener un ordenador personal en cada hogar, los ordenadores que estaban conectados en la Red estaban principalmente en instituciones de estudio o investigación, por lo que las medidas de seguridad iniciales no fueron lo suficientemente restrictivas para un acceso externo, ya que se circunscribió a los *password* de acceso.

Los problemas comenzaron a surgir a partir de cuándo la red de ARPANET —red de computadoras pionera creada en 1969, por encargo del Departamento de Defensa de los Estados Unidos, siendo la precursora de Internet, utilizando la conmutación de paquetes para la transmisión de datos, un concepto fundamental en la tecnología de las redes actuales. La conmutación de paquetes consiste en una técnica que divide la información en pequeños paquetes que viajan de forma independiente hasta su destino, donde se vuelven a ensamblar. Esta tecnología de conmutación de paquetes resultaría un avance crucial en el desarrollo de redes de computadoras y sentaría las bases para la creación de Internet— se convirtió en una red mayor denominada Internet, permitiendo el acceso a cualquier internauta para consultas de unas simples páginas de una sede.

El verdadero problema surgió cuando se escapó literalmente un programa a través de la red, con la posibilidad de auto replicado de sí mismo. Los efectos producidos consistieron en que se produjo un gran embotellamiento de las comunicaciones en esta red, ya que el programa se auto replicaba con tal velocidad que colapsaba las comunicaciones como si tuvieran acceso a la vez miles de internautas.

Para eliminar el problema, se tuvo que crear un nuevo programa que contrarrestara las funciones de dicho programa auto replicante. A este incidente se le denominaría "gusano" y a la solución para terminar con el problema se adoptaría el término "vacuna".

Con este procedimiento empleado surgirá el nacimiento del primer virus y el primer antivirus.

Los virus constituyen la principal amenaza en la Red, ya que son capaces de realizar copias de sí mismo en otro archivo que ocupa, bloqueando y llenando el disco duro de un ordenador.

El virus tiene su origen en el ordenador del creador como subprograma o microprograma ejecutable. Posteriormente, este se inserta dentro de un programa de gran difusión, donde se produce un contagio rápido y masivo.

La siguiente fase consiste en el contagio que resulta de mayor facilidad, ya que el virus su función básica es introducirse o soltarse en la red. Este debe ir incrustado en un archivo de instalación o en una página *web* a través de los *cookies*.

Las vías de infección son principalmente los disquetes, programas copiados, Internet o el propio correo electrónico.

Mientras permanecen escondidos los virus continúan reproduciéndose en espera de activarse cuando se cumplan las condiciones determinadas por su creador. Luego viene el proceso de replicación que consiste en la producción del propio virus de una copia de sí mismo, situándose en otro archivo distinto del que ocupa. Así se produce el contagio en otros archivos y programas, asegurando el proceso de multiplicación.

Finalmente, y tras irse sucediendo estos pasos para su desarrollo, aparece la fase destructora con el formateo del disco duro o borrando los archivos, por ejemplo, los que tienen extensión COM —es utilizada por programas que pueden ser ejecutados con MS-DOS en un equipo de Microsoft Windows. Puede compararse a la extensión EXE, pero los archivos COM son de tamaño mucho menor y, por tanto, contienen menos datos que los archivos EXE— y —EXE es un tipo de archivo informático utilizado principalmente en sistemas operativos Windows para ejecutar aplicaciones o programas. Es un archivo que contiene las instrucciones necesarias para que el ordenador pueda iniciar y ejecutar una determinada aplicación—.

Aquí termina el ciclo, el ordenador está infectado no pudiendo recuperar los archivos, salvo de que se disponga de un programa antivirus.[284]

---

284 Cfr., pp. 73–84.

Existen múltiples clasificaciones referentes a los tipos de virus por sus características propias. Asimismo, la clasificación está en constante crecimiento por lo que aglutinar en su totalidad el número exacto y determinado existente en la red resulta imposible de cuantificar.

Aunque existen múltiples clasificaciones de tipos de virus informáticos en función de sus particularidades, podríamos establecer la siguiente clasificación:

▶ **Virus de sector arranque**. Se trata de un tipo de *malware* que infecta el sector de arranque de un disco, ya se trate de un disquete o del disco duro. Este tipo de virus se ejecuta antes que el sistema operativo y puede ocasionar problemas graves, como la imposibilidad de arrancar la computadora o la pérdida de datos.

El virus se copia asimismo en el sector de arranque, reemplazando el código original permitiendo al sistema operativo iniciarse. Cuando la computadora pretende arrancar, el virus se ejecuta en lugar del código legítimo, lo que propicia el control del sistema antes de que se cargue el sistema operativo.

Algunos de estos virus de arranque pueden propagarse a otros disquetes o discos duros cuando se accede a ellos en la computadora infectada.

▶ **Virus de *script***. Es un tipo de *malware* escrito en lenguajes de *scripting* como *JavaScript*, *VBScript* o *PHP*, que se propaga a través de archivos o aplicaciones que ejecutan *scripts*, como navegadores *web* o documentos *Office*. Estos virus pueden infectar otros tipos de archivos si estos permiten la ejecución de *scripts*.

Los virus *script* se propagan al infectar archivos que contienen código ejecutable, como *scripts* dentro de páginas *web*, documentos con macro, o incluso archivos HTML, si estos permiten la ejecución de *scripts*.

Su propagación puede producirse a través del correo electrónico, sitios *web* comprometidos o archivos descargados de fuentes no confiables.

▶ **Secuestrador de navegador**. Es un *software* malicioso que cambia el comportamiento, la configuración o la apariencia de un navegador sin el consentimiento del usuario.

Al cambiar esa configuración, envía a los usuarios a sitios *web* que no desean o no necesitan visitar, y esos sitios *web* generalmente serán de naturaleza maliciosa.

▶ **Virus residentes**. Es un tipo de *malware* que se aloja en la memoria RAM de la computadora y permanece allí incluso después de que el programa infectado se cierra. Esto le permite infectar otros programas y archivos cada vez que se inician o se utilizan.

▶ **Virus de acción directa**. Es un tipo de *malware* que se caracteriza por infectar archivos de un sistema informático modificando directamente su código.

Suelen ser fáciles de crear y se propagan con rapidez al adjuntarse a archivos ejecutables (COM o EXE) y otros tipos de archivos.

Al ejecutarse el archivo infectado, el virus se activa, busca archivos similares para infectarlos y, en algunos casos, se elimina así mismo después de completar su función.

▶ **Virus polimórfico**. Es un tipo de *malware* que cambia su código o firma en cada infección, lo que dificulta su detección por parte de los antivirus. Estos virus utilizan técnicas de cifrado y ofuscación para alterar su apariencia, manteniendo las mismas rutinas básicas tras cada infección.

Debido a su capacidad para cambiar su apariencia, la detección de virus polimórficos mediante búsquedas de patrones o firmas antivirus resulta muy complicada.

▶ **Virus que infecta archivos**. Es un tipo de *malware* que se propaga adjuntándose a archivos ejecutables legítimos. Al ejecutar el archivo infectado, el virus se activa y se propaga a otros archivos, causando daños o realizando acciones maliciosas.

▶ **Virus multipartitos**. Es un tipo de *malware* que combina características de virus de archivo y virus de sector de arranque, infectando tantos archivos ejecutables como el sector de arranque de un sistema. Esto significa que puede propagarse a través de archivos infectados y también al iniciar el sistema, lo que lo hace más peligroso y difícil de eliminar.

Los multipartitos infectan tantos archivos como el sector de arranque, lo que aumenta su capacidad de propagación y daño. Es muy difícil de erradicar por completo ya que puede esconderse en diferentes partes del sistema.

▶ **Virus de macros**. Es un tipo de *malware* que se propaga a través de macros en documentos, como archivos de Microsoft Office (Word, Excel, etc.). Estas macros son pequeños programas incrustados en los documentos que automatizan tareas. Los virus de macro pueden causar diversos problemas, como la corrupción de archivos, el envío de *spam* o la instalación de otro *malware*.

5.12 LAS AMENAZAS Y VULNERABILIDADES DE LOS SISTEMAS INFORMÁTICOS Y DE LOS DATOS

El crecimiento de la tecnología resulta imparable y cada vez aparecen nuevos recursos informáticos que plantean nuevas incógnitas para su resolución y tratamiento. Ante estos cambios surgen nuevas vulnerabilidades donde los sistemas quedan expuestos a nuevos ataques o amenazas.

Este nuevo avance tecnológico será aprovechado por los atacantes de las redes vulnerando la seguridad informática, a pesar del *software* o *hardware* de que se disponga, por lo que se hace necesario crear un sistema de seguridad para hacer frente a estos atacantes, intentando mitigar las vulnerabilidades que ofrezca la red y de esta forma garantizar la confidencialidad de los datos.

Para hacer frente a este problema es preciso distinguir entre lo que representa una amenaza —acción que puede ocasionar un daño grave al sistema—, mientras que las vulnerabilidades —son debilidades de los sistemas que pueden ser explotados por las amenazas—.

La "amenaza" constituye un peligro que está presente, pero que resulta independiente de ser vulnerables o no. Resulta una actividad que se aprovecha de la debilidad de los sistemas informáticos para invadirlos o atacarlos. Estas amenazas pueden provenir tanto desde el exterior como del interior.

Suponen un gran impacto en la confidencialidad, integridad y disponibilidad de los sistemas informáticos y de los *tics*, dando lugar a la pérdida de datos, interrupción de los servicios, exponer datos importantes y poner en grave riesgo la información (Vivar Franco, 2023).

Y la "vulnerabilidad" aparece cuando en nuestra red, dispositivos o sistemas existen una serie de deficiencias que pueden provocar o dar ocasión a un ataque. Constituyen puntos débiles o fallos en la aplicación o en los sistemas que pueden ser atacados por ciberdelincuentes para atacar la seguridad. Los ataques pueden tener su origen en los errores del diseño, la programación o la configuración del sistema, pudiendo ser atacados para la denegación de servicios, ejecución remota del código y robo de información (Vivar Franco, 2023).[285]

---

285 Cfr., HAZ LÓPEZ, Lidice, Victoria, GARZÓN BALCAZAR, Jenny Margarita, OROZCO IGUASNIA, Jaime Benjamín y BALÓN RAMOS, Isabel Del Rocío, Hacking ético: teoría & prácticas, Ciencia Latina Internacional, Editorial CID (Centro de Investigación y Desarrollo), 2024, p. 32.

Dentro de las técnicas para la detección de las vulnerabilidades y así poder minimizar el riesgo de los sistemas informáticos conviene realizar un análisis del sistema con la finalidad de identificar las vulnerabilidades que se puedan presentar y corregir esos fallos. Entre algunas de las técnicas existentes tenemos las siguientes:

▼ *Black–Box* (Caja Negra). En esta prueba los auditores intentar realizar una réplica del método de prueba de explorar las vulnerabilidades que pueden ser aprovechadas por los atacantes externos, conteniendo información pública sobre el sistema informático que se analiza.

El equipo de auditoría trata de identificar y poder encontrar los posibles agujeros de seguridad del sistema que existen con el mismo recurso que pudiera estar utilizando el atacante externo. Al analizar esta penetración podrá tener la evaluación realista del nivel de peligro a que está expuesto su sistema informático.

Si el equipo es capaz de detectar este tipo de vulnerabilidad, es posible que el atacante también pueda detectarlo (Gómez, 2022).

▼ *White-Box* (Caja Blanca). En esta los auditores disponen de toda la información requerida para evaluar la seguridad del sistema informático en su estudio, configuración de elemento de red, código fuente de la aplicación, medidas de seguridad implementadas, manuales de usuarios y archivos de configuración de servidores y aplicaciones.

Con este tipo de análisis no solo se pueden descubrir las vulnerabilidades típicas, sino que se pueden encontrar fallos de diseño y configuraciones de sistema, lo que facilita las recomendaciones específicas para solucionar estas vulnerabilidades (Gómez, 2022).

▼ *Análisis estático de código*. El proceso evalúa el código sin poder ejecutarlo, consiste en un análisis que permite la rápida consideración de múltiples opciones sin poner en riesgo el sistema.

Durante el proceso se analiza todos los aspectos del código fuente como la sintaxis, semántica y la estructura del programa. Esto redunda en la colaboración entre los analizadores estáticos que comparten muchos procesos comunes de un compilador, debido a que los compiladores realizan análisis sintácticos y semánticos del código garantizando el cumplimiento de la normativa gramatical a la que se traduce el código a lenguaje de máquina. Esto lo realiza el analizador sin tener que ejecutar ninguna línea de código (García Meza, 2023).

▼ *Análisis dinámico de código*. Este análisis se basa en el comportamiento dinámico de los *scripts*, al contrario del análisis estático. Esta técnica lo que realiza es una simulación del *script* usando un intérprete de

JavaScript para poder ejecutar el código y proporcionar componentes principales del sitio *web*.

Para evitar que el sistema resulte comprometido se utiliza una máquina virtual o *sandbox*. El *script* se ejecutara seguramente, pero no se tendrá la certeza de si va a resultar maligno o no, ya que su ejecución no puede visualizarse. Para esta función contamos con *ADSandbox*, este programa extrae el *script* de código en HTML y lo cambia a un objeto llamado *JavaScriptExecution*. Esta crea una instancia del *Spider Monkey* para poder ejecutar el *script*. Cada vez que un objeto es accedido, este motor se cambia para hacer un llamado a la función *callback* estática correspondiente del objeto *JavaScriptExecution*, de esta forma se consigue crear un registro de estas sesiones realizadas por el programa[286]

Las herramientas para las detecciones de las vulnerabilidades podemos establecer las siguientes:

▶ **Tráfico de red**

- *Wireshark*. Esta herramienta permite el análisis de los paquetes de datos que viajan de ida y vuelta dentro de la red, y analiza los protocolos de comunicación que se están ejecutando.
  Entre sus características se pueden distinguir las siguientes:

  – Disponible para Windows y Linux.

  – Muestra la información detallada de los paquetes.

  – Permite abrir y guardar los paquetes capturados.

  – Realiza un filtrado de información por protocolos, paquetes IP´s, entre otros.

- *Tcpdump*. Esta se ejecuta por la línea de comandos, es original de Linux. La captura de los paquetes se realiza por un interfaz de red, quedando la información capturada almacenada en un fichero que ya está previamente determinado, y para poder visualizar esta interpretación de resultados se debe abrir el fichero guardado en otra aplicación como es *wireshark* (Hurtado Vargas & Calero Suntasig, 2020).
  Sus principales características:

  – Los paquetes son capturados en tiempo real desde la interfaz de red.

  – Permite que los ficheros sean usados para guardar los paquetes.

---

286 Ibídem., pp. 36 y 37.

- *Snort*. Esta permite el análisis de tráfico de red en tiempo real, utilizándola de una manera más eficiente, con la detección de intrusos y el escaneo de puertos que están dentro de la red (Hurtado Vargas & Calero Suntasig, 2020).
Entre sus características podemos resaltar:
    - Analiza los protocolos de la red.
    - Captura los paquetes en tiempo real desde uno o más interfaces de red.
    - Presenta un informe detallado de los resultados obtenidos.

▼ Verificación de puertos

- *Maltego*. Herramienta que captura la información de Internet, mensajes en línea y organizaciones, permitiendo la recuperación mutua de información de cuentas de red, redes sociales y correos electrónicos. Este programa contiene dos tipos de módulos: el módulo profesional y el módulo básico. La clave de los módulos de *Maltego* es que puede acceder a cada versión (Castro Vásquez, 2019).

- *Nmap*. Es una herramienta que los atacantes utilizan para hacer un escaneo y recuperar la información, para recopilar datos de *hosts* remotos o validar la identificación de los indicadores, su función se utiliza para encontrar el puerto que está abierto y servicios de *hosts* en Internet con la finalidad de combatir el creciente número de dispositivos conectados a Internet (Si Liao et al., 2020).
Es una herramienta muy apreciada por su versatilidad, puede escanearse la red de datos para poder localizar los puertos TCP o UDP, que se encuentren abiertos, cuando se localiza alguno abierto se hace una conexión para verificar si hay una aplicación ejecutándose dentro del puerto que está abierto (Hurtado Vargas & Calero Suntasig, 2020).
Las principales características son:
    - Descubrir equipos sobre la red.
    - Identificación de puertos abiertos.
    - Detecta servicios o aplicación que se están ejecutando dentro de una aplicación.
    - Identificación tipo de versión y qué sistema operativo utiliza.

- *Acunetix*. Corresponde a un escáner de vulnerabilidades *web* automatizado que examina cualquier aplicación o sitio que utilice un navegador, y que emplee protocolos HTTP o HTTPS. Es una solución completa para detectar la seguridad de las aplicaciones *web* (Raján & Erturk, 2017).

- *OpenVas*. Es una herramienta de escáner completo, realizando pruebas no autenticadas y pruebas autenticadas y un poderoso lenguaje de programación interno que le permite la verificación de cualquier tipo de agujeros de seguridad. Se pueden examinar computadoras, servidores locales, remotos y producir una gran variedad de informes sobre las fallas identificadas.

- *Ossec*. Sistema de detección de intrusos (HIDS) es gratuito y de código abierto. Es un *software* que analiza los registros de eventos del sistema operativo, verifica la integridad de los registros de dispositivos Windows, detectando alertas y *rootkints* en tiempo real respondiendo proactivamente a los ataques. Esta herramienta se emplea para prevenir, detectar y responder a las amenazas.

- *Owasp*. Es una herramienta de prueba de penetración de aplicación *web* integrada, resulta fácil de manejar y es de código abierto. Es perfecta para desarrolladores y probadores funcionales para evaluaciones de seguridad automatizadas. Sin embargo, debe usarse tanto en aplicaciones originales como en aquellas con permiso para realizar pruebas (Paudel, 2016).

- *Nessus*. Herramienta cuyo objetivo consiste en buscar las debilidades y poder escanear todos los sistemas operativos, aplicaciones y dispositivos de red, ya sean servidores, dispositivos móviles, *routers* y *firewalls* (Castro Vásquez, 2019).
  Las características principales consisten en:
  - Utilizar *exploits* para la explotación de las vulnerabilidades.
  - Se actualiza constantemente.
  - Sus resultados son presentados de forma gráfica.

- *Nexpose*. Recopila datos en tiempo real para facilitar una visión continua de la red cambiante de una organización. Establece la antigüedad de la vulnerabilidad, probarla, encontrar la solución e identificar cualquier programa maligno o *kits* de explotación públicos (Chaudhary & Pandey, 2022).

- *Netcat*. Es una herramienta de código abierto que permite realizar un escaneo sobre la red para identificar o localizar los puertos abiertos, se realiza mediante un *Shell* y forzar las conexiones TCP/UDP con el objetivo de rastrear puertos o trasladar archivos entre equipos (Hurtado Vargas & Calero Suntasig, 2020).[287]

---

287 Ibídem., pp. 38–42.

▼ **Captura de contraseñas**

- *Kismet*. Es un *sniffer*, husmeador de paquetes y un sistema de detección de intrusiones para redes inalámbricas 802.11. Funciona con cualquier tarjeta inalámbrica que soporte el modo de monitorización *raw*.

- *Aircrack-ng*. Es una *suite* de *software* de seguridad inalámbrica. Consiste en un analizador de paquetes de redes, recupera contraseñas WEP y WPA/WPA2-PSK y otro conjunto de herramientas de auditoría inalámbrica.

- *Asleap*. Captura y descifra contraseñas del protocolo LEAD y permite la lectura y capturar el tráfico de diferentes tarjetas de red inalámbrica en el modo de monitor.

5.13 LA IMPORTANCIA DE UNA DEFENSA CIBERNÉTICA PROACTIVA CONTRA LOS CIBERATAQUES

Dentro de los ciberataques podemos distinguir tres tipos de ciberataques según su objetivo: integridad, disponibilidad o privacidad de la información.

5.13.1 Ataques contra la integridad

Lo que pretenden es alterar o manipular datos o sistemas para comprometer su precisión y confiabilidad. Pueden tener consecuencias devastadoras, especialmente en sectores de la banca o la medicina, donde la integridad de los datos resulta crucial.

Independientemente del ciberataque que ha producido la infección del sistema informático, puede provocar afectaciones en el rendimiento de las computadoras, alteración o eliminación de ficheros, que las aplicaciones se cierren o se ejecuten sin el control del usuario, reciban correos que no fueron enviados por el usuario (suplantación de identidad), decodifiquen las contraseñas de las redes inalámbricas, denegación de servicio (DoS) y denegación de servicio distribuido (DDoS), incluso hasta ataques combinados.

5.13.2 Ataques contra la disponibilidad

Constituyen intentos deliberados de interrumpir o degradar el funcionamiento normal de los sistemas, redes y servicios, haciendo que sean inaccesibles para los usuarios legítimos.

Estos ataques pueden producir graves consecuencias, en especial, para las organizaciones que dependen de la disponibilidad continua de sus servicios.

Los ataques contra la disponibilidad representan una amenaza para la continuidad operativa de las organizaciones. El *software* empresarial y la ciberseguridad van por el mismo camino, por lo que las empresas deben priorizar la seguridad para proteger su *software* y sus datos de las ciberamenazas.

Con la implementación de medidas estrictas de seguridad y capacitación en seguridad, las empresas verán reducidos los riesgos de ataques cibernéticos, a la vez que protegen su *software* y datos contra daños y robos.

5.13.3 Ataques contra la privacidad

Tienen como objetivo acceder, exponer o robar información personal y confidencial sin el consentimiento de su propietario. Estos ataques pueden tener consecuencias graves, tanto a nivel individual como para las organizaciones, incluyendo el robo de identidad, fraude financiero y daño a la reputación.[288]

5.14 SEGURIDAD EN SISTEMAS

Para dar comienzo habrá que analizar la red y los sistemas (tanto fijos como móviles) utilizando las herramientas apropiadas para estas funciones.

Para llevar a cabo estas tareas conviene matizar y aclarar algunos conceptos básicos a modo de introducción:

▶ *Exploit*. Es un pequeño fragmento de código que busca "explotar una vulnerabilidad", es decir, aprovechándose del fallo de la configuración, programación, ejecución, etc., conocido para llevar a cabo acciones generalmente maliciosas.

Para crear un *exploit* hay que encontrar una vulnerabilidad en el *software* en el que se basa el proceso. Los investigadores una vez que encuentran la vulnerabilidad, crean el *exploit* y lo hacen público, en la mayoría de los casos, de tal modo que queda a disposición de cualquiera que lo sepa y lo quiera ejecutar.

---

288 Cfr., HAZ LÓPEZ, Lidice, Victoria, GARZÓN BALCAZAR, Jenny Margarita, OROZCO IGUASNIA, Jaime Benjamín y BALÓN RAMOS, Isabel Del Rocío, Hacking ético: teoría & prácticas, Ciencia Latina Internacional, Editorial CID (Centro de Investigación y Desarrollo), 2024, pp. 55, 58, 61 y 62.

▼ *Payload.* Es un pequeño fragmento de código contenido dentro del *exploit*, cuyo objetivo es ejecutarse en la memoria de la máquina de la víctima. Es justo lo que provoca el funcionamiento anómalo que busca el *exploit* y ejercen efectos como ejecutar una *Shell* en la máquina víctima, descarga/instalación de un archivo, creación de un usuario, etc. Están escritos en lenguaje máquina (ensamblador).

Existen tres tipos de *payloads*:

1. *Inline*: ejecutan una acción muy concreta al inyectarse en la máquina de la víctima.

2. *Stager*: se encargan de crear una conexión de red entre el intruso y la máquina víctima con el fin de realizar una descarga completa de *playloads*.

3. *Staged*: estos son los *playloads* que los de tipo *stagers* descargan para ampliar el campo de posibilidades de explotación.[289]

5.15 SEGURIDAD EN REDES

Dentro de las formas que los atacantes pueden interferir en las redes de los sistemas existen múltiples métodos. Entre los métodos generales se encuentran: *Spoofing, Hijacking, Sniffing*, técnicas que se complementan entre sí, y otros tipos de ataques como los ataques DoS y *cracking* de conexiones *Wireless*.

El conjunto de métodos resulta muy prolífico por lo que se recogen algunos de los citados a modo de ejemplo:

▼ **Spoofing**. Esta técnica consiste en establecer una comunicación con un sistema suplantando la identidad de alguna de las máquinas falseando los datos necesarios. Dentro de los tipos de ataque de los *spoofing* están los siguientes:

  • *MAC Spoofing*: esta técnica consiste en cambiar la dirección MAC de una máquina; en general, la del atacante, por otra con la finalidad de cambiar la identidad y evitar su descubrimiento. Las direcciones MAC vienen fijas en el dispositivo para mantener el control y el orden legal en cada dispositivo.

---

289 JIMÉNEZ JIMÉNEZ, Cristian, Seguridad en Redes y Sistemas. Técnicas y conceptos sobre hacking y pentesting, Universitat Oberta de Catalunya, 2016, p. 40.

- *IP Spoofing*: consiste en reemplazar la IP de origen por otra que interesa suplantar. Se esconden los paquetes TCP/UDP/ICMP, etc., manipulando la información para que los paquetes vayan dirigidos a un destino falso.

- *ARP Spoofing*: estos ataques manipulan los paquetes ARP para confundir las conexiones y que de esta forma vayan a parar a otra máquina. Estos ataques se aprovechan de que las relaciones ARP son guardadas en unas tablas con memoria caché dinámicas que pueden resultar manipuladas.

- *DNS Spoofing*: mediante una vulnerabilidad conocida como *Pharming* de los servidores DNS, se manipula la información de las tablas para redirigir al usuario a una dirección de Internet falsa, para que conecte con un servidor infectado con *malware*.

- *SMTP Spoofing*: se manipulan los paquetes de los protocolos de *emails* para que el emisor sea falseado. De esta forma el receptor del *email* verá un *email* aparentemente legítimo pero en realidad es una suplantación de identidad.

- *Web Spoofing*: consiste en utilizar una *web* falsa a modo de *proxy* para monitorear todo el tráfico de Internet de la víctima. Mediante esta falsificación de la página, se deriva a la víctima a las *webs* licitas extrayendo toda la información que el atacante precisa.

- *Blue MAC Spoofing*: su objetivo es reemplazar un dispositivo *bluetooth* enlazado con otro. Si se tiene los datos y se consigue, se puede utilizar para enviar *RATs* y obtener el manejo total del terminal, ya sea fijo o móvil.

- *GPS Spoofing*: crea una señal manipulada ligeramente más intensa que la de un satélite GPS, semejante a las originales (tiempo de respuesta, ubicaciones cercanas, etc.) para que el dispositivo receptor señale una ruta o posición diferente a la correcta.

▶ **Hijacking**. También denominado "Secuestro de sesión" consiste en aplicar un conjunto de técnicas y herramientas para manipular, capturar y alterar el tráfico de red. Su objetivo es obtener un *token* válido de la comunicación entre las máquinas. Se utilizan las siguientes técnicas principalmente:

  - *Predicción de Token*: consiste en predecir la variable ID de la sesión a partir de los patrones que se obtienen del análisis del tráfico de red. El análisis se realiza con herramientas de criptoanálisis, cuyos métodos consisten en capturar gran cantidad de *tokens* mediante los cuales se pueda deducir y prever las siguientes variables ID.

- *Ataque MITM*: el atacante se interpone entre dos dispositivos conectados (redes físicas o inalámbricas) en modo promiscuo sin que ninguno de los interlocutores observen su presencia capturando todo el tráfico. El objetivo es manipular los paquetes TCP de las conexiones, infectar la máquina con *malware* o extraer la información mediante el secuestro de las sesiones.

- *Ataque MITM en navegador web*: el atacante debe previamente infectar la máquina de la víctima con algún tipo de *malware* tipo troyano o RAT especial. El objetivo del *malware* consistirá en realizar un MITM entre el navegador y el resto de Internet directamente, almacenando todo el tráfico de red que sea necesario para su posterior extracción de la información que pretende el atacante. Las cuentas corrientes, visitas de *webs* comprometidas, *emails* o *chats* estarán en peligro por estos secuestros del navegador.

- *Ataques XSS*: pueden crearse *links* con códigos maliciosos en *javasscript* que serán enviados a la víctima con cualquiera de las técnicas comentadas. Al hacer *clic* se ejecutará todo un proceso que facilitará al atacante la información precisa para establecer un secuestro de sesión, además de la posibilidad de la infección de la máquina con otro *malware*.

- *Ataque de replicación de sesión*: el atacante puede tener la habilidad y la casualidad de capturar el *token* de autenticación en el momento del intercambio cliente-servidor con lo que puede reproducir el acceso con dicho *token* para poder tener acceso, es decir, copiar la conexión lícita para obtener un acceso no autorizado.

- *Secuestro Blind*: este ataque ocurre cuando el atacante efectúa un MITM entre la víctima y la otra máquina y es capaz de capturar mediante *sniffing* los paquetes de peticiones de autenticación ACK, SYN e ISN. El atacante se anticipa a la respuesta de confirmación de la sesión y establece la conexión ilegítima.

- *Secuestro UDP/TCP – IP*: el atacante, mediante técnicas de *sniffing*, envía los paquetes capturados y manipulados, suplantando la IP de la víctima, hacia el servidor con el número de secuencia de paquete predicho, lo que provoca que la víctima reciba paquetes con los números de secuencia incorrectos. Así, el atacante se hace con el control de la comunicación sin que la víctima, ni en este caso el servidor, se percaten.

- *Secuestro RST*: este método utiliza una combinación de técnicas de *spoofing* como en el secuestro UDP/TCP con los paquetes RST. Mientras la víctima-servidor se comunica con normalidad, el atacante suplanta la dirección del servidor, respondiendo a la víctima con un RST incorrecto para que la conexión se reinicie.

▶ **Sniffing**. Para poder realizar las tareas de *Spoofing* e *Hijacking* se suelen utilizar técnicas de *sniffing*. Consisten en capturar todo el tráfico de red que fluye entre dos puntos. El atacante se interpone entre dos dispositivos conectados (redes físicas o inalámbricas) sin que ninguno de los interlocutores se percate, por lo que toda la información intercambiada será capturada para analizarla, manipularla, reenviarla ya manipulada extrayendo la información confidencial (contraseñas, IPs y *webs* visitadas, servicios utilizados, etc.).[290]

5.16 SEGURIDAD EN APLICACIONES WEB Y WEBSERVERS

▶ **Aplicaciones *web***. Estas aplicaciones son interfaces que se encuentran entre los usuarios y las *webservers* que suelen moverse entre los dos mundos, ejecutando códigos *javascript* en la máquina del usuario y gestionando consultas cliente-servidor, etc. Por tanto, son susceptibles de ataques de manipulación de código y acciones, como explotación de vulnerabilidades XSS, *spoofing*, *hijacking*, *MITM*, etc. Con la aparición de la *web 2.0*, estos riesgos han aumentado de forma exponencial, dado que el objetivo es crear más interactividad y movimientos a las *webs* tradicionales estáticas.

Dentro de la arquitectura general de una aplicación *web* se aprecia que los "Frentes abiertos" para encontrar vulnerabilidades que explotar son numerosos. Las amenazas las podemos resumir de la siguiente manera:

- *Entradas inválidas*. Cuando las entradas no se validan antes de ser procesadas, aparece un flanco de ataque, el cual, es aprovechado para explotar/inyectar un código y obtener información interesante para el atacante.

- *Manipulación de parámetros*. A veces es posible manipular los parámetros de entrada con la finalidad de modificar permisos de sesión, editar variables, etc.

---

290 Ibídem., pp. 50 – 53.

- *Directorios transversales.* Pueden aparecer vulnerabilidades asociadas a la mala configuración de los accesos a los directorios. También explorando los paquetes de intercomunicación, se puede introducir un código malicioso explotando esta vulnerabilidad.

- *Malas configuraciones o carencias.* Si el atacante logra descubrir errores de configuración, podrá adquirir accesos no autorizados, leer directorios/archivos restringidos, etc. Por ejemplo, no cambiar las cuentas por defecto, incluidas las contraseñas y nombres de usuario, suponen un claro defecto de configuración.

- *Inyecciones de código.* Consiste en inyectar códigos, comandos o archivos con un determinado formato en las consultas de una *web* (base de datos) o en las comunicaciones de las *API´s* para aprovecharse de una vulnerabilidad concreta conocida.

- *Uso de campos ocultados.* Se pueden manipular las consultas con campos que a priori están restringidos, ocultando valores de variables, semejante a los ataques sobre manipulación de parámetros.

- *XSS (Cross-Site Scripting).* Es el ataque más conocido y a la vez más extendido. Explota vulnerabilidades de *web* consideradas 2.0 con el objetivo de inyectar un *script* malicioso para que los demás usuarios lo visualicen.

- *CSRF (Cross-Site Request Forgery).* Es una derivación del ataque XSS tiene lugar cuando un usuario con una sesión válida en su servicio *web* legítimo accede a un servidor infectado con código que es redirigido hacia el servidor legítimo, ofreciendo el acceso no autorizado del servidor al atacante.

- *Envenenamiento de sesiones con cookies.* Este ataque consiste en mantener la sesión habilitada todo el tiempo posible. La modificación de los contenidos de las *cookies* será el principal medio por el que el atacante podrá explotar la vulnerabilidad. Estas *cookies* pueden resultar robadas mediante técnicas de *sniffing*, y utilizadas para comunicarse con el *webserver*.

- *Ataques captcha.* Son acciones demandadas por la aplicación *web* que requieren la interacción directa del usuario para verificar que no es un proceso automático el que realiza la consulta.[291]

---

291 Ibídem., pp. 63 – 65.

▼ *Webservers*. La arquitectura de un *webservers* suele ser la de un sistema junto a un sistema operativo diseñado especialmente para las tareas de servir/recibir. Estos sistemas ejecutan tareas *web* que están basadas en lenguajes de programación destinados a tal fin como PHP, bases de datos y se encargan de alojar los archivos de forma física.

Precisan un cliente, un programa que sea capaz de comunicarse con él, puede tratarse de un navegador *web*, o un programa especial. En base a ello, los usuarios pueden realizar las tareas. Además, el administrador suele tener permisos especiales para poder gestionar y analizar el contenido del servidor, de forma remota o localmente.

Las conexiones son realizadas a través de Internet, por lo que los atacantes aprovechan este flanco para encontrar las vulnerabilidades y explotarlas.

Entre las técnicas de explotación y las posibles intrusiones surgen determinados vectores de ataques:

- *Ataques D/Dos*: con ocasión de consultas incorrectas y/o falsas, procedente de un *botnet*, se puede provocar la caída de los servidores.

- *DNS hijacking*: si se consigue infectar un servidor DNS, sería posible realizar un secuestro de sesión modificando las tablas de mapeo de las direcciones de dominio. Cuando el usuario busca el dominio *web*, realizará una consulta al servidor DNS, el cual, le derivara a otro sitio, probablemente a un servidor *web* infectado.

- *Recursive DNS*: consiste en comprometer los servidores DNS para que realice más consultas de las habituales a sus servidores DNS vecinos en busca de un dominio concreto. Puede servir para amplificar los ataques a diversos servidores DNS.

- *Defacement web*: estos ataques buscan cambiar la configuración de alguno de los servicios del servidor, una aplicación *web*, o el funcionamiento de algún proceso específico, etc. En ocasiones no llegan a causar daños, sino que la pretensión de los atacantes es dejar de manifiesto la debilidad del sistema de forma pública.

- *Ataque splitting*: este ataque está basado en las respuestas HTTP consistente en añadir una cabecera modificada a los paquetes de respuestas de la víctima (usuario). Cuando un usuario realiza una consulta legítima HTTP a un servidor, el atacante le responde con un paquete simulando una respuesta real del servidor (una segunda respuesta, derivada de la primera que recibió el atacante), lo que provoca que el atacante pueda utilizar la respuesta legítima de la víctima y de esta forma el servidor considere que está en comunicación con el usuario legítimo.

- *Ataque SSH por fuerza bruta*: consiste en aplicar ataques con fuerza bruta a los *logins* del protocolo SSH utilizados por los administradores para tener acceso con privilegios no autorizados.

Conocidos los frentes abiertos y lo que son los *webservers* y sus amenazas, se podría realizar una confección de las pautas de ataques.

En primer lugar, se realizará una tarea de *gahtering* que recopile la máxima información sobre el servidor *web* a auditar/atacar.

La aparición en los ficheros de los buscadores, del robot *txt*, puede aportar información importante y sensible sobre los directorios y archivos de los servidores.

Posteriormente, se realiza un escaneo de puertos, servicios, volcado de la *web* para analizar el código, etc. Terminada esta tarea de recopilación de información y de la enumeración, se procedería a realizar la búsqueda de vulnerabilidades a partir de lo descubierto. Utilizando las técnicas específicas que se han descrito se tendría la posibilidad de recabar información de qué vectores resultan más susceptibles de explotación.[292]

_____

292 Ibídem., pp. 67 y 68.

6

REDES SOCIALES

El impacto de las redes sociales ha constituido y constituye un boom en las relaciones sociales a nivel personal, grupal o colectivo. Se trata de un impacto social que engloba a todo tipo de usuarios para el mantenimiento de comunicaciones personales, laborales, ocio, y cualquier otra manifestación de información que puedan obtener o intercambiar entre sus usuarios, que resultan necesarias para la supervivencia de la especie, como por el modo de interacción que se establece entre los mismos.

La RAE (Real Academia Española) recoge la acepción de *red social* como: "Servicio de la sociedad de la información que ofrece a los usuarios una plataforma de comunicación a través de Internet para que estos generen un perfil con sus datos personales, facilitando la creación de comunidades con base en criterios comunes y permitiendo la comunicación de sus usuarios, de modo que pueden interactuar mediante mensajes, compartir información, imágenes o vídeos, permitiendo que esas publicaciones sean accesibles de forma inmediata por todos los usuarios de su grupo".

6.1 ATRAPADOS EN LA TELA DE ARAÑA

En la sociedad actual ha surgido la aparición de dos nuevas especies de comunicadores sociales, los tertulianos y los *influencers*, Atrás quedan los intelectuales verdaderos conocedores de temas cuya especialidad compartían en grandes coloquios, expandiendo su conocimientos a curiosos y adictos a su temática.

Hoy en día, cualquier ciudadano sin ninguna preparación intelectual, o cultural, derrocha palabras por segundo sin contenido valorable o científico obteniendo la curiosidad y seguimiento de numerosos curiosos ávidos de las ideas aleatorias y sin fundamento contrastado, conectando y enlazando sus aparatos tecnológicos para su seguimiento.

Los tertulianos constituyen un grupo de comunicadores que utilizan los medios tradicionales para opinar. Su característica principal consiste en una buena capacidad divulgativa para exponer los temas de la actualidad de una forma sucinta. Pero la realidad, es que los debates, en su gran mayoría, carecen de los tertulianos expertos en la materia y, en consecuencia, la divulgación de su contenido se reduce a chascarrillos al alcance de cualquier indocumentado.

El nuevo boom comunicador es el constituido por los denominados *influencers* o *manipuladores sociales*, que constituyen un grupo más inquietante desde el ámbito de la comunicación. Estos "comunicadores", sin contenido alguno, ejercen una cierta influencia sobre gran número de usuarios de la población, sin distinción de edad, a pesar de la rumorología general de que solo tienen influencia sobre los adolescentes.

El fenómeno *influencer*, empieza a resultar preocupante desde el punto de vista del impacto que ejerce en la capa de la sociedad, que aún resulta más influenciable, en este caso, en los adolescentes, pudiendo ejercer un control sobre su pensamiento y actitud personal. Estos adolescentes consideran que toda información transmitida por los *influencers* o *manipuladores sociales* a través de las redes sociales es honesta y, en consecuencia, gozan de su confianza. El peligro de esta influencia no es que puedan dirigir a los adolescentes hacia una serie de hábitos en sus costumbres, sino que puedan influir en sus pensamientos, comportamientos, imagen social, o incluso en sus valores.

Las redes sociales están dando lugar a la información distorsionada, carente de fundamento científico, propagando de forma deliberada todo tipo de noticias falsas (*fake news*) y bulos.

Las redes sociales consiguen el estrechamiento del conocimiento del ser humano, al limitar su expansión. Una vez conseguida su atención anulan la capacidad de reflexión de las personas, esto se consigue a través de toda una serie de entretenimientos dirigidos a controlar indirectamente los pensamientos y comportamientos de las personas, a través de la manipulación directa de las emociones.

Las redes sociales no solo han sido concebidas para captar la atención del usuario en cuanto a su tiempo de dedicación, sino que, una vez conseguido el objetivo no las abandones. Es decir, que están diseñadas para que resulten lo más adictivas posibles.

Esta adicción a las redes sociales conlleva una serie de connotaciones negativas como son la reducción de la productividad, insatisfacción personal y un aislamiento social donde la persona se sumerge en un mundo virtual carente de sentimientos y de falta de empatía con otras personas, que le sumerge en una realidad ficticia. Internet viene a significar algo así como "la red (telaraña) global" (Adell y Bellver, 2009). En un principio su cometido inicial fue la distribución de la información, pero no es menos cierto que, el principal cometido de la red es que no escapen sus víctimas una vez atrapadas.

Las redes sociales ejercen un control emocional del sujeto, el cual, una vez atrapado e infectado por las mismas, será el encargado de transferir a su círculo de contactos la citada red, propagando la infección.[293]

6.2 LA TECNOCRACIA O EL MUNDO DE LA INCOMUNICACIÓN TRADICIONAL

Las redes sociales están ocasionando una serie de condicionantes sobre el ser humano que tiende a aislar socialmente a las personas del mundo que le rodea, de ese espacio físico que interrelaciona a unos individuos con otros.

El mundo virtual cada vez más extendido y arraigado en el interior del individuo crea una serie de hábitos y costumbres que individualiza a la persona convirtiéndola en un ser autómata como si fuera una ramificación tecnológica.

Una de las consecuencias que las redes sociales ejercen sobre los seres humanos es que se está perdiendo la capacidad del pensamiento abstracto, es decir, cada vez hay un mayor número de personas incapaces de pensar abstractamente, de tener juicios críticos, lo que conduce a que el ser humano se convierta en un ser deshumanizado.

Se renuncia dando la espalda a la realidad para ser atrapados en el mundo virtual donde la información captada por nuestro interés puede estar distorsionada o falseada, sumergiéndonos en una realidad ficticia, haciendo que el individuo se convierta en un ser irreflexivo, impulsado únicamente por sus emociones. Las redes sociales sirven como medio de comunicación y, para agrupar y crear, comunidades de forma virtual alejando al individuo de todo contacto físico y temporal. No obstante, la realidad es que su función principal consiste en el entretenimiento y la ocupación de un vacio e infelicidad que sumerge al ser humano en una persona alejada socialmente del entorno que la rodea. Ese vacío que soporta el individuo

---

293 Cfr., BLASCO FONTECILLA, Hilario, El impacto de las redes sociales en las personas y en la sociedad: redes sociales, redil social, ¿o telaraña? tarbiya, 49, Madrid, pp. 98, 102–104.

sirve para que a través de las redes sociales puedan controlar y manipular nuestro comportamiento y dirigirnos en una dirección sujeta y controlada a través de la red.

La tecnocracia supone un gran avance en múltiples facetas para el ser humano desde ámbitos tan dispares como la medicina, economía, deporte, ocio, cultura, locomoción, Inteligencia Artificial, etc. Pero unos sistemas tecnológicos sin control por parte del ser humano pueden desbordarse y salirse de la influencia del individuo, creando situaciones inestables y preocupantes, tanto a nivel individual como social. Por tanto como dice Jesús Díaz (2020): "Si queremos salvar a la humanidad, hay que destruir *Facebook*".[294]

6.3 EL FENÓMENO DE LAS REDES SOCIALES EN LA SOCIEDAD

Las redes sociales han sido tratadas desde diferentes campos de estudio como la antropología, matemáticas, sociología, psicología, etc. A partir de la segunda mitad del siglo XX, y con el desarrollo y expansión del mundo tecnológico de las comunicaciones, las redes sociales con el apéndice 2.0, va a convertirse en el principal medio de comunicación a nivel global, formando una cadena humana de conexiones donde la comunicación es transmitida y recibida de forma instantánea.

---

294 Ibídem., pp. 105 y 106.

En un principio donde el contacto físico era necesario para la búsqueda de apoyo emocional y de ayuda instrumental, va a dar paso en la actualidad, a dejar en el olvido ese contacto físico, en busca de la inmediatez, la novedad, el acaparar el mayor número de seguidores para sus aspiraciones expansivas en la red, y donde la juventud representa el caldo de cultivo para fomentar esta tendencia, dejando atrás la interacción física.

El origen de las redes sociales, tal y como está representada en la actualidad, surge en 1997, con la red *sixdegrees.com*, que posibilitaba a los usuarios crear un perfil y tener una relación de contactos, para en 1998, poder navegar por la red. A partir de este instante el crecimiento ha resultado exponencial, tanto a nivel de usuarios como de redes.

Después de las décadas de 1950-1960, y de pocos estudios realizados sobre las redes sociales, surge a partir de la siguiente década un auge espectacular de los estudios de redes sociales, con el nacimiento de revistas científicas y numerosas investigaciones.

El mayor empuje de las investigaciones en las redes sociales lo va a constituir la aparición de Internet. En 1971, se envía el primer *mail* entre dos ordenadores que se encuentran instalados en una misma sala.

Las redes sociales 2.0 tienen sus inicios con motivo de la crisis informática ocurrida en 2003, donde numerosas empresas que utilizaban las páginas *web* se vieron obligadas a cerrar sus cuentas debido a las faltas de visitas. Es cuando surge la aparición de Marc Pincus, Reid Hoffman y Jonathan Abrams, creando empresas *online*, destinadas a la interacción entre personas, dando una mayor relevancia al usuario y no tanto a la empresa de la época. Este hecho supondrá una recuperación de grandes resultados mediante la economía digital.

El desarrollo tecnológico y, en consecuencia, el industrial, unido a la globalización de los mercados y el auge que va a experimentar Internet como medio de conexión entre numerosos usuarios de cualquier parte del globo terráqueo, va a propiciar la aparición de sitios *web* de uso social, creándose nuevas formas de comunicación de forma instantánea, facilitando el uso y el surgimiento de múltiples *webs* que facilitan el acceso a los usuarios y a la interacción entre los navegantes.[295]

---

295 Cfr., PÉREZ-WIESNER, Mateo, POVEDA FERNÁNDEZ-MARTÍN, María, y LÓPEZ-MUÑOZ, Francisco, El fenómeno de las redes sociales: evolución y perfil del usuario, Departamento de Psicología, Facultad de Ciencias de la Salud, Universidad Camilo José Cela, Madrid, 2014, pp. 93 – 95 y 97.

Al igual que ocurre con otras terminologías, el hecho de poder realizar una aproximación conceptual de las redes sociales surgen numerosas teorías con la finalidad de establecer un concepto fiable y exacto del mismo. No obstante, existe un nexo común al indicar en que el núcleo fundamental para la creación y mantenimiento de las mismas son los usuarios que las componen, sean personas físicas o no, y las relaciones que mantienen, independientemente de sus características individuales.

Entre las definiciones surgidas podemos establecer que la red social: "Es aquella que está formada por actores sociales, los cuales pueden ser de cualquier índole, que mantienen una serie de relaciones sociales instrumentales, personales, físicas, terapéuticas, etc. (Wasserman y Faust, 1994)". Posteriormente, en 2007, otra establece que: "Las redes sociales son servicios basados en *web* que permiten a los individuos construir un perfil público o semipúblico dentro de un sistema limitado, así como articular una lista de conexiones y las realizadas por otros dentro de un sistema (Body y Ellison, 2007)".

La finalidad de las redes sociales consiste en unir personas atrayendo a todo tipo de perfiles, aunque en la realidad también se encuentran recogidos grupos segmentados por afinidad ideológica, cultural, deportiva, social, edad, aficiones, etc., compartiendo nuevas herramientas de información y comunicación como la conectividad, móvil, blogs, fotos o vídeos, entre otras.

Existe una gran diferencia entre la red social tradicional y la que en la actualidad denominamos red social 2.0, ya que esta última es la creada por Internet, pasando de la red tradicional a la red digital o *Social Netwok* (Caldevilla, 2010). El concepto 2.0, lo que significa y da a entender es que se trata de un uso social de interacción entre usuarios virtuales. Por lo que cada usuario forma parte de un todo y, otra de sus características diferenciadoras, reside en la presencia física de los usuarios. En definitiva, la red social 2.0, se basa en la presentación de un perfil que el usuario elabora libremente.

En cuanto a la estructura de las redes sociales, la relación que mantienen entre sí los miembros de la red constituye el pilar fundamental para su mantenimiento y delimitaciones. El sentimiento de pertenencia de los componentes marca de alguna manera la diferencia entre redes sociales. Este sentimiento está basado en una serie de principios. El principio de *cohesión* —los miembros son similares y sus límites son marcados por las propias relaciones—, principio de *equivalencia* —los miembros equivalentes poseen pautas de relación equivalentes con otros miembros de la misma posición en relación a otros miembros— y *principio de prominencia, de rango y de corretaje* —los lazos relacionales definen el poder o la libertad de actuar de cada miembro—.

En la actualidad, y debido a la expansión creciente de los tipos de redes sociales, nos encontramos con diversas clasificaciones. Así tenemos *las redes horizontales o genéricas* –dirigidas a todo tipo de usuarios y sin una temática fija–, *las redes verticales* –específicas en función de los usuarios y de la actividad–, *las redes sociales directas* –servicios a través de Internet en los que existen una colaboración entre grupos que comparten intereses en común, interactuando entre sí en igualdad de condiciones, controlando la información que comparten– y *las redes sociales indirectas* –servicios a través de Internet que cuentan con usuarios que no suelen disponer de un perfil visible para todos, existiendo un individuo o grupo que controla y dirige la información o las discusiones en torno a un tema concreto– (Body y Ellison, 2007; Clarke y Montesinos, 2014; ONTSI, 2011). A su vez y dentro de estas clasificaciones existen una serie de subtipos basados según la finalidad de la red, del modo de funcionamiento, de su contenido, del perfil personal y/o profesional, de la temática, de música o de contactos, entre otros.

La explosión del uso de las redes sociales en torno a 2008, comienzan a generar un sentimiento de inquietud y dependencia que ejercen sobre el comportamiento de los usuarios, dando lugar un año después a lo que los investigadores comienzan a denominar *periodo de consolidación de las redes sociales*, donde existe un discurso normalizado confirmando de una manera fehaciente que forman parte de nuestra vida personal, social, laboral, académica, de contacto, etc., y de manera muy especial, en la forma de nuestra comunicación con los demás.[296]

6.4 LOS PERFILES DE LOS ADOLESCENTES EN LAS REDES SOCIALES

Un estudio realizado por el Instituto Nacional de Estadística en 2013, aseguraba que el 64,1% de los usuarios de Internet había participado en los últimos tres meses en redes sociales de carácter general como *Facebook*, *Twitter* o *Tuenti*, recogiendo el informe que los estudiantes eran los que más participaban con un 94,8% y los jóvenes de dieciséis a veinticuatro años con un 94,5%. Por género, la participación de las mujeres representaba un 65,6%, y los hombres un 62,8%.

La edad de comienzo es cada vez más temprana, ya no se utiliza la red solo para obtener información, sino de participar en ella cambiando todos nuestros hábitos y costumbres en la forma de interactuar y de relacionarse con los demás. La inmediatez, la permanente interactividad y la posibilidad de estar conectado constantemente permitiendo la navegación en múltiples pantallas al mismo tiempo y

---

296 Ibídem., pp. 98 – 100.

en varias redes sociales intercambiando fotos, vídeos, conversaciones, etc., refuerza el posicionamiento dentro del grupo.[297]

El reforzamiento de la imagen a través de la red cada vez tiene una mayor participación de adolescentes que comienzan a insertar en una red social como *Instagram*, *You Tube*, *Tik Tok* o *Twitch*, imágenes, vídeos, o comentarios, donde adquirir notoriedad en busca de un seguimiento masivo para poder conseguir la categoría de *influencers* y de esta manera alcanzar la celebridad.[298]

El hecho de que sean los jóvenes o adolecentes los que mayor uso hacen de las redes sociales, no es un mito, es una realidad, ya que en cierta manera las nuevas generaciones han crecido con esta tecnología, por lo que son considerados como nativos digitales, conocedores de los servicios y utilidades que estas les ofrecen.

Uno de los atractivos que ofrecen las redes sociales y, por lo que capta la atención y seguimiento por parte de la juventud, reside en la inmediatez a las consultas que realizan y al número de servicios que permiten su acceso al instante. También resulta importante la comunicación escrita permitiendo controlar la respuesta que se quiera mandar a cada persona en cada momento. Aspecto que le diferencia del entorno real donde la situación se produce de forma inesperada. Por lo que al interactuar a través de las nuevas tecnologías en las redes sociales permite rememoraciones de las conversaciones mantenidas (Megías y Rodríguez, 2014).

Estas constituyen un factor determinante en las relaciones interpersonales debido a su función en la comunicación, además de permitir estar actualizado y en constante contacto con la realidad social. En base a todas estas consideraciones, las redes sociales para la población joven ha llegado al extremo de que pertenecer a este nuevo modelo socializador se ha convertido en un deber (Díaz, 2011).[299]

Existe una gran variedad de redes sociales como *Facebook*, *Twitter*, *Tuenti* o *Instagram*, siendo la herramienta más utilizada por los jóvenes, para el envío de fotos o vídeos y mantener una conversación sobre las actividades que han realizado. Dentro del marco de las actividades de las redes sociales constituye una pieza clave en la construcción de la identidad del adolescente, en la búsqueda de nuevas amistades. Es significativa la importancia de interrelacionarse entre unos y

---

297 Ibídem., p. 107.

298 Cfr., PÉREZ SUÁREZ, Jorge Ramiro, DÍAZ GALÁN, Julio, MUÑOZ ANGUITA, Mario, CORDERO VERDUGO, Raquel Rebeca y SILVA ESQUINAS, Antonio, Guía de buenas prácticas sobre el uso de las redes sociales, Universidad Europea, Grupo de Conocimiento-Investigación en Problemáticas Sociales, Edición: Unión de Asociaciones Familiares, Madrid, 2023, p. 14.

299 Cfr., MARTÍN ROSELL, María, Jóvenes y Redes Sociales, Universidad de La Laguna, 2015. Disponible en: Jóvenes y redes sociales.pdf, p. 11.

otros de forma virtual, como expresión de comportamiento de acuerdo a las normas imperativas impuestas por las redes sociales, pero no es menos cierto que, uno de los aspectos más significativos por ciertos usuarios es la necesidad de atraer la atención del mayor número de seguidores de la red, es decir, una mayor popularidad.

Sin embargo, en ese ranking de popularidad, no siempre es real sino engañoso, porque permite agregar usuarios sin ningún control haciendo creer al adolescente que pertenece a un gran grupo del que forma parte. Sin embargo, el tejido social virtual (*online*) difiere en gran medida del que realmente hay fuera de la red (*offline*). Se estima que el número de contactos que de media se suelen tener en las redes sociales, oscilan entre los 200 y 300 usuarios, con los que únicamente se mantienen relación física en el exterior, rondan los 50 contactos (Bonds y Raacke, 2010; Llorca, Teresa Cabrejas, Bueno y Llorca, 2011).

Los jóvenes al estar más familiarizados con el contacto virtual establecen más amistades por medio de la red, al encontrar en su utilización un anonimato y una mayor disposición a un contacto por la red que, a un trato personal, donde es necesario y requiere un espacio físico para contactar y un tiempo predestinado para la cita. En las redes sociales ambas condiciones dejan paso a la inmediatez y a la intemporalidad.

Un apartado que tiene lugar igualmente en la red es la configuración del tipo de perfil que cada usuario cuelga en las redes sociales, adornándola con imágenes, que pueden resultar ficticias, no sujetas a la realidad física del usuario, y donde su identidad puede ser tergiversada en cuanto a su personalidad real.

Es necesario realizar una matización con referencia a la información que se cuelga en la red, en base al perfil dependiendo del género, pues resultan diferenciadores en cuanto a sus intereses entre hombres y mujeres. Mientras que las mujeres prefieren privatizar su perfil, tergiversando la información faltando a la realidad. Los hombres se ajustan más a la veracidad. En cuanto a los datos relativos a la edad, género, amistad, lugar, sentimientos, etc., es donde los jóvenes se muestran más fiables a la hora de ofrecerlos y compartirlos de forma real (Bonds y Raacke, 2010; Llorca, Teresa Cabrejas, Bueno y Llorca, 2011).

El motivo del uso excesivo por parte de los jóvenes de la tecnología virtual, acarrea una serie de limitaciones e imposiciones que retrotraen otras actividades tradicionales, que pasan a un segundo plano o, en ocasiones, aún peor terminan desapareciendo en el olvido. Las actividades físicas realizadas en espacios abiertos terminan por desaparecer sumiendo a los jóvenes en un estado de descuido hacia otras rutinas cotidianas como la práctica de actividades deportivas, necesarias para no solo la salud física, sino también mental. Además de un menor rendimiento académico motivado por la disminución del tiempo empleado en las materias académicas y, en una mayor dedicación, a las redes sociales. El número de horas dedicadas a la conexión de las redes termina por condicionar el comportamiento conductual del individuo en su relación, tanto a nivel familiar, social, laboral, académico, etc.

Existen diversos estudios realizados sobre el tiempo dedicado por los jóvenes a las redes sociales. Algunos tratadistas consideran que el tiempo invertido en las redes sociales se sitúa en la franja entre dos o cinco horas diarias (Artemis, *et al.*, 2012; Bonds y Raacke, 2010, Rodríguez y Fernández, 2014). En principio, estos datos fueron para interpretar si existía un abuso o adicción de los jóvenes hacia las redes sociales. Sin embargo, no se pudo llegar a ninguna conclusión definitiva al no poder establecer un criterio unificado por los investigadores con respecto a las tecnologías de la información y de la comunicación (TIC´s).

Otros, consideraron que el uso de más de cuatro horas diarias a *Facebook*, debían ser considerados como adictos (Herrera, Pacheco, Palomar y Zavala, 2010). Mientras que (Artemis et al, 2012), lo consideran como abuso y no adicción, tomando como base para el abuso más de dos horas diarias.

Igualmente, realizados estudios psicológicos sobre el uso de las redes sociales en los jóvenes se ha podido determinar que la actividad diaria de más de dos horas de dedicación presenta una mayor vulnerabilidad y unos mayores estados depresivos.

Los jóvenes utilizan las redes sociales con la intención de mejorar sus relaciones, el número de horas y tiempo invertido durante el día, hace que la información resulte sobrepasada con la realidad, por lo que puede provocar situaciones desagradables y confusas por su contenido y, donde en ocasiones, comentarios apresurados que una vez remitidos y debido a la inmediatez del mensaje pueden resultar perjudiciales para el remitente.[300]

6.5 EL COMPONENTE RELACIONAL, DE ENTRETENIMIENTO Y DE OCIO DE LAS REDES SOCIALES

Las tecnologías y el entorno digital están interrelacionados en la actualidad con el mundo real. El mundo real y el mundo virtual resultan caminos paralelos en sus operaciones diarias desde el teletrabajo, búsqueda de información, compras *online*, relaciones personales, pagos, entretenimiento personal, etc.

---

300 Op. cit., PÉREZ-WIESNER, Mateo, POVEDA FERNÁNDEZ-MARTÍN, María, y LÓPEZ-MUÑOZ, Francisco, El fenómeno de las redes sociales: evolución y perfil del usuario, Departamento de Psicología, Facultad de Ciencias de la Salud, Universidad Camilo José Cela, Madrid, 2014, pp. 108–110.

Las redes sociales forman parte indisoluble de nuestras vidas. Los comportamientos personales y sociales han variado de forma sustancial, en parte y en gran medida, por los recursos tecnológicos. El ser humano aparenta una mayor sociabilidad por el constante contacto a través de las redes sociales intercambiando información de todo tipo, cuando en realidad es un individuo aislado y falto de empatía con el resto de la sociedad, al estar sumido y atrapado por las redes sociales que acaparan toda su atención y tiempo.

El impacto que causa en la juventud puede tener connotaciones positivas, sin embargo, no debe olvidarse que detrás de esa atención a la red se esconden empresas que buscan la monetización, la fidelidad y la generación de necesidades. La juventud puede no ser consciente del impacto que pueden causar las redes sociales en su comportamiento diario, desde dirigir y encauzar tus hábitos hasta modificar tus opiniones con respecto a tus gustos o costumbres.

El componente relacional de las redes sociales resulta fundamental para los jóvenes. Estas relaciones pueden tener una triple vertiente: la búsqueda de crear y mantener relaciones afectivas y sexuales, el mantenimiento de redes de apoyo y la relativa al estatus.

Las *relaciones afectivas y sexuales*, consistentes en el uso de las redes sociales para intercomunicarse entre sí en busca de mantener unas relaciones de amistad o de carácter sexual. En la actualidad, *Instagram* se ha convertido en la red con mayor proyección para los adolescentes a la hora de ligar, mediante la utilización de las *stories* —publicaciones efímeras que desaparecen después de 24 horas—. Estas pueden ser fotos, vídeos, o texto que comparten en plataformas como *Instagram*, *Facebook*, y otras.

Son una forma rápida y sencilla de compartir momentos del día a día con amigos y seguidores. Es una herramienta popular en las redes sociales para compartir contenido de forma rápida y espontánea, con un enfoque en la actualidad y la interacción momentánea, y los *likes* —"*like*" o "me gusta" es una función incorporada en redes sociales y otras plataformas en línea que permite a los usuarios expresar su aprobación o interés por un contenido específico—, etc. Este mantenimiento o intercambio de contactos relacionales pueden incluso, generalmente en las mujeres, llegar a desembocar en un acoso, recibiendo contenido sexual no deseado.

El mantenimiento de las *redes de apoyo* –familiar, amigos, docente, etc.– Este tipo de relaciones suele resultar, por regla general, más distante e infrecuente ya que las personas adultas tienen un gran desconocimiento de sus dinámicas. La barrera generacional existente con motivo de la era digital resulta complicada de sortear por falta de los conocimientos necesarios por las personas adultas y por la falta de intercambio de comunicación entre ambas partes.

En cuanto a la *relación de estatus*, la idea de contar con un gran número de seguidores en las redes sociales se convierte en una señal de estatus, donde el seguimiento constituye un nivel superior con respecto a los demás usuarios o seguidores pudiendo convertirse en un temor el hecho de dejar de seguir o ser seguidos en las redes sociales.[301]

6.6 EL RIESGO DEL USO ABUSIVO DE LAS REDES SOCIALES

La realidad de las redes sociales es que todo se idealiza en el campo virtual mostrando un panorama perfecto donde se hacen realidad todos sus sueños y anhelos. Sin embargo, la gente del mundo real, la física de nuestro entorno, cuenta con problemas diarios que tiene que ir sorteando a base de esfuerzo y dedicación para avanzar en su día a día. El uso del intercambio de imágenes, fotos o vídeos, pueden terminar con resultar un peligro porque pueden acabar en terceras personas fuera del círculo de confianza y finalizar en un chantaje o *ciberbullying*.

El anonimato de la red faculta al agresor a dar rienda suelta a sus inclinaciones degradadoras hacia los demás, menospreciando todo tipo de aspectos como su raza,

---

301 Op. cit., PÉREZ SUÁREZ, Jorge Ramiro, DÍAZ GALÁN, Julio, MUÑOZ ANGUITA, Mario, CORDERO VERDUGO, Raquel Rebeca y SILVA ESQUINAS, Antonio, Guía de buenas prácticas sobre el uso de las redes sociales, Universidad Europea, Grupo de Conocimiento-Investigación en Problemáticas Sociales, Edición: Unión de Asociaciones Familiares, Madrid, 2023, pp. 16 – 18.

color, físico, creencias personales, aficiones, orientación sexual, etc. En ocasiones, no existe una intencionalidad maliciosa, pero el hecho de subirlo a la red puede ocasionar que lo que era una apreciación sin relevancia como un comentario sin mayor profundidad termine por derivar en un objeto de burla y escarnio hacia la víctima que pueda producirle una baja autoestima sumiéndole en cualquier proceso depresivo. Las relaciones tradicionales donde las burlas, amenazas, o cualquier otro tipo de vejación, se producía de forma física y temporal, es decir, tenían lugar en el entorno donde te desenvolvías, colegio, deporte, barrio, etc., pero una vez que te salías de ese círculo, por ejemplo, volviendo a tu casa, el problema había desaparecido en ese momento. Sin embargo, la realidad virtual no desaparece sino que incluso puede extenderse sin tu presencia física.

El uso abusivo del *Tik Tok* puede producir el asumir discursos que resultan populistas o alarmistas sobre las realidades sociales, incluyendo bulos, especialmente si proceden de creadores que idolatran y que pueden suponer procesos de una radicalización. Esta tiene muchas manifestaciones asumiendo estereotipos relativos a identidades de género, la migración, desigualdad social o la pobreza.

Otro desencadenante es el distanciamiento familiar donde la brecha generacional se hace patente entre ambas generaciones.

Y, la pérdida de tiempo para la dedicación al estudio, o la distracción o abandono de otras actividades lúdicas de gran relevancia en el ocio tradicional.

La dedicación en exclusiva a las redes sociales comporta un fuerte impacto en la autoimagen o en el hostigamiento que producen algunos de los comentarios que provocan una desestabilización en la víctima, resultando más nocivas las conductas autolíticas.

El comportamiento de pertenencia en las redes sociales de un usuario comporta una serie de condicionantes autoimpuestos que, redundan en la exclusión del grupo, a personas que no cumplen con los cánones establecidos para ser integrantes de este círculo, lo que de algún modo hace que se pierda la verdadera autenticidad de la persona.

La búsqueda de la gloria de forma rápida y carente de valores, puede desembocar en todo tipo de problemas en la salud mental de los jóvenes, ávidos de esa inmediatez en los resultados, pero carente de contenido y llenos de un vacío difícil de rellenar. Este impacto puede provocar, como se viene informando, el tener unos resultados negativos que redunden en perjuicio de la autoimagen, sentimientos de exclusión en base a no poder alcanzar los objetivos marcados o expuestos, o un desencanto vital que sume a la persona en una desesperación y pérdida de autoestima que no pueda controlar.

Como todas las actividades, el recurso de las actividades de las redes sociales no se diferencia de otras en cuanto a su contenido y al tiempo de dedicación a las mismas. En definitiva, no se trata de actividades, buenas o malas, lo serán en el uso y la dependencia que se tenga de ellas. Como ejemplo, se podría citar que es bueno cuando nos encontramos en busca de un trabajo y comenzamos a enviar currículos a las empresas o sitios oficiales con la intención de poder entrar a pertenecer a dichas ocupaciones laborales. En cambio, si ha supuesto un estado de ansiedad o estrés en la persona remitente, al sentirse presionada o agobiada por las expectativas sociales que percibe, entones, diríamos que no resulta tan buena.

Durante la adolescencia se da prioridad a ser aceptados y valorados en función de cómo queremos que se nos juzgue de acuerdo con los requisitos de pertenencia a ese grupo del que nos sentimos participes y del que no queremos ser excluidos. En función de este comportamiento estamos mandando un perfil que puede no ser el real de acuerdo con nuestra personalidad, resultando ficticia dicha imagen alejada de nuestros valores personales y críticos.

Con este comentario no se trata de demonizar las redes sociales sino que va en la dirección de que la pertenecía a un grupo o círculo virtual, carece de valores y de sentido, si no adecua con arreglo a los cánones de nuestra forma de ser y de pensar, es decir, de mantener un criterio valorativo de nuestra pertenencia.

Esta lucha interna que puede producirse en los jóvenes puede provocar estados de ansiedad, estrés y frustración si no logran alcanzar los objetivos que se planteen. Esta insatisfacción o el no poder alcanzar los sueños imaginados, no significa que desemboquen en comportamientos suicidas. Lo que sí provocan son metas inalcanzables y la aparición de la cultura de la perfección, carente de contenido, que afecta a la sociedad y, muy especialmente, a un colectivo como la juventud donde su futuro está por aparecer y desarrollar pero que busca su solución en la inmediatez y carente de esfuerzo en lograr sus metas aún por definir.

Es fundamental, para alejarse de esa realidad ficticia que la juventud comience a alejarse de los discursos estereotipados que les alejan de la realidad, cuando ni siquiera han comenzado a desarrollar un pensamiento crítico.[302]

---

302 Cfr., PÉREZ SUÁREZ, Jorge Ramiro, DÍAZ GALÁN, Julio, MUÑOZ ANGUITA, Mario, CORDERO VERDUGO, Raquel Rebeca y SILVA ESQUINAS, Antonio, Guía de buenas prácticas sobre el uso de las redes sociales, Universidad Europea, Grupo de Conocimiento-Investigación en Problemáticas Sociales, Edición: Unión de Asociaciones Familiares, Madrid, 2023, pp. 32 – 37.

6.7 LAS REDES SOCIALES COMO MEDIO DE DIFUSIÓN

Las redes sociales han constituido un hito en materia de difusión masiva debido al impacto y alcance que ha tenido en la sociedad actual. Su comunicación interactiva y dinámica ha supuesto una expansión de las redes sociales alcanzando a todos los ámbitos de la sociedad.

La comunicación siempre ha estado constituida por los mismos elementos: emisor, mensaje y receptor, como esquema básico, aunque siempre existen elementos circundantes que han supuesto un análisis y estudio, tanto desde el ámbito de la semiótica como de las relaciones causa-efecto dentro del marco de las teorías del comportamiento humano, los canales de comunicación y las variables tecnológicas, entre otros factores.

En base a este razonamiento, uno de los elementos constitutivos característicos, en la actualidad, son los nuevos medios, canales y técnicas de comunicación. El proceso de la comunicación en la historia de la humanidad ha tenido distintas fases como medio de propagar la comunicación.

La aparición de la escritura —aproximadamente hace 5.500 años en Mesopotamia, alrededor de 3.500 a.C., aunque igualmente se considera que apareció de forma simultánea en Egipto, marcando la transición de la prehistoria a la historia y permitiendo la conservación y transmisión del conocimiento de manera más eficaz— facilitaron el establecimiento de las primeras relaciones de comunicación de los seres humanos.

Siguiendo un orden cronológico significativo en 1930, se produce otro cambio sustancial en el mundo de la comunicación la aparición del teletipo, que permitirá el intercambio de mensajes de manera remota. Surgiendo nuevos avances tecnológicos como el fax y el teléfono. Sin embargo, el cambio sustancial en el sistema de la comunicación y que tendrá lugar en la década de 1960, con la aparición del desarrollo de la "Red Internacional" o "International Network", será la aparición de Internet. Un medio que va a permitir potenciar la simultaneidad e inmediatez de la información, pero con la característica principal, de "subir", sistematizar y clasificar la información en un espacio virtual común.[303]

La terminología comienza a ser empleada de forma diferente al referirse a los medios de comunicación como medios de difusión, transformando el medio tradicional en un proceso interactivo, cambiante y dinámico. Los medios de difusión

---

303 Cfr., HÜTT HERRERA, Harold, Las redes sociales: una nueva herramienta de difusión, Reflexiones, volumen, 91, número 2, Universidad de Costa Rica, San José (Costa Rica), 2012, p. 122.

involucran tanto a los medios tradicionales como a los espacios virtuales, dentro de los que se encuentran las redes sociales y los mecanismos de interacción de los grupos de usuarios con la ayuda de la tecnología –blogs, wikis, etc.–. Una regla fundamental en este espacio virtual es que no existen reglas: no hay censura, línea editorial o restricción que marque la pauta en este tipo de espacios.[304]

Desde la aparición de *SixDegrees.com* como la primera red social auténtica, aparecida en 1997, con la mayoría de las características que definen a este tipo de sitios en donde los miembros podían crear perfiles, establecer listas de contactos, y comunicarse a través del sistema de mensajería privada. Más tarde, aparecerían *Linkedin, Facebook, You Tube, Twitter, Tuenti, Twitch, WhatsApp, Instagram*, etc., convirtiéndose en una proliferación constante dentro de la red.

Este aumento de las redes sociales ha supuesto un cambio sustancial en la forma de entender la comunicación y que el paradigma de Lasswell haya necesitado de nuevos elementos a añadir como la inmediatez y el controlar o seguir una estrategia a través de las redes, para que las críticas a nuestros perfiles no se conviertan en algo que no podamos controlar, repercutiendo negativamente en el ámbito de la imagen y de la opinión pública.

La fórmula de Lasswell, consiste en un modelo de comunicación que se centra en cinco preguntas clave para analizar cualquier acto comunicativo: "¿Quién, dice qué, por qué canal, a quién y con qué efecto?". Este modelo, propuesto por Harold Lasswell en 1948, se considera un modelo básico y descriptivo que ayuda a identificar los elementos esenciales de la comunicación, especialmente en el ámbito de la comunicación de masas.

Estos elementos del modelo son:

- ¿Quién? (Emisor/Fuente): se refiere a la persona o entidad que emite el mensaje.

- ¿Dice qué? (Mensaje): es el contenido o la información que se transmite.

- ¿Por qué canal? (Medio): se refiere al medio o canal a través del cual se transmite el mensaje (televisión, radio, Internet, etc.).

- ¿A quién? (Receptor): se refiere a la persona o grupo al que va dirigido el mensaje.

- ¿Con qué efecto?: (Efecto): se refiere al impacto o consecuencias que el mensaje tiene en el receptor.

---

304 Ibídem., p. 123.

Aunque tiene la consideración de unidireccional su simplicidad y enfoque en los elementos básicos lo hacen útil para comprender los procesos comunicativos.[305]

La información tradicional de la prensa escrita, radio o televisión, por parte de los periodistas o reporteros desplazados a los espacios físicos donde se producían los acontecimientos a narrar, han quedado relegados por la inmediatez de la noticia a través de las redes sociales donde se produce el hecho narrado con toda serie de detalles sin la necesidad de desplazar a personal cualificado para dar cuenta de los hechos ocurridos.

Las relaciones sociales son inherentes al ser humano, por lo que la interacción entre este y su medio circundante es esencial. Los espacios de *chat*, resultan primordiales para grupos o círculos de acción, constituyéndose en oportunidades para interactuar de forma dinámica, segura y efectiva, donde intercambiar todo tipo de información o experiencias, o simplemente, como medio de expresión.

Internet ha supuesto un cambio en la sociedad y está contribuyendo a la transformación de las empresas en sus operaciones de ventas y servicios. Esto viene fundamentado por las nuevas generaciones de consumidores de identificación a la compañía y la marca por su presencia en la *web* (Celaya, 2008).

La *web* actúa en función de las expectativas crecientes y cambiantes de las personas, realizando una adaptación multipartita, tanto en la redacción como en la presentación de los productos y en la estructura de sus contenidos.

El uso de los recursos tradicionales, como han sido y continúan siendo, en menor medida en cuanto a su demanda, ha supuesto un giro radical en la forma de conseguir información de los acontecimientos diarios que nos interesa. Atrás queda la información clásica (periódicos, revistas, noticias de televisión, radio, etc.) para dejar paso a las redes sociales, donde se recogen todo tipo de información de forma instantánea y actualizándose constantemente. Además de permitir a los jóvenes la consulta de varias vías de comunicación de una forma simultánea (correo electrónico, los mensajes de texto –sms–, redes sociales elegidas, *blogs*, *wikis*, etc.) utilizando un lenguaje basado en abreviaturas o símbolos aceptados y difundidos por la generalidad de los adolescentes.

El uso de las redes sociales, *blogs*, *wikis*, etc., por parte de las sociedades corporativas está suponiendo una mayor productividad, mayor capacidad de

---

305 Cfr., CLIMENT SANCHÍS, Silvia, La comunicación y las redes sociales, Revista de investigación, 3ciencias, editada por Área de Innovación y Desarrollo, S.L., 2012, p. 2.

comunicación de sus productos y que sus procesos de decisión resulten más agiles y transparentes (Celaya, 2008).

Entre las herramientas utilizadas en el espacio virtual, además de las redes sociales, se encuentran los sitios o páginas *web*. El sitio *web* supone la "imagen virtual" de la empresa, por lo que la exposición y colocación de los contenidos y la adecuada diagramación de su interface, dependerá el éxito de esta herramienta. Para conseguir este resultado será fundamental que la información sea completa, el acceso a los menús de acceso sean fácilmente decodificables y las palabras de referencia sean fáciles de localización a través de los buscadores, incluyendo dentro de estas, el acceso a las redes sociales.

Estas plataformas posibilitan la segmentación del mercado, en función de los perfiles de los usuarios en base a su afinidad de intereses y criterios, permitiendo analizar el comportamiento del usuario, basándose en variables como las compras en línea o la emisión de comentarios específicos. También resultan muy eficientes como servicios de "atención al cliente", debido a la facilidad de lograr una interacción anacrónica o sincrónica.[306]

La sociedad actual ya está arraigada en la era global. Las redes sociales no solo afectan a los usuarios que utilizan la red como sistema de comunicación e información, sino que indirectamente tienen repercusión sobre los que configuran, integran y desintegran, la estructura social, la vida pública o privada, de toda la sociedad.

La tecnología de las redes por su capacidad y velocidad de conexión propició la globalización permitiendo la comunicación en tiempo real y en un espacio virtual. Mientras la *web* 1.0, solo eran meros receptores de servicios, con la aparición de la *web* 2.0, comienzan a producir contenidos, participando en el valor del intercambio y colaboran en el desarrollo de la tecnología.

La incorporación de estas nuevas tecnologías exige un replanteamiento conceptual de los términos con los que las teorías de la comunicación analizaban los hechos comunicacionales cuando el objeto de estudio resultaban ser los medios de comunicación de masas.

Surgen planteamientos con respecto a la comunicación, con lo que debe entenderse y diferenciarse entre comunicación interpersonal y comunicación social. La primera, basada en la definición clásica, consiste en aquella en la que emisores y

---

306 Op. cit., HÜTT HERRERA, Harold, Las redes sociales: una nueva herramienta de difusión, Reflexiones, volumen, 91, número 2, Universidad de Costa Rica, San José (Costa Rica), 2012, pp. 125 y 126.

receptores son los sujetos de una comunicación caracterizada por su interactividad. Mientras, la comunicación social, es la conocida como comunicación de masas y se caracteriza por ser, principalmente, unidireccional.

La posibilidad de la interconexión a la banda ancha en tiempo real, denominados por algunos usuarios como un "no lugar", crea la convicción de una mejor comunicación interpersonal, de la existencia de un espacio donde todos tienen voz y, sobre todo, la sensación de que cuanto mayor sean los vínculos comunicativos mejor será la información de la que disponga.

Es cierto, que la tecnología digital facilita la comunicación interpersonal, pero para que este condicionante sea real, no es menos cierto, que requiere de una serie de condiciones sociales, económicas, culturales, etc., de los involucrados debiendo poseer rasgos comunes.[307]

Una de las controversias existentes y punto de partida de la investigación en este área, es la que opone la "ideología técnica" de la comunicación a la ética de la comunicación. "La ideología técnica es la que identifica información y comunicación. Es creer que la información crea comunicación. Es creer que la banda ancha, como permite transmitir más informaciones, es un factor de comunicación suplementario" (Wolton, D., 2006). Es suponer que la velocidad de la información implica igual velocidad en la comunicación, es decir, igual velocidad en la comprensión del contenido del mensaje.

Toda esta realidad tecnológica producida entre los medios de comunicación de masas y las redes sociales en Internet ha puesto en cuestión la teoría de la comunicación. La comunicación debe entenderse como una práctica y no como una técnica que precisa de un tiempo de adaptación al funcionamiento de las nuevas técnicas.[308]

6.8 EL USO DE LAS REDES SOCIALES: PRIVACIDAD Y SEGURIDAD

En las redes sociales tiene cabida todo tipo de información en donde se exponen los datos personales y donde se manifiesta de forma pública los rasgos o costumbres pertenecientes a la persona que entra en el espacio virtual volcando sus vivencias, aficiones, experiencias, etc., lo que genera una numerosa información que

---

307 TORRE, Lidia de la, Las redes sociales: conceptos y teorías, UCA, Pontificia Universidad Católica Argentina, Biblioteca digital de la Universidad Católica Argentina, Consonancias Año, 11, Número 39, 2012. Disponible en: Las redes-sociales conceptos y teorias.pdf, pp. 7 y 8.

308 Ibídem., pp. 9 y 10.

pasa a tener un carácter público conllevando un riesgo para la intimidad, privacidad y seguridad del usuario.

Según INTECO (Instituto Nacional de Tecnologías de la Comunicación, sobre el *Estudio sobre la privacidad de los datos personales y la seguridad de la información en las redes sociales online*, 2009, citado en JIMÉNEZ MESA, José, *Riesgos de las redes sociales informáticas. Internet social Network Risks*, Universidad de Málaga, Escuela Técnica Superior de Ingeniería Informática, Grado en Ingeniería de Computadores, Departamento Lenguajes y Ciencias de la Computación, Málaga, 2014. Consulta realizada el 2 de junio de 2014), entre las situaciones consideradas de mayor riesgo para los usuarios se podrían citar las siguientes:

La falta de conciencia por parte de los usuarios en relación con sus datos personales al ser expuestos en las redes sociales, sigue siendo una falta de precaución que no está asimilada por parte de los usuarios que no toman las precauciones debidas al dar datos confidenciales que luego pueden ser utilizados por terceras personas con intenciones maliciosas.

Datos que pueden resultar tergiversados y utilizados siendo publicados en la red sin la autorización o conocimiento del usuario, lo que conllevaría un riesgo para su persona.

El acto de exponer la información en el espacio virtual convierte la información en pública quedando alojada en la plataforma, en donde aparecen agresores que hacen uso de la misma para provecho propio.[309]

Es fundamental una toma de conciencia por parte del usuario de la información que se sube a la red creyendo que esta puede tener un tiempo limitado en la plataforma y que su uso puede resultar difícil de obtener y manipular.

La realidad nos dice que la información transmitida y publicada en el espacio virtual va a estar en la plataforma de forma ilimitada y que su visión va a estar al alcance de millones de usuarios. Por tanto, cuanto antes se tomen las medidas necesarias de seguridad con respecto a nuestros datos personales y confidenciales, menor riesgo sufrirán estos de ser utilizados por los atacantes de la red.

---

309 Cfr., JIMÉNEZ MESA, José, Riesgos de las redes sociales informáticas. Internet social Network Risks, Universidad de Málaga, Escuela Técnica Superior de Ingeniería Informática, Grado en Ingeniería de Computadores, Departamento Lenguajes y Ciencias de la Computación, Málaga, 2014, p. 33.

Los usuarios han de ser conscientes de los ajustes de privacidad, controlando la información compartida y proteger su identidad en línea. Es fundamental, la utilización de contraseñas seguras evitando el acceso a enlaces sospechosos y estar en constante alerta ante posibles ataques cibernéticos.

Las plataformas de redes sociales han abordado, igualmente, medidas de seguridad para garantizar la privacidad de los usuarios. Entre las medidas adoptadas pueden citarse:

- **Configuraciones de privacidad**. Las plataformas ofrecen configuraciones de privacidad donde los usuarios pueden observar la visibilidad de su perfil, información personal y sus publicaciones.

- **Verificación en dos pasos**. Las plataformas han implementado la opción de verificación en dos pasos, es decir, agrega una capa adicional de seguridad al requerir un código adicional o una confirmación en el inicio de la sesión.

- **Permisos de aplicaciones**. Permiten a los usuarios revisar y gestionar los permisos concedidos a las aplicaciones de terceros.

- **Políticas de privacidad y términos de servicios**. Las plataformas han mejorado la transparencia facilitando políticas de privacidad claras y términos de servicio detallados. Informando al usuario de cómo son utilizados sus datos.

- **Educación y concienciación**. Se han realizado campañas de información para ayudar a los usuarios para proteger su información personal en línea.

- **Reporte y eliminación de contenido inapropiado**. Las plataformas establecen mecanismos para que los usuarios informen de contenido inapropiado como acoso, odio o violaciones de privacidad, adoptando medidas para la eliminación de contenido ofensivo.

- **Privacidad infantil**. Las redes sociales han implementado restricciones de edad y funciones de seguridad específicas para la protección de los menores.[310]

---

310 Cfr., GIMÉNEZ, Santiago, Redes sociales, estado actual y tendencias 2023, OBS Business School, Universitat de Barcelona, 2023, p. 33.

6.9 TENDENCIAS EN LAS REDES SOCIALES

La constante evolución de las plataformas de redes sociales trata de adaptarse a la demanda cambiante de los usuarios manteniendo un entorno digital en constante desarrollo.

Entre sus tendencias y los cambios recientes en las plataformas de redes sociales se encuentran:

- ▼ *Contenido efímero*: las historias efímeras, popularizadas por *Snapchat*, e implementadas posteriormente en *Instagram*, *Facebook* y *WhatsApp*, han cogido popularidad, por su autenticidad y sentido de urgencia.

- ▼ *Enfoque en el vídeo*: el vídeo constituye una forma dominante de contenido en las redes sociales. Plataformas como *TikTok* y *YouTube* han revolucionado la comunicación con la creación de contenidos de vídeo.

- ▼ *E-commerce integrado*: ampliación de sus funciones de comercio electrónico permitiendo a los usuarios la compra directa desde la plataforma.

- ▼ *Mayor énfasis en la privacidad y seguridad*: las plataformas de redes sociales han adoptado medidas para mejorar la protección de privacidad de los usuarios. Controlando el acceso a la información personal y restringir la recopilación de datos.

- ▼ *Aumento de la realidad aumentada* (AR): la integración de filtros AR —son efectos digitales que se superponen a la imagen capturada por la cámara del dispositivo móvil, generalmente, en aplicaciones como *Instagram*, *Facebook* y *Snapchat*. Estos filtros, también conocidos como *filtros de realidad aumentada*, permiten a los usuarios interactuar con elementos virtuales en tiempo real, como superponer animaciones, efectos visuales, o incluso transformar su rostro— permitirá a los usuarios la creación de un contenido más atractivo y envolvente.

Los filtros AR constituyen una forma de realidad aumentada que se aplica a la imagen de la cámara del dispositivo móvil. Utilizando tecnología de reconocimiento facial y otros tipos de reconocimiento para superponer elementos virtuales a la imagen real. Entre sus usos más comunes se pueden destacar:

- ▼ *Entretenimiento y redes sociales*: creando contenido divertido e interactivo para las historias y publicaciones.

▼ *Marketing y publicidad*: las marcas utilizan filtros AR para campañas publicitarias interactivas, permitiendo a los usuarios probar productos virtualmente, experimentar con diferentes estilos o participar en juegos y concursos.

▼ *Educación y aprendizaje*: también pueden utilizarse como herramienta educativa, permitiendo la visualización de conceptos complejos de manera más clara y atractiva.

▼ *Pruebas virtuales*: en el comercio minorista pueden permitir a los usuarios probarse ropa o accesorios virtualmente antes de comprar.

En resumen, los filtros AR son una herramienta poderosa para crear experiencias interactivas y atractivas en redes sociales y otras plataformas, ofreciendo una amplia gama de posibilidades creativas y aplicaciones prácticas.

6.9.1 Mayor personalización y algoritmos inteligentes

Las plataformas han adoptado algoritmos inteligentes con la finalidad de mostrar un contenido personalizado y relevante para el usuario. Los algoritmos inteligentes son conjuntos de reglas y procedimientos diseñados para que las máquinas puedan aprender, tomar decisiones y resolver problemas de manera autónoma. Estos procesan grandes cantidades de datos para identificar patrones, hacer predicciones y realizar tareas que normalmente requieren inteligencia humana. Los tipos de algoritmos pueden ser:

▼ **Algoritmos computacionales**: son aquellos que se ejecutan en una computadora o dispositivo electrónico para resolver problemas matemáticos, lógicos o de procesamiento de datos.

▼ **Algoritmos no computacionales**: aquellos que no requieren de una máquina para ser resueltos, como seguir una receta de cocina o instrucciones para armar un mueble.

▼ **Algoritmos cualitativos**: se basan en secuencias lógicas y no involucran cálculos numéricos para su resolución.

▼ **Algoritmos cuantitativos**: se basan en cálculos matemáticos y operaciones numéricas para obtener una solución.

Existen otro tipo de clasificaciones, según su "estructura" pueden ser: secuenciales, condicionales, iterativos (bucles) y recursivos. Los *secuenciales* ejecutan los pasos en orden, uno tras otro. Los *condicionales* ejecutan ciertas acciones dependiendo de una condición. Los *iterativos* (bucles) repiten un conjunto de pasos hasta que se cumple una condición. Y, los *recursivos*, se denominan así mismos para resolver subproblemas.

Según su "propósito" están los *De búsqueda* que encuentran un elemento específico dentro de un conjunto de datos. *De ordenamiento* reorganizan los elementos de un conjunto de datos en un orden específico. *De grafos* trabajan con estructuras de datos tipo grafo para representar relaciones entre elementos. *De aprendizaje automático* permiten a las máquinas aprender de los datos y mejorar su rendimiento con el tiempo.

Entre algunos ejemplos de algoritmos encontramos los de *Búsqueda lineal* que consiste en la búsqueda que revisa cada elemento de una lista hasta encontrar el deseado. *Búsqueda binaria* funciona dividiendo repetidamente un conjunto de datos ordenado a la mitad. *Quicksort y mergesort* son algoritmos de ordenamiento eficientes que utilizan la estrategia de "divide y vencerás". *De clasificación* se utilizan para clasificar datos en diferentes categorías, por ejemplo, clasificar correos electrónicos como *spam* o no *spam*. *De regresión* utilizada para predecir valores numéricos basados en datos históricos, por ejemplo, predecir el precio de una casa. *De clustering* agrupan datos similares de clústeres, por ejemplo, agrupar clientes con patrones de compras similares.

6.9.2 Inteligencia Artificial (IA) y chatbots

La aparición de la IA va a suponer una mayor interacción con los usuarios. Los *chatbots* impulsados por la IA ofrecerán respuestas rápidas y personalizadas. La IA supone un campo de la informática que se ocupa de crear sistemas que pueden realizar tareas que normalmente requieren de la inteligencia humana, como aprender, razonar, resolver problemas y la toma de decisiones.

La IA abarca diversas técnicas y tecnologías, como el aprendizaje automático, el procesamiento del lenguaje natural y la visión por computador. Y los *chatbots*, es un programa informático diseñado para simular una conversación con usuarios humanos, ya sea a través de texto o voz. Se utiliza en diversas aplicaciones, como atención al cliente, asistencia virtual o entretenimiento.

Existen diversos tipos de *chatbots*:

▸ *Chatbots de texto*: interactúan con los usuarios a través de mensajes de texto.

▸ *Chatbots de voz*: interactúan con los usuarios a través de comandos de voz.

▼ *Chatbots de atención al cliente*: ayudan con los usuarios con preguntas, problemas y soporte técnico.

▼ *Chatbots de ventas*: guían a los usuarios a través del proceso de compra y proporcionan información sobre productos y servicios.

▼ *Chatbots de marketing*: recopilan información sobre los usuarios y promueven productos y servicios.

▼ *Chatbots de entretenimiento*: ofrecen juegos, información y otras formas de entretenimiento. En definitiva, estos constituyen una herramienta versátil que puede mejorar la eficiencia, reducir costos, y mejorar la experiencia del cliente en diversas industrias y aplicaciones.

6.9.3 Realidad Virtual (RV) y redes sociales inmersivas

La realidad virtual está cada vez más integrada en las redes sociales, permitiendo a los usuarios sumergirse en entornos virtuales compartidos y experimentar nuevas formas de comunicación.

6.9.4 Mayor enfoque en la autenticidad y la transparencia

La audiencia busca conexiones auténticas lo que ha provocado un mayor enfoque en la construcción de relaciones significativas y en la transparencia en las prácticas de marketing.

6.9.5 Contenido generado por los usuarios

Las plataformas fomentarán la generación de contenido por parte de los usuarios, promoviendo el intercambio de experiencias personales.

6.9.6 Redes sociales de nicho

Junto a las plataformas de redes sociales más grandes, se esperan realizar unas más especializadas y centradas en comunidades específicas.[311]

---

311 Cfr., pp. 16 y 17.

6.10 EL AUGE DE LA UTILIZACIÓN Y EXPANSIÓN DEL TIKTOK

El *Tiktok* constituye una red social que se utiliza para compartir vídeos cortos y en formato vertical y que ha experimentado un rápido ascenso convirtiéndose en una de las redes sociales más populares entre la juventud. La plataforma se utiliza para realizar una variedad de vídeos de formato corto y vertical, con gran variedad de géneros, teniendo una duración entre un segundo y diez minutos. Los vídeos cortos no tienen un plazo determinado de reproducción, por lo que una vez que finalizan vuelven a comenzar otra vez en un bucle infinito.

La aplicación móvil de *TikTok* permite a los usuarios la creación de una historia de ellos mismos, creando su propio sonido además de instalar música de fondo. Los usuarios también pueden optar por agregar favoritos o seleccionar "no me interesa" en los vídeos de su página.

TikTok combina el contenido disfrutado por el usuario proporcionando vídeos que también disfrutarían. La aplicación permite a los usuarios configurar sus cuentas como "privadas", y al descargar la aplicación por primera vez, la cuenta del usuario se convierte en pública de forma predeterminada.

El contenido privado permanece visible para *TikTok*, pero está bloqueado para los usuarios de *TikTok* que el titular de la cuenta no ha autorizado a ver su contenido.

También pueden enviar a sus contactos vídeos, *emojis* y mensajes con mensajería directa.

El *TikTok* presenta como grandes ventajas su gran alcance, facilidad de uso, la creatividad y el descubrimiento de contenido y el conectar con nuevas audiencias. Sin embargo, también tienen una serie de desventajas como el riesgo a la adicción, la exposición a contenido inapropiado, falta de privacidad y la dedicación empleada por el usuario, lo que redunda en un abandono de actividades importantes como el estudio, trabajo o las relaciones personales.

En definitiva, el *TikTok* representa una plataforma versátil con numerosas ventajas en su manejo, pero es importante ser consciente de que un uso excesivo puede acarrear grandes desventajas de todo tipo desde la falta de sueño, el abandono de las tareas educativas, la interacción con el resto de amigos o compañeros y, lo más preocupante, que se convierta en adictiva.

6.11 LAS REDES SOCIALES EN LA ACTUALIDAD Y SU IMPACTO SOCIOCULTURAL: BENEFICIOS Y PERJUICIOS DEL USO DE LAS REDES SOCIALES

La conexión social se ha convertido en un factor importante en relación con el bienestar social. Las redes sociales se han convertido en una herramienta de análisis de los individuos y de sus relaciones sociales.

La conectividad de las redes sociales ha desarrollado las relaciones parasociales. La relación parasocial supone la relación entre una persona y otra mediática, a través de la televisión, radio o las redes sociales.

La necesidad de la interacción del ser humano y la inclinación con el resto de congéneres, propicia la aparición de estas nuevas relaciones basadas en la irrupción de las nuevas tecnologías. La aparición de numerosas aplicaciones como *YouTube*, *TikTok*, *Twitch*, entre otras, están convirtiendo estas relaciones en cotidianas dentro del panorama de comunicación de las personas, surgiendo nuevas modalidades de información y comunicación como los *influencers*.

Un elemento que beneficia a los usuarios de las redes sociales es el capital social. Este consiste en que un usuario puede estar perteneciendo a varios grupos sin la necesidad de estar relacionados entre sí. El capital social puede ser real o virtual, en función de los ámbitos en los que la persona se mueva.

El capital social está en función de las inclinaciones que se producen entre los usuarios al intercambiar entre ellos, todo tipo de información, relaciones personales o la posibilidad de organizar actividades en grupo. Esta interacción proporciona al individuo un beneficio personal al sentirse participe de un grupo y donde su participación le proporciona un bienestar emocional y psicológico en su autoestima.

Las redes sociales constituyen una herramienta fundamental para la publicidad. Las redes sociales han ido desplazando a un segundo plano a los medios de comunicación tradicionales al resultar más rápidas e inmediatas en su información.[312]

---

312 Cfr., REGUEIRO MARTÍN-ALBO, Carmen, PUYAL GONZÁLEZ, Sandra, SÁNCHEZ RODRIGUEZ, Julia y EXPÓSITO DURÁN, Elena, Redes sociales en la actualidad. Contexto e impacto sociocultural, Interpsiquis 2022, XXIII Congreso Virtual Internacional de Psiquiatría, Psicología y Salud Mental, del 23 de mayo al 3 de junio de 2022, pp. 8 y 9.

6.12 REDES SOCIALES Y PERSPECTIVAS DE FUTURO

Los constantes avances tecnológicos y de la informática resultan casi imposibles de predecir cuál será su progreso, y sus múltiples aplicaciones, para las redes sociales en el futuro. Durante estas décadas se ha podido comprobar la influencia que el espacio virtual a través de las redes sociales ha supuesto una invasión en los hábitos y costumbres de la sociedad, tanto en el aspecto personal, educativo, cultural, laboral, social, etc., y de las relaciones interpersonales entre sus individuos.

La sociedad está en constante movimiento y sus recursos se van adaptando a las necesidades que se plantean diariamente. La aparición de las redes sociales ha supuesto el derribo de unas barreras geográficas y temporales en la que la sociedad tradicional se movía amparada en décadas de instauración y desarrollo.

La aparición de las redes sociales ha supuesto un cambio sustancial en el desempeño de la información, comunicación y la predisposición a su uso como fórmula para el desarrollo de la sociedad en ámbitos tan dispares como los políticos, sociológicos o medioambientales, entre otros.

Sin embargo, los avances registrados en todos estos ámbitos, tendrán igualmente una serie de condicionantes negativos como es la falta de privacidad y seguridad en temas concernientes a sus datos personales al resultar más expuestos al robo de identidad y el acoso en línea.

El desarrollo de la realidad virtual abrirá nuevas oportunidades para la interacción social. La aparición de la IA va a suponer un salto exponencial en el desarrollo de las nuevas tecnologías en un campo incipiente con un reto de futuro difícil de cuantificar, en cuanto, a los recursos a aportar y, el riesgo de no saber sus limitaciones.

En resumen, la Inteligencia Artificial es una herramienta poderosa con un gran potencial para transformar muchos aspectos de nuestras vidas. Su desarrollo y aplicación requerirán un enfoque cuidadoso y responsable para poder garantizar que sea utilizado en beneficio de la sociedad.

7

LEGISLACIÓN

La irrupción de los avances tecnológicos en las últimas décadas y, en particular, la expansión de las redes sociales han supuesto la aparición de un *modus operandi* que ha sido aprovechado por los ciberdelincuentes. La delincuencia tradicional se ha anexionado unos métodos delictivos que facultan a los delincuentes de una mayor operatividad en sus actuaciones delictivas dotándoles de una mayor inmediatez y, un mayor número de delitos, cometidos en un menor espacio de tiempo.

El tiempo de dedicación para cada actividad punible se ve reducido por no resultar necesario un desplazamiento físico para contactar con la víctima al poder ejecutar sus acciones por medio de la actividad virtual. Asimismo, el anonimato juega un papel preponderante en favor de los delincuentes y les expone a un menor riesgo para su persecución. La situación actual, al igual que ha sucedido en etapas anteriores, supone que los delitos van precediendo a la tipificación penal y su penalización. Los delincuentes siempre resultaran perseguidos por los agentes de la autoridad para su detención y, posterior penalidad, esto es una obviedad, no se puede castigar y sancionar algo que no se conoce y no está recogido como una acción delictiva.

Esto supone que algunos de los delitos cometidos a través del campo virtual no sean perseguidos debido fundamentalmente al gran volumen de acciones punibles que se cometen y donde muchas de las mismas quedan en el anonimato, por falta de denuncias, o de la inmediatez, o su desaparición. Igualmente, y en base a esta explosión tecnológica y, a la falta de la adecuación penal de las nuevas modalidades delictivas, hace que su persecución quede en el anonimato debido en gran parte a las lagunas penales que existen para recoger ciertos *modus operandi*.

La expansión de Internet ha supuesto un crecimiento exponencial de la actividad delictiva multiplicando los problemas, por lo que es necesario y urgente, que los gobiernos y la adecuación del Derecho a las nuevas formas delictivas deban amoldarse a la realidad canalizando la nueva realidad social, económica, laboral, cultural, etc., que supone esta aparición de Internet.

El Código Penal español de 1995, no ha recogido la tipificación de "delito informático" ni contempla dicha figura. El *locus comissi delicti* puede resultar un domicilio particular, la vía pública o la Red. Por lo que será más correcto hablar de delincuencia informática, y no de "delitos informáticos".

Es necesario que el Derecho Penal responda y contemple estas nuevas amenazas utilizando los instrumentos y técnicas, pero sin olvidar sus principios estructurales, y en especial, el principio de *última ratio*. En la actualidad, se enfatiza en la necesidad de hacer frente a las nuevas modalidades delictivas que se producen a través del ciberespacio con la aplicación de un sistema penal eficaz. Sin embargo, el Derecho Penal no puede convertirse en un sistema que desprecie la Justicia. Por lo que resulta fundamental el garantismo penal.[313]

7.1 EL CODIGO PENAL ESPAÑOL Y LA CIBERDELINCUENCIA

El Código Penal español regula la ciberdelincuencia a través de los artículos que tratan delitos contra la intimidad, el patrimonio y la libertad, así como en aquellos que se refieren a daños informáticos. La legislación española ha adoptado el Código Penal para abarcar las nuevas modalidades de delitos informáticos, como el acceso no autorizado a sistemas informáticos, la suplantación de identidad y el acoso digital.

Las penas contempladas por los ciberdelitos varían en función de la gravedad y la naturaleza del delito, la legislación española se ha ido adaptando para incluir nuevas formas de ciberdelincuencia, como el acceso no autorizado a redes sociales y la difusión de *malware*. La investigación y la persecución de los ciberdelitos resultan complejas requiriendo la cooperación internacional.

En España, el legislador no ha considerado los ciberdelitos de una forma diferenciada con respecto al conjunto de los tipos recogidos. No se ha contemplado la creación de un título o apartado en el Código Penal donde se recojan expresamente las conductas consideradas como ciberdelitos. Por lo que se ha continuado con la clasificación en base a las conductas delictivas de acuerdo con el bien jurídico lesionado. Por lo que en relación con la ciberdelincuencia, la reforma se ha limitado a introducir nuevos tipos y a reformar algunos de los ya existentes.

---

313 Cfr., BARRIO ANDRÉS, Moisés, La Ciberdelincuencia en el Derecho Español, Revista de las Cortes Generales, 2011, pp. 278 y 279.

7.2 DELITOS RECOGIDOS Y TIPIFICADOS EN EL CÓDIGO PENAL ESPAÑOL

La ciberseguridad resulta un tema cada vez más candente y de mayor extensión en cuanto a la variedad y multiplicidad de las actividades delictivas que tiene su espacio en el marco de la realidad virtual.

Los delitos informáticos, se engloban dentro de diversos artículos, principalmente en los relativos a la revelación de secretos, daños informáticos, estafas informáticas y falsedades informáticas. Estos delitos son actividades ilícitas que se cometen utilizando tecnologías de la información, ya sea como un medio o fin, y que afectan a bienes jurídicos relacionados con la misma.

Entre los delitos recogidos en el Código Penal español podemos resaltar los siguientes:

7.2.1 Delitos relacionados con el contenido

El artículo 186, del Código Penal, recoge: "El que, por cualquier medio directo, vendiere, difundiere o exhibiere material pornográfico entre menores de edad o personas con discapacidad necesitadas de especial protección, será castigado con pena de prisión de seis meses a un año o multa de doce a veinticuatro meses".

Asimismo, continúa en su artículo 189, donde dice que: "Será castigado con la pena de prisión de uno a cinco años:

a) El que captare o utilizare a menores de edad o a personas con discapacidad necesitadas de especial protección con fines o en espectáculos exhibicionistas o pornográficos, tanto públicos como privados, o para elaborar cualquier clase de material pornográfico, cualquiera que sea su soporte, o financiare cualquiera de estas actividades o se lucrare con ellas.

b) El que produjere, vendiere, distribuyere, exhibiere, ofreciere o facilitare la producción, venta, difusión o exhibición por cualquier medio de pornografía infantil o en cuya elaboración hayan sido utilizadas personas con discapacidad necesitadas de especial protección, o lo poseyere para estos fines, aunque el material tuviere su origen en el extranjero o fuere desconocido".

7.2.2 Descubrimiento y revelación de secretos

El artículo 197.1., recoge que este tipo de delitos se refiere a la obtención y divulgación de información personal o empresarial obtenida de forma ilícita, especialmente a través de los medios informáticos. Por ejemplo, el acceso no autorizado a datos personales almacenados en sistemas informáticos, la interceptación de comunicaciones privadas, o la revelación de secretos obtenidos de forma ilícita.

Las conductas tipificadas en este articulado se denominan como intrusismo informático o *hacking*, constituyendo las prácticas más habituales el descifrado de contraseñas, bombas lógicas, interceptación de los paquetes de datos, o la propagación de virus y gusanos, entre otros.

El artículo 197 bis. 1., cita que: "El que por cualquier medio o procedimiento, vulnerando las medidas de seguridad establecidas para impedirlo, y sin estar debidamente autorizado, acceda o facilite a otro el acceso al conjunto o una parte de un sistema de información o se mantenga en él en contra de la voluntad de quién tenga el legítimo derecho a excluirlo".

El Código Penal lo que está castigando es el hecho de infringir las barreras de seguridad informáticas, lo que constituye un atentado contra la "intimidad informática" de cada usuario, siempre que el acceso o mantenimiento en el mismo sea sin la autorización de su titular.

Y, en el apartado 2, del mismo artículo menciona: "El que mediante la utilización de artificios o instrumentos técnicos, y sin estar debidamente autorizado, intercepte transmisiones no públicas de datos informáticos que se produzcan desde, hacia o dentro de un sistema de información, incluidas las emisiones electromagnéticas de los mismos".

Este confiere protección penal a la intimidad. Las nuevas tecnologías no alcanzan a regular en su totalidad todos los derechos reconocidos por las personas en nuestra Constitución, Artículo 18, por lo que presenta lagunas por donde se filtran derechos que no se encuentran regulados, menoscabando la configuración tradicional del derecho a la intimidad recogido en la Carta Magna.

El funcionamiento de la informática en el espacio virtual resulta incompatible con la prohibición absoluta del tratamiento de los datos, ante los innumerables flujos de información y procesos de *feedback* o retroalimentación que tiene lugar diariamente.

La privacidad no debe seguir siendo definida como aquella esfera individual constatada de "grado cero" de sociabilidad, pues de la misma dimanan no solo la exclusión de terceros sino el control de los datos personales informatizados en los sistemas informáticos y en las redes telemáticas.

La privacidad en el sistema tecnológico actual resulta complicada de poder establecer una línea delimitadora, que separe la actividad privada de la pública, resultando en ocasiones difícil de establecer, por lo que determinados delitos y comportamientos que se producen en el campo virtual resultan difíciles de delimitar. En definitiva, el resultado es que muchos de los casos que traspasan esa barrera quedan sin un control legal al que acudir.[314]

7.2.3 Estafa informática

El artículo 249.1a) recoge: "Los que, con ánimo de lucro, obstaculizando o interfiriendo indebidamente en el funcionamiento de un sistema de información o introduciendo, alterando, borrando, transmitiendo o suprimiendo indebidamente datos informáticos o valiéndose de cualquier otra manipulación informática o artificio semejante, consigan una transferencia no consentida de cualquier activo patrimonial en perjuicio de otro".

Y, en su apartado 2a) manifiesta que: "Los que fabricaren, importaren, obtuvieren, poseyeren, transportaren, comerciaren o de otro modo facilitaren a terceros dispositivos, instrumentos o datos o programas informáticos, o cualquier otro medio diseñado adaptado específicamente para la comisión de las estafas previstas en este artículo".

---

314 Cfr., BARRIO ANDRÉS, Moisés, La Ciberdelincuencia en el Derecho Español, Revista de las Cortes Generales, 2011, pp. 286 y 287.

7.2.4 De las defraudaciones de fluido eléctrico y análogas

En su artículo 256.1., recoge que: "El que hiciese uso de cualquier terminal de telecomunicación, sin consentimiento de su titular y causando a este un perjuicio económico, será castigado con la pena de multa de tres a doce meses". En la actualidad, estas conductas delictivas están enfocadas hacia defraudaciones telefónicas, el pirateo de contraseñas de acceso a servicios de pago, causando un perjuicio grave a su titular sin el consentimiento del mismo. Algunas de estas conductas plantean problemas en cuanto a su encaje en esta tipificación, al exigir un "uso de terminal de comunicaciones sin consentimiento del titular", lo cual, no siempre tiene lugar en los casos reseñados (ejemplo, cuando el autor tras obtener la contraseña de la víctima accede al servicio desde su propio ordenador o desde otros equipos). La idoneidad de este apartado resulta criticable pues existen vías civiles de reparación, por lo que no resulta aconsejable dirigirse al derecho punitivo para tutelar el equipo terminal de comunicaciones.[315]

7.2.5 Daños informáticos

En el artículo 264.1., dice que: "El que por cualquier medio, sin autorización y de manera grave borrase, dañase, deteriorase, alterase, suprimiese o hiciese inaccesibles datos informáticos, programas informáticos o documentos electrónicos ajenos, cuando el resultado producido fuera grave, será castigado con la pena de prisión de seis meses a tres años".

Las penas resultan más graves cuando el perjuicio ocasionado sea cometido en el marco de una organización criminal, haya ocasionado daños de especial gravedad o afectado a un número elevado de sistemas informáticos, se hubiera perjudicado gravemente el funcionamiento de servicios públicos esenciales o la provisión de bienes de primera necesidad, afectado al sistema informático de una infraestructura crítica o se hubiera creado una situación de peligro grave para la seguridad del Estado, de la Unión Europea o de un Estado Miembro de la Unión Europea.

7.2.6 De los delitos relativos a la propiedad intelectual

El artículo 270.1., del mismo texto legal, menciona que: "Será castigado con la pena de prisión de seis meses a cuatro años y multa de doce a veinticuatro meses el que, con ánimo de obtener un beneficio económico directo o indirecto y en perjuicio de tercero, reproduzca, plagie, distribuya, comunique públicamente

---

315 Cfr., BARRIO ANDRÉS, Moisés, La Ciberdelincuencia en el Derecho Español, Revista de las Cortes Generales, 2011, p. 291.

o de cualquier otro modo explote económicamente, en todo o en parte, una obra o prestación literaria, artística o científica, o su transformación, interpretación o ejecución artística fijada en cualquier tipo de soporte o comunicada a través de cualquier medio, sin la autorización de los titulares de los correspondientes derechos de propiedad intelectual o de sus cesionarios.

Y, en el punto 2. La misma pena se impondrá a quién, en la prestación de servicios de la sociedad de la información, con ánimo de obtener un beneficio económico directo o indirecto, y en perjuicio de tercero, facilite de modo activo y no neutral y sin limitarse a un tratamiento meramente técnico, el acceso o la localización en Internet de obras o prestaciones objeto de propiedad intelectual sin la autorización de los titulares de los correspondientes derechos o de sus cesionarios, en particular ofreciendo listados ordenados y clasificados de enlaces a las obras y contenidos referidos anteriormente, aunque dichos enlaces hubieran sido facilitados inicialmente por los destinatarios de sus servicios".

7.3 LA CIBERSEGURIDAD EN LA UNIÓN EUROPEA

El ciberespacio representa una amenaza constante a nivel internacional debido a su constante evolución y la presencia de actores que concurren en el espacio virtual. El ciberespacio se ha convertido en un conjunto de dispositivos conectados por redes donde se almacena todo tipo de información electrónica expuestos a la visión de numerosos usuarios.

En consecuencia, el ciberespacio ha de ser protegido de actividades maliciosas y de un mal uso de personas que puedan utilizarlo con la finalidad de causar graves daños. Los gobiernos deben responsabilizarse de garantizar un espacio libre y seguro tratando de protegerse de los ataques cibernéticos que pueden afectar tanto a ordenadores, teléfonos móviles como a redes informáticas inalámbricas.

Los ciberataques se aprovechan de las brechas de seguridad en las tecnologías de la información para copiar, borrar o reescribir la información de la víctima, aprovechando las vulnerabilidades que presentan las estructuras cibernéticas, como las redes sociales.

Los atacantes pueden resultar muy diversos entre los que podemos destacar la siguiente clasificación:

▶ **Estados**. Las amenazas cibernéticas son utilizadas por muchos Estados que cuentan con una tecnología avanzada y desarrollada que le permite hacer uso de sus innovaciones, tanto en el ámbito militar, seguridad, económico, etc. El desarrollo de las armas cibernéticas comienzan a ser utilizadas de forma exponencial en conflictos militares en la actualidad donde cada vez resultan más mortíferas sus consecuencias dotando a los Estados de una superioridad técnica sobre sus adversarios. Estados como Rusia, Estados Unidos, Israel, y otros, han tomado conciencia de la ventaja comparativa que les ofrece la utilización de estos medios.

▸ **Terrorismo**. Encuentra su caldo de cultivo en el ciberespacio donde expandir sus proclamas en busca de nuevos adeptos para su adoctrinamiento y posibles terroristas para realizar cualquier atentado en cualquier parte del mundo.

▸ **Delincuencia organizada**. Representa un escenario propicio en el que desarrollar toda su actividad criminal, aprovechando la inmediatez de sus acciones y la existencia de los fallos en los sistemas informáticos y un marco jurídico internacional que haga frente a las amenazas procedentes del ciberespacio.

Recientes ataques han demostrado que pueden tener un impacto muy significativo si se derivan hacia infraestructuras y servicios críticos, ocasionando graves consecuencias para los Estados de la Unión Europea y el bienestar social.

Las *infraestructuras críticas*, así como las plantas de generación de electricidad, los sistemas de transporte y las instalaciones de fabricación son controlados y supervisados por sistemas industriales de control (ICS), incluyendo el SCADA (Supervisión, Control y Adquisición de Datos) un *software* que permite el control y supervisión de los procesos industriales de manera remota, ofreciendo una retroalimentación a tiempo real con los dispositivos de campo, controlando el proceso de forma automática. Esto supone, igualmente, una vulnerabilidad de las redes al quedar expuestas en el espacio virtual pudiendo sufrir ataques como el sabotaje causado por motivos políticos o financieros.

En cuanto a las infraestructuras y el transporte marítimo, supone uno de los valores clave para la sociedad europea, ya que el transporte internacional aporta un 74% de las mercancías de fuera de la Unión Europea. Europa constituye una de las regiones con mayor densidad portuaria del mundo. Las tecnologías de la información y la comunicación (TIC) son utilizadas para permitir las operaciones marítimas esenciales, desde la navegación a la propulsión, la gestión de la carga de comunicaciones de control de tráfico, etc.[316]

---

316 NIEVA, Machín y GAZAPO, Manuel, La ciberseguridad como factor crítico en la seguridad de la Unión Europea, Revista UNISCI, núm. 42, Universidad Complutense de Madrid, 2016, pp. 53 – 55.

Los *controles biométricos*. Europa ha sido víctima de múltiples atentados terroristas en las últimas décadas, el atentado en París, del 7 de enero de 2015, suscitó la conveniencia de introducir unos controles más estrictos en los controles de acceso para ciudadanos Schengen en aeropuertos europeos, principalmente, en el regreso de individuos con ciudadanía europea que regresaban a Europa después de combatir en el Daesh. En base a esta operatividad y su exposición puede resultar una vulnerabilidad para la seguridad europea.

La incorporación de las nuevas tecnologías en los procesos de identificación y autentificación de las personas como las técnicas biométricas garantizan uno de los niveles de autenticación menos vulnerables. Estos controles biométricos pueden ser utilizados no únicamente para el proceso de autentificación de la identidad sino para identificar posibles ejecutores de acciones terroristas.

La aplicación de la biometría a las TIC y la ciberseguridad está constituyendo un crecimiento exponencial ya que la combinación de estas técnicas incrementa las medidas de seguridad. Algunos Estados de la Unión Europea, ya utilizan la biometría facial, entre ellos se encuentra España, en el aeropuerto de Madrid, Adolfo Suarez, usando las cámaras de seguridad del aeropuerto para el reconocimiento de personas cuya identidad es contrastada con la base de datos facial.

En Noruega, utilizan el control biométrico —sistema EasyPass— en el aeropuerto de Gardermoen para controlar los rasgos faciales de los pasajeros si se ajustan a la fotografía del pasaporte.[317]

Los Estados miembros de la UE, con el apoyo de la Comisión Europea y ENISA, la Agencia de la UE para la Ciberseguridad, publicaron un informe sobre la ciberseguridad y la resiliencia de las infraestructuras y redes de comunicaciones de Europa.

Los Estados miembros llevaron a cabo un estudio identificando una serie de amenazas para las redes e infraestructuras de comunicación, como limpiaparabrisas, ataques de *ransomware*, ataques de cadena de suministro, ataques físicos, sabotaje, etc. estas amenazas, aprovechando las vulnerabilidades, podrían suponer un riesgo para la seguridad y la resiliencia de la infraestructura de conectividad. Sobre esta base el informe desarrolla diez escenarios de riesgo de importancia estratégica para la UE, como un ataque a la cadena de suministro para acceder a la infraestructura de los operadores o un ataque coordinado de sabotaje físico a la infraestructura digital.

---

317 Ibídem., pp. 56 – 57.

Basándose en los aspectos estratégicos, el informe recomienda una serie de medidas:

- Evaluar la resiliencia de las interconexiones internacionales.
- Evaluar la criticidad, la resiliencia y la redundancia de la infraestructura básica de Internet, como los cables submarinos.
- Aplicar las recomendaciones relativas a proveedores en el segundo informe de situación sobre la aplicación de la Caja de herramientas de la UE.
- Crear transparencia en el panorama de los proveedores y proveedores de servicios de servicios gestionados o prestadores de servicios de seguridad gestionados utilizados para redes fijas, tecnología de fibra, cables submarinos, redes satelitales y otros proveedores importantes de TIC.
- Involucrar al sector de las comunicaciones electrónicas en los ciberejercicios y la colaboración operativa.
- Fomentar el intercambio de información y mejorar el conocimiento de la situación sobre las amenazas para los operadores.
- Prestar apoyo financiero a los operadores para que adopten medidas técnicas contra los ciberataques en sus redes.
- Intercambiar buenas prácticas entre las autoridades nacionales sobre los ataques físicos a las infraestructuras digitales.
- Ampliar las pruebas de resistencia física de las infraestructuras críticas para incluir la infraestructura digital.[318]

El 1 de abril de 2025, la Comisión da a conocer "ProtectEU", la nueva Estrategia Europea de Seguridad Interior, consistente en apoyar a los Estados miembros y reforzar la seguridad de sus ciudadanos. La Estrategia establece una visión y un plan de trabajo para los próximos años, con instrumentos jurídicos más sólidos, un mayor intercambio de información y una mayor cooperación más estrecha.

Los cambios que se vienen produciendo en el entorno de la seguridad y el panorama geopolítico cambiante, por las amenazas hibridas por parte de Estados extranjeros hostiles están aumentado, y donde las organizaciones del crimen organizado y los grupos terroristas empiezan a encontrar acomodo desde hace décadas dentro del territorio de la Unión Europea, hacen necesario y urgente una planificación conjunta en materia de seguridad para salvaguardar no solo los territorios nacionales sino la seguridad de sus habitantes.

---

318 Cfr., Web Oficial de la UE, Report, Study, Informe sobre la ciberseguridad y la resiliencia de las infraestructuras y redes de comunicaciones de la UE, 21 de febrero de 2024.

La Estrategia tiene por objeto el fomentar un cambio cultural en materia de seguridad interior, en el que deben implicarse no solo los gobiernos y los ciudadanos, sino las empresas con el desarrollo de nuevas iniciativas y un nuevo marco de gobernanza de la seguridad interior que apoye la aplicación de la Estrategia.

Esta gobernanza europea de seguridad interior tendrá como objetivos y acciones claves contra el nuevo panorama de amenazas una mentalidad y un enfoque mejorado de la Unión Europea en materia de seguridad interior:

▼ Determinar desde el principio las implicaciones en materia de seguridad y preparación de las iniciativas de la Comisión y considerarlas a lo largo de todo el proceso de negociación.

▼ Analizar de forma periódica las amenazas relacionadas con la seguridad interior para apoyar la labor del Consejo de Seguridad.

▼ Informar periódicamente al Parlamento Europeo y al Consejo para realizar un seguimiento y apoyar la aplicación de iniciativas claves.

La seguridad depende de una anticipación efectiva a las amenazas que se puedan producir, por lo que la Unión Europea debe basarse en un conocimiento de la situación elaborando resúmenes periódicos de amenazas para la seguridad interior de la UE, basándose en evaluaciones de los riesgos y amenazas realizadas por las agencias de la Unión Europea.

Mejorar la información por parte de los Estados miembros en el marco de la Capacidad Única de Análisis de Inteligencia y garantizar un mayor intercambio de información entre los Estados miembros y las agencias y organismos de la UE.

Las Fuerzas y Cuerpos de Seguridad precisaran de herramientas adecuadas para las investigaciones penales teniendo un acceso lícito a los datos al tratarse de información digital:

▼ Fortalecer Europol convirtiéndola en una agencia policial verdaderamente operativa para reforzar el apoyo a los Estados miembros.

▼ Reforzar Frontex, Eurojust y ENISA garantizando una estrecha cooperación entre agencias.

▼ Mejorar las capacidades operativas con un nuevo sistema de comunicación crítica que permita la comunicación transfronteriza entre diferentes autoridades.

▼ Una hoja de ruta tecnológica sobre cifrado y de evaluación de impacto con vistas a actualizar las normas de conservación de datos de la UE.

Para contrarrestar la inestabilidad mundial la UE debe defender sus intereses en materia de seguridad mas allá de sus fronteras, impulsando la cooperación internacional en materia de seguridad, reforzando sus asociaciones con regiones claves como América Latina y la región mediterránea.

Celebrar acuerdos internacionales entre Europol y Eurojust, para crear equipos conjuntos con las autoridades policiales locales.

Intercambiar información con terceros países de confianza y completar la revisión del mecanismo de suspensión de visados y abordar las consideraciones de seguridad en la próxima estrategia de visados.[319]

La Unión Europea tiene una Política Común de Seguridad y Defensa (PCSD) que tiene como función mantener la paz, prevenir conflictos y fortalecer la seguridad internacional.

La Unión Europea actúa como un actor global de seguridad, reforzando asociaciones con otras regiones y países, mejorando el intercambio de la información para combatir la delincuencia transfronteriza y el terrorismo. Además cuenta con una política exterior y de seguridad (PESC) que le permite actuar y expresar su posición dentro de la escena internacional.

Esta política permite a la UE un papel de liderazgo en operaciones del mantenimiento de la paz y gestión de crisis, utilizando recursos civiles y militares. Asimismo, busca garantizar la ausencia de controles en las fronteras interiores y desarrollar una política común de asilo e inmigración.

Puede desplegar misiones en zonas conflictivas para mantener la ley y el orden, participando en esfuerzos de mantenimiento de la paz o proporcionar ayuda humanitaria.

Entre los esfuerzos a realizar para la mejora de la seguridad están el aumento de su gasto en defensa con una mayor inversión para fortalecer sus fronteras de posibles ataques externos.

La Unión Europea busca integrar diferentes políticas para crear un ecosistema de seguridad más fiable y robusto.

En definitiva, la seguridad en la Unión Europea es un tema multifacético que involucra la cooperación entre los estados miembros, la cooperación con terceros países y la respuesta a la variedad de amenazas y desafíos que se le puedan plantear.

---

319 Cfr., Comisión Europea, Newsroom, La Comisión da a conocer "ProtectUE", la nueva Estrategia Europea de Seguridad Interior, Estrasburgo (Francia), 1 de abril de 2025.

GLOSARIO

▶ **AL QAEDA o AL QAIDA (La Base).** Es una organización terrorista *yihadista*, que se plantea a sí misma como un movimiento de resistencia islámica alrededor del mundo, mientras que es comúnmente señalada como una red terrorista internacional.

▶ **AMENAZA.** Advertencia de que puede ser inminente el daño o algún activo de la información, o bien, que el daño ya se ha producido o se está produciendo.

▶ **ÁRABE.** Natural de la península Arábiga situada en la confluencia de África y Asia, entre el golfo pérsico, el golfo de Adén y el mar Rojo.

▶ **AUDITORÍA.** Proceso mediante el cual se hace un análisis de toda la infraestructura de los recursos de IT en una organización.

▶ **BACKDOOR.** Puerta trasera de un sistema informático, consistente en un mecanismo de *software* que permite entrar evitando el método usual. Son fallos en el diseño del sistema.

▶ **BOMBAS LÓGICAS.** Programa que se activará en un momento determinado llenando la memoria de la computadora. Es un programa orientado a colapsar el sistema de correo electrónico, suele llamarse *mailbombing*.

▶ **BOTNET.** Conjunto de redes de ordenadores comprometidos y controlados por el mensajero.

▶ **BOXES.** Aparatos electrónicos o eléctricos cuya finalidad es el *phreaking*, emulando la introducción de monedas en los teléfonos públicos. Las más conocidas son la *bluebox*, la *redbox* y la *blackbox*.

▶ **BUG, HOLE, AGUJERO.** Es un defecto en el *software*, generalmente en el Sistema Operativo permitiendo la intrusión de los *hackers*.

- **BUG.** En español, bicho, es un error de *software*, o simplemente un fallo que consiste en un problema de un programa de computadora o sistema de *software* que desencadena un resultado indeseado.

- **CABALLOS DE TROYA.** Programas que simulan ser otros para atacar los sistemas. Es un programa que se queda residente en un sistema informático, facilitando información sobre lo que ocurre en el mismo (*logins*, *passwords*, etc.). Son programas que parecen normales y al ser ejecutados despiertan un virus que se introduce en el sistema.

- **CALLBACK.** Representan el uso de funciones como parámetros de otras funciones.

- **CARDING.** Consiste en el uso fraudulento de tarjetas de crédito o sus números.

- **CIBER.** Relación con redes informáticas.

- **CIBERACOSO.** Acoso en el ciberespacio, por el uso de las TIC para atentar de forma continuada contra la dignidad de una persona.

- **CIBERBULLYING.** Acoso a través del ciberespacio realizado en el ámbito escolar o contra menores mediante el uso de Internet, telefonía móvil, videoconsola o cualquier otro medio de tecnología telemática de comunicación.

- **CIBERCRIMEN.** Cualquier delito cometido en el ciberespacio, con las características criminológicas, victimológicas y de carácter penal que se derivan.

- **CIBERESPACIO.** Lugar de intercomunicación social transnacional por el uso de la TIC que supone una realidad implementada dentro de los ordenadores y de las redes digitales.

- **CIBERGUERRA.** Los actos de guerra realizados en el ciberespacio entre estados o contra estados.

- **CIBERHACKTIVISMO.** Conjunto de ataques realizados por *hackers* informáticos con la finalidad de manifestar un mensaje ideológico, de lucha política o en defensa de las ideas relacionadas con la libertad en Internet.

- **CÓDIGO MALICIOSO.** Programas cuyo objetivo es poder acceder a un sistema sin detectar su presencia.

- **CORTAFUEGO, FIREWALL, BASTIÓN.** *Software* y *hardware* de seguridad encargado de chequear y bloquear el tráfico de la red hacia un sistema determinado.

- **CRACK.** Rotura de un sistema provocado por un programa, sea de *hardware* o *software*.

- **CRACKER.** *Hackers* que utilizan el sistema informático para adquirir información con la finalidad de defraudar o causar otro daño.

▶ **CHAT.** Intercambio de mensajes electrónicos a través de Internet donde se establece una conversación entre dos o más personas.

▶ **DEEP WEB.** Denominada también como *web* profunda, se refiere a una parte de Internet que no se encuentra indexada por los motores de búsqueda tradicionales, y en consecuencia, no aparecen en los resultados de búsqueda estándar. Contiene información que se encuentra oculta, como bases de datos privadas, sitios *webs* protegidos por contraseña y de contenido accesible solo a través de navegadores especializados o de herramientas específicas.

▶ **DENEGACIÓN DE SERVICIOS.** Ataque que trata que un sistema informático no pueda estar disponible para los usuarios, inundando la red o un servidor con solicitudes y datos.

▶ **EXPLOIT.** Método de utilizar un *bug* para penetrar en el sistema.

▶ **FIREWALL.** Denominado "cortafuegos" es un sistema de seguridad que monitorea y controla el tráfico de red entrante y saliente, actuando como una barrera entre una red interna segura y redes externas no confiables como Internet. Su función principal es proteger la red interna de accesos no autorizados y amenazas cibernéticas, permitiendo o bloqueando el tráfico según reglas de seguridad predefinidas.

▶ **FRENTE POPULAR PARA LA LIBERACIÓN DE PALESTINA.** Organización política y militar marxista leninista, nacionalista palestina, fundada en 1967, como segunda organización en volumen, detrás de Fatah, pertenecientes a la Organización para la Liberación de Palestina. Organización declarada como terrorista por Estados Unidos, la Unión Europea e Israel.

▶ **FUERZA BRUTA.** Forma de entrar en un sistema probando distintas contraseñas hasta conseguir la adecuada. Se requiere de un *crackeador* para desencriptar un archivo para obtener las claves del archivo de *passwords* empleando las palabras del diccionario.

▶ **GUSANOS.** Conocidos como *worms*. Es un programa que se copia a sí mismo creando miles de réplicas del mismo y destruyendo la información del sistema.

▶ **GRUPO ISLÁMICO ARMADO (GIA).** Fue una organización terrorista argelina, fundada en 1992.

▶ **HACKER.** Experto informático.

▶ **HACKING.** También llamado piratería informática, es el uso de medios no convencionales o ilícitos para obtener acceso no autorizado a un dispositivo digital, sistema informático o red informática.

▶ **HAMÁS.** Organización palestina que se define como *yihadista*, nacionalista e islámica y cuya finalidad es el establecimiento de un estado islámico en la región histórica de Palestina abarcando a Israel, Cisjordania y la Franja de Gaza.

▶ **HARDWARE.** Equipo, soporte físico mecamática, en informática se refiere a las partes físicas, tangibles, de un sistema informático, sus componentes eléctricos y electromecánicos, los periféricos de todo tipo, y cualquier otro elemento físico involucrado, componen el *hardware* o soporte físico.

▶ **HEZBOLLAH o HIZBULÁ.** Traducido "Partido de Dios" es una organización islamista libanesa que cuenta con un brazo político y otro paramilitar.

▶ **HIDS.** Sistema de detección de intrusos basado en *host*, es una herramienta de seguridad que monitorea y analiza la actividad de un sistema individual (un *host*) para detectar actividades sospechosas o maliciosas.

▶ **HOSTS.** El archivo *hosts* de un ordenador se usa por el sistema operativo para guardar la correspondencia entre dominios de Internet y direcciones IP. Es un archivo de texto plano que puede editar el administrador del equipo.

▶ **HTTP.** Protocolo que se encuentra en la capa de aplicación para la transmisión de documentos hipermedia como el HTML.

▶ **HTTPS.** Es la versión más segura de HTTP, el navegador o el servidor estableciendo una conexión más segura y cifrada antes de transmitir datos.

▶ **IMPUESTO REVOLUCIONARIO.** Extorsión económica realizada por grupos terroristas.

▶ **INGENIERÍA SOCIAL.** Es una técnica para convencer a otra persona por diversos medios para que proporcione información útil para *hackear* o beneficiarnos.

▶ **INTERNET.** Red informática mundial, descentralizada, formada por la conexión directa entre computadoras mediante un protocolo especial de comunicación.

▶ **IRGÚN.** *Organización militar Nacional en la Tierra de Israel*, popularmente conocido como *Etzel*, acrónimo de sus iniciales en hebreo Irgun Zevai Leumi. Fue una organización paramilitar sionista que operó durante el mandato británico de Palestina, entre 1931 y 1948. Se estableció como una derivación militante de la *Haganá* –La Defensa–.

▶ **ISLAMISMO.** Es el conjunto de movimientos políticos cuya ideología y su programa político radica fundamentalmente en la adaptación de la vida política a los mandatos religiosos del islam.

▶ **JAVASCRIPTEXECUTION.** Es un entorno que permite poder ejecutar en código *javascript*.

▶ **LAMER.** Principiante del *hacking* que copia el trabajo de otros *hackers.*

▶ **LAVADO DE DINERO.** También conocido como blanqueo de capitales o de dinero, es el proceso de reconversión de los fondos o activos obtenidos de forma ilícita en activos de carácter legal a través del sistema financiero.

▶ **MAFIA.** Organización criminal de origen siciliano o cualquier organización clandestina de criminales.

▶ **MAIL SPOOFING.** Suplantación de la identidad de correo electrónico de otra persona o entidad.

▶ **MALWARE.** *Software* malicioso con la finalidad de causar daño o de controlar o modificar un sistema informático.

▶ **MÓDEM.** Es un dispositivo que convierte las señales digitales en analógicas (modulación) y viceversa (desmodulación), permitiendo la comunicación entre computadoras a través de la línea telefónica o del cable módem, sirviendo para enviar la señal *moduladora* mediante otra señal llamada *portadora.*

▶ **MUSULMÁN.** Persona que profesa el islamismo.

▶ **NAVEGADOR WEB.** Aplicación de *software* que permite acceder a la www.

▶ **OLP.** Organización para la Liberación de Palestina es una coalición de movimientos políticos y paramilitares considerada por la Liga Árabe desde octubre de 1974 como la "única representante legítima del pueblo palestino". La OLP fue creada por la Liga Árabe en 1964, y sus objetivos declarados eran la destrucción del Estado de Israel mediante la "lucha armada" e inicialmente era controlada por la mayor parte del gobierno egipcio. La carta orgánica original de la OLP llamaba abiertamente a la aniquilación de Israel, así como el retorno de los refugiados palestinos y la autodeterminación de los árabes palestinos, que en ese momento se encontraban bajo la ocupación jordana y egipcia de los territorios de Cisjordania y la Franja de Gaza, respectivamente.

▶ **PAIDOFILIA.** Atracción erótica o sexual que una persona adulta siente hacia niños o adolescentes.

▶ **PASSWORD.** Contraseña, clave o código de acceso es una forma de autentificación que utiliza información secreta para controlar el acceso hacia algún recurso. Protege tu información personal, los correos electrónicos, archivos y otros contenidos, impidiendo que otra persona acceda a tu cuenta.

▶ **P2P.** *Peer-to-peer*, es el intercambio directo de información, de igual a igual.

▶ **PEDERASTIA.** Abuso sexual cometido con niños.

▸ **PHISING.** Actuación delictiva para la sustracción de los datos de identidad de otra persona o cuenta bancaria y el de sus tarjetas de crédito mediante ingeniería social o cualquier otro medio técnico.

▸ **PHREAKERS** (crackers telefónicos). Se sirven de líneas telefónicas para sus actos. Utilizan fraudulentamente las líneas telefónicas de forma gratuita. Incluyendo la modificación o intervención de las mismas.

▸ **PIRATA INFORMÁTICO.** Se dedica a la copia y distribución de *software* ilegal.

▸ **PROGRAMA MALIGNO.** Cualquier *software* o aplicación móvil diseñado para perjudicar a los usuarios o dañar ordenadores.

▸ **PROTOCOLO TCP/IP.** Protocolo de control de transmisión/Protocolo de Internet. Es el protocolo básico de comunicación de Internet.

▸ **RAW.** Es un formato de archivo digital de imágenes que contiene la totalidad de los datos de la imagen tal y como ha sido captada por el sensor digital de la cámara, ya sea fotográfica u otro tipo.

▸ **RECOPILACIÓN DE DATOS.** Reunir y medir información de diversos tipos de fuentes con el fin de poder tener un panorama preciso y completo.

▸ **RED.** Conjunto de computadoras o de equipos informáticos conectados entre sí y que pueden intercambiar información.

▸ **ROOTKIT.** Denominado "encubridor" es un conjunto de *software* que permite al usuario un acceso de "privilegio" a un ordenador, pero mantiene su presencia inicialmente oculta al control de los administradores al descomponer el funcionamiento normal del sistema operativo.

▸ **ROUTER.** Es un dispositivo que proporciona Wi-Fi y que generalmente está conectado a un módem. Envía información desde Internet a los dispositivos personales, como computadoras, teléfonos o tabletas.

▸ **SALAFISMO.** Es un movimiento sunita (grupo musulmán mayoritario de la comunidad islámica mundial) que reivindica el regreso a los orígenes del islam fundado en el Corán y la Sunna.

▸ **SCRIPT.** Lenguaje de programación que es utilizado para manipular, personalizar y automatizar las instalaciones de un sistema.

▸ **SEXTING.** Envío por parte de menores, generalmente, por medio del teléfono móvil, de fotografías con desnudos totales o parciales acompañadas de textos obscenos con la finalidad de conocer otras personas o de enviar mensajes de amor o de desprecio.

▶ **SHARIA.** Representa la ley sagrada del islam, es un cuerpo de derecho, y constituye un código de conducta.

▶ **SHIN BETH.** *Shabak* (Servicio de Seguridad General), antes conocido como el *Shin Bet* o *GSS*, por sus siglas en inglés. Es el Servicio de Inteligencia y Seguridad General Interior de Israel.

▶ **SITE (Sitio *web*).** Un sitio *web* es un conjunto de páginas interconectadas alojadas en un dominio específico y accesible a través de Internet. Estas estructuras permiten mostrar información, imágenes, vídeos y otros elementos para conectar con tus clientes.

▶ **SNIFFER y SNIFFING.** El *sniffer* es un programa que intercepta la información que transita por una red. El *sniffing* espía y obtiene la información que circula por la red, buscando claves o puertos abiertos.

▶ **SNOOP.** Persona que está pendiente de lo que sucede en la red esperando encontrar información útil o huecos de seguridad.

▶ **SNOOPING.** Acceso no permitido a datos de otra persona.

▶ **SOFTWARE.** Programas informáticos que hacen posible la ejecución de tareas específicas de un ordenador.

▶ **SPAM.** Es un programa que ejecuta una orden repetidas veces, usando el correo electrónico para enviar mensajes de forma exagerada.

▶ **SPAMMER.** *Hacker* que realiza envíos masivos de correos no deseados.

▶ **SPIDERMONKEY.** Librería de implementación e intérprete de *javascript* encargándose de establecer elementos en el navegador de *mozilla firefox*.

▶ **SPOOFING.** Suplantación de identidad.

▶ **TIC.** Tecnologías de la Información y la Comunicación.

▶ **TRACEAR.** Seguir a través de la red la pista de una información o persona.

▶ **TRASHING.** Se trata de buscar en la basura información que pueda resultar importante para *hackear*.

▶ **UMMA.** Comunidad de creyentes del islam (religión monoteísta abrahámica que se basa en el Corán) cuya premisa fundamental radica en que: "No hay más Dios que Alá y que Mahoma es el último mensajero de Alá".

▶ **VULNERABILIDAD.** Debilidad existente en un sistema que puede ser utilizado por una persona malintencionada para poner en riesgo su seguridad.

► **WEB 2.0**. Aplicaciones *web* centradas en el usuario, que permiten compartir información, interaccionar y colaborar con otros internautas creando una comunidad virtual.

► **WEP.** En español "Privacidad equivalente a cableado" es el sistema de cifrado incluido en el estándar IEEE802.11 como protocolo permite cifrar la información que se transmite. Los mensajes de difusión de las redes inalámbricas se transmiten por ondas de radio, lo que los hace más susceptibles, frente a las redes cableadas, de ser captados con relativa facilidad.

► **WORLD WIDE WEB (WWW).** Es una red de información que permite compartir contenidos a través de Internet. La WWW se basa en protocolos como HTTP y se utiliza para acceder a documentos y otros recursos en la red.

► **WPA y WPA2**. Son protocolos de seguridad para redes Wi-Fi que protegen la información transmitida. WPA2, la segunda generación, ofrece un cifrado más robusto que WPA y se considera el estándar actual. Ambos protegen la conexión inalámbrica, pero la WPA2 resulta más segura y recomendable.

BIBLIOGRAFÍA

ACURIO DEL PINO, Santiago, *Delitos informáticos*: *generalidades*. Disponible en: https://www.oas.org/juridico/spanish/cyb_ecu_delitos_inform.pdf

ÁGUILA SÁNCHEZ, Miguel Ángel, *Tipos y Formas de delincuencia*, Editorial Universitas, Madrid, 2013.

ALMENAR PINEDA, Francisco, *El delito de hacking*, Editorial Thompson Reuters Aranzadi, Cizur Menor (Navarra), 2018.

ALTAMIRANO CAMPOS, Guillermo, *La ciberguerra: sus impactos y desafíos*, Coronel Director de la Academia de Guerra del Ejército de Chile, y 13 más, Centro de Estudios Estratégicos, (CEEAG), Chile, 2018. Disponible en: https: //www.ceeag.cl/wp-content/uploads/2020/06/LA-CIBERGUERRA-SUS-IMP ACTOS-Y-DESAFIOS.pdf

ÁLVAREZ MACÍAS, Antonio, *El delito y los delincuentes: evolución y adaptación al medio geográfico y social*, El perfilador, número 7, Edición especial de marzo, Revista digital Dialnet, 2012.

BARRERA IBAÑEZ, Silvia, *Ciberpol. Metodología para la investigación del cibercrimen*, Máster en Seguridad Informática, UNIR, La Universidad en Internet, Logroño, 2019.

BARRIO ANDRÉS, Moisés, *La Ciberdelincuencia en el Derecho Español*, Revista de las Cortes Generales, 2011.
— *Ciberdelitos. Amenazas criminales del ciberespacio*, Editorial Reus, Madrid, 2017.

BECK, Ulrich, *La sociedad del riesgo*: *hacia una nueva modernidad,* Paidós Ibérica, Barcelona, 1998.

BIBIANA RUIZ, Claudia y CORTÉS BORRERO, Rodrigo, *Los ciberdelitos y la ciberseguridad: una cuestión de género*, Revista Iberoamericana de Derecho Informático, FIADI, (Segunda época), número 13, 2023.

BLANCAT SEBAQUEVAS, Diego Amador, *Los peligros en la red: delitos informáticos*, Depósito legal SE 578-2016, Écija (Sevilla), 2016.

BLANCO CORDERO, Isidoro, *El delito de blanqueo de capitales*, Editorial Aranzadi, cuarta edición, Pamplona, 2015.

BRIONES MEDINA, Fernanda, CABAÑES MARTÍNEZ, Eurídice, MIRANDA DÍAZ, Alejandro, SERRALDE RUIZ, José María y WOLF ISZAEVICH, Gunnar, Coordinadora SORIA GUZMÁN, Irene, *Ética hacker, seguridad y vigilancia*, Universidad del Claustro de Sor Juana México, D.F., 2016.

BRUCE SCHNEIER, *La mente del hacker. Como revertir la situación cuando las élites rompen las reglas*, Ediciones Anaya Multimedia, Madrid, 2023.

BRUCE STERLING, ERIC S. RAYMOND, MIQUEL VIDAL, RICHARD STALLMAN, ERIC HUGHES, JOHN GILMORE, MARILINA WINIK, STEVE MIZRACH, JONAS LÖWGREN, JAROMIL, CHRISTIAN FERRER, THOMAS PYNCHON y BILL JOY, Compilador Carlos GRADIN, *Internet, hackers y software libre*, Editora *fantasma*, 2004. Disponible en: https://libro s.metabiblioteca.org/server/api/core/bitstreams/052799a6-a649-4f64-9a94-dd54 961db30d/content

CABALLERO, María Ángeles, y CILLEROS SERRANO, Diego, *El libro del hacker*, Anaya Multimedia, Madrid, 2022.

CABALLERO VELASCO, María Ángeles, BAUS LERMA, Laura y CILLEROS SERRANO, Diego, *Ciberseguridad paso a paso: diseña tu estrategia*, Anaya Multimedia, Madrid, 2023.

CAMARA ARROYO, Sergio, *Estudios Criminológicos Contemporáneos (IX): La Cibercriminología y el perfil del ciberdelincuente*, Derecho y Cambio Social, UNED, número 60, 2020.

CANALS, Francesc, *El libro rojo del cibercrimen los nuevos ladrones llevan guante virtual*, Editorial Omicron, Badalona (Barcelona), 2008.

CANO PAÑOS, Miguel Ángel, *Internet y Terrorismo islamista. Aspectos Criminológicos y Legales*, Eguzkilore, número 22, San Sebastián, diciembre, 2008.

CARDOSO LÓPEZ, María Jesús, *Blanqueo de capitales: técnicas de blanqueo y relación con el sistema tributario*, Cuadernos de Formación. Colaboración 4/15.

Volumen 19/2015. Disponible en: https://www.ief.es/docs/destacados/publica ciones/revistas/cf/19_04.pdf

CASTRO ROMERO, María Virginia, PÉREZ GOLPE, Iria, y GUTIÉRREZ MAYO, Escarlata (Coordinadora), *Delitos informáticos*: *análisis detallados de las conductas delictivas más comunes en el entorno informático*, Editorial Colex, A Coruña, 2021.

CASTRO VÁSQUEZ, *Pruebas de penetración e intrusión*, Ciencia Latina Internacional, Hacking Ético: Teoría & Prácticas, Centro de Investigación y Desarrollo, CID Editorial, 2024.

CAVADA HERRERA, Juan Pablo, *Cibercrimen y delito informático: definiciones en legislación internacional, nacional y extranjera*, Biblioteca del Congreso Nacional de Chile, Asesoría Técnica Parlamentaria, julio 2020. Disponible en: https://obtienearchivo.bcn.cl/obtienearchivo?id=repositorio/10221/29012/2/Defi nicion_y_regulacion_de_cibercrimen_y_delito_informatico_JPC_edit.pdf

CIAURRIZ LARRAZ, Amaia Miren, *Sexting en la adolescencia: riesgo e implicaciones* Interpsiquis XXII Congreso Virtual Internacional de Psiquiatría, Psicología y Salud Mental, del 24 mayo – 4 de junio de 2021. Disponible en: https://psiquiatria.com/congresos/pdf/1-8-2021-17-pon24.pdf

COLOMINA, Carme, *Guerra digital en Ucrania*, CIDOB opinión 720, mayo 2022. Se encuentra disponible en: https://www.cidob.org/sites/default/files/2024-07/7 20_OPINION_CARME%20COLOMINA_CAST.pdf

CORDERO RUIZ, Nuria Fernanda, *La Ciberdelincuencia, The Cybercrime*, Universidad de Alcalá, Alcalá de Henares (Madrid), 2021.

CUBEIRO CABELLO, Enrique, *La ciberguerra y su impacto en el orden mundial*, Director de la División Defensa de S2Grupo, Revista *UNISCI / UNISCI Journal número 68* (*May/Mayo* 2025). Disponible en: https://www.unisci.es/wp-content/ uploads/2025/05/UNISCIDP68-4CUBEIRO.pdf

CHAUDHARY, A., y PANDEY, S., *Escaneo de Vulnerabilidad*, 2022. Disponible en: TechRxiv: 10.36227/techrxiv.20317194.v1

DE LA CUESTA ARZAMENDI, José Luis y PÉREZ MACHÍO, Ana Isabel, *Ciberdelincuentes y Cibervíctimas*, Capítulo 3, Editorial Civitas, Madrid, 2010.

DE LUCA, Stefano, NAVARRO, Fernando y CAMERIERE, Roberto, *La prueba pericial y su valoración en el ámbito judicial español*, Revista Electrónica de Ciencia Penal y Criminología, Artículos RECPC 15-19, 2013.

DOMÍNGUEZ JUANES, Juan, *El blanqueo de capitales*, Universidad de Valladolid, Facultad de Ciencias Sociales, Jurídicas y de la Comunicación, Grado en Derecho,

Valladolid, 2020. Se encuentra disponible en: https://uvadoc.uva.es/bitstream/handle/10324/42285/TFG-N.%201289.pdf?sequence=1

DUQUE MÉNDEZ, Néstor Darío y TAMAYO ALZATE, Alonso, *Hackers, Crackers y otros… (Glosario)*. Se encuentra disponible en: https://repositorio.unal.edu.co/bitstream/handle/unal/60018/hackerscrackersyotros.pdf?sequence=1&isAllowed=y

ESTRADA POSADA, Rodolfo y SOMELLERA, Roberto, *Delitos informáticos*, Instituto Tecnológico y de Estudios Superiores de Monterrey. Campus Estados de México. Disponible en: file:///C:/Users/Miguel%20Angel%20Aguila/Downloads/Dialnet-DelitosInformaticos-248204%20(1).pdf

FAJARDO CALDERA, Ma Isabel, GORDILLO HERNÁNDEZ, Marta y REGALADO CUENCA, Ana Belén, *Sexting: nuevos usos de la tecnología y la sexualidad en adolescentes*, Asociación Nacional de Psicología Evolutiva y Educativa de la Infancia, Adolescencia y Mayores, INFAD, Revista de Psicología, Badajoz, 2013.

FERNÁNDEZ BERMEJO, Daniel y MARTÍNEZ ATIENZA, Gorgonio, *Ciberseguridad, ciberespacio y ciberdelincuencia*, Editorial Thompson Reuters Aranzadi, Cizur Menor (Navarra), 2018.

FERNÁNDEZ TERUELO, Javier Gustavo, *Cibercrimen los delitos cometidos a través de Internet, estafas, distribución de pornografía infantil, atentados contra la propiedad intelectual*, Editorial Constitutio Criminalis Carolina, Oviedo, 2007.
— *Derecho penal e internet. Especial consideración de los delitos que afectan a jóvenes y adolescentes*, Editorial Lex Nova, Valladolid, 2011.

GALÁN MUÑOZ, Alfonso, *Los ciberdelitos o delitos informáticos*, Universitat Oberta de Catalunya, 2019.

GALVEZ BRAVO, Rafael, *Los modus operandi en las operaciones de blanqueo de capitales*, Editorial Wolter Kluwer España, Barcelona, 2017.

GÁMEZ GUADIX, Manuel, *Sexting, sextorsión y pornovenganza*, Universitat Oberta de Catalunya, Barcelona, 2019.

GARAVILLA ESTRADA, MIGUEL, *Delitos informáticos*. Se encuentra disponible en: https://perso.unifr.ch/derechopenal/assets/files/articulos/a_20080526_32.pdf

GARCÍA, Chema, *Métodos más utilizados para el blanqueo de capitales y como detectarlos*, Cursosfemxa.es de 26 de marzo de 2025. Disponible en: https://www.cursosfemxa.es/blog/metodos-blanqueo-capitales

GARCÍA MEZA, A. N., *La relación entre compiladores y la seguridad informática: un análisis estático*, Ciencia Latina Internacional, Hacking Ético: Teoría & Prácticas, Centro de Investigación y Desarrollo, CID Editorial, 2024.

GIMÉNEZ, Santiago, *Redes sociales, estado actual y tendencias 2023*, OBS Business School, Universitat de Barcelona, 2023.

GÓMEZ, D., *Auditoría de seguridad informática*, Ediciones de la U. 2022.

GRIMES, Roger A., *Hackear al hacker. Aprende de los expertos que derrotan a los hackers*, Editorial Marcombo, España, 2018.

GUDIN RODRIGUEZ-MAGARIÑOS, Faustino, *Nuevos delitos informáticos*: *phising, pharming, hacking y cracking*, SP/DOCT/3705. Se encuentra disponible en: https://web.icam.es/bucket/Faustino%20Gud%C3%ADn%20-%20Nuev os%20delitos%20inform%C3%A1ticos.pdf

GUIRAO CID, María del Carme, *La ciberradicalización*: *una nueva forma de victimización*, Universitat de Lleida, 2019. Se encuentra disponible en: https://raco.cat/index.php/IDP/article/view/373558/467168

GUIX SANTANDREU, Arnau, *Las diligencias de investigación y la prueba electrónica del cibercrimen*, Universidad de Salamanca, 2022.

HAZ LÓPEZ, Lidice Victoria, GARZÓN BALCAZAR, Jenny Margarita, OROZCO IGUASNIA, Jaime Benjamín y BALÓN RAMOS, Isabel Del Rocío, *Hacking ético*: *teoría & prácticas*, Ciencia Latina Internacional, Editorial CID (Centro de Investigación y Desarrollo), 2024.

HERNÁNDEZ, Claudio, *Hackers. Los piratas del Chip y de Internet*, 2001. Disponible en: *Hackers*. Los piratas del chip y de internet.pdf

HERNÁNDEZ DÍAZ, Leyre, *El delito informático*, Eguzkilore, número 23, San Sebastián, 2009.

HIMANEN, Pekka, *La ética del hacker y el espíritu de la era de la información*. Se encuentra disponible en: http://eprints.rclis.org/12851/1/pekka.pdf

HOLT, Thomas, *Piratería informática y ciberintrusión*, Universitat Oberta de Catalunya, Barcelona, 2019. Se encuentra disponible en: https://openaccess.uoc. edu/bitstream/10609/148531/5/PirateriaInformaticaYCiberintrusion.pdf

HURTADO VARGAS, L. F., y CALERO SUNTASIG, H. D., *Análisis de vulnerabilidades para la infraestructura de red de la bolsa de valores de Quito, aplicando una metodología de Ethical Hacking*, Ciencia Latina Internacional, Hacking Ético: Teoría & Prácticas, Centro de Investigación y Desarrollo, CID Editorial, 2024.

ITURRARTE, Rubén, *Desentrañando el uso de la IA por los ciberdelincuentes*, Founderz. .Se encuentra disponible en: https://founderz.com/es/blog/ciberdelincuentes-uso-ia/

JIMÉNEZ JIMÉNEZ, Cristian, *Seguridad en Redes y Sistemas. Técnicas y conceptos sobre hacking y pentesting*, Universitat Oberta de Catalunya, 2016.

JIMÉNEZ MARTÍN, Jorge, *Delitos informáticos*, Subdirector Escuela Judicial, Cartagena de Indias (Colombia), 2015.

JIMÉNEZ MESA, José, *Riesgos de las redes sociales informáticas. Internet social Network Risks*, Universidad de Málaga, Escuela Técnica Superior de Ingeniería Informática, Grado en Ingeniería de Computadores, Departamento Lenguajes y Ciencias de la Computación, Málaga, 2014.

JIMENO GARCÍA, María Teresa, MÍGUEZ PÉREZ, Carlos y MATAS GARCÍA, Abel Mariano, *Hacker Edición 2010*, Ediciones Anaya Multimedia, Madrid, 2010.

LACASA, Ana, *¿Cómo se investiga el cibercrimen?* Máster Universitario en Análisis e Investigación Criminal, Universidad a Distancia de Madrid (UDIMA), Madrid. Se encuentra disponible en: https://blogs.udima.es/criminologia/como-se-investiga-el-cibercrimen/

LAPUERTA IRIGOYEN, Carmen, *El cibercrimen y el agente encubierto on line*, Fundación Internacional de Ciencias Penales, 2017. Disponible en: https://ficp.es/wp-content/uploads/2017/06/Lapuerta-Irigoyen.-Comunicaci%C3%B3n.pdf

LEIVA VILLAGRA, René, *Aparece la ciberguerra*, Capítulo I, en ALTAMIRANO CAMPOS, Guillermo, *La ciberguerra: sus impactos y desafíos*, Coronel Director de la Academia de Guerra del Ejército de Chile, y 13 más, Centro de Estudios Estratégicos, (CEEAG), Chile, 2018. Disponible en: https://www.ceeag.cl/wp-content/uploads/2020/06/LA-CIBERGUERRA-SUS-IMPACTOS-Y-DESAFIOS.pdf

LINDE GARCÍA, Antonia, BALCELLS MAGRANS, Marc y BENITO, María *Ciberdelincuencia: ¿qué es y cómo combatirla?* Se encuentra disponible en: https://blogs.uoc.edu/edcp/es/ciberdelincuencia-que-es-y-como-combatirla/

LÓPEZ GOROSTIDI, Jon, *Ciberdelincuencia: proporcionalidad y bienes jurídicos protegidos*, Editorial Comares, Granada, 2022.

LÓPEZ GOROSTIDI, Jon, *Ciberdelincuencia: espacio delictivo y participación*, Editorial Aranzadi, Las Rozas (Madrid), 2024.

MARTÍN MORENO, Luis, *Ciberguerra-nuevas formas de hacer la guerra en el siglo XXI*, Revista Fuerzas Armadas, Edición 236. Disponible en: https://www.google.com/search?q=Ciberguerra-nuevas+formas+de+de+hacer+la+guerra+e

n+el+siglo+XXI&rlz=1C1GCEU_esES1162&oq=Ciberguerra-nuevas+formas +de+de+hacer+la+guerra+en+el+siglo+XXI&gs_lcrp=EgZjaHJvbWUyBggAAE EUYOdIBCTMzMzRqMGoxNagCCLACAfEFVGpEcR2VzAPxBVRqRHEdl cwD&sourceid=chrome&ie=UTF-8

MARTÍN ROSELL, María, *Jóvenes y Redes Sociales*, Universidad de La Laguna, 2015. Disponible en: Jóvenes y redes sociales.pdf

MARTÍNEZ, Matilde S., *Algunas cuestiones sobre delitos informáticos en el ámbito financiero y económico. Implicancias y consecuencias en materia penal y responsabilidad civil,* Suplemento especial, ERREIUS, Buenos Aires (Argentina), 2018. Disponible en: https://www.pensamientopenal.com.ar/system/files/2018/ 09/doctrina46963

MARTORELLI, Juan Pablo, *La prueba pericial. Consideraciones sobre la prueba pericial y su valoración en la decisión judicial*, REDEA. Derechos en Acción, Doctrina, Año 2 N° 4, 2017.

MATA Y MARTIN, Ricardo M. *Delincuencia informática y Derecho Penal*, Editorial Edisofer, Madrid, 2001.

MEDINA, Manel y MOLIST, Mercè, *Cibercrimen ¡Protégete del Bit-Bang! Los ataques en el Ciberespacio a: Tu ordenador, tu móvil, tu empresa...Aprende de víctimas, expertos y Cibervigilantes*, Tibidabo Ediciones, S.A., Barcelona, 2015.

MERLOS, Alfonso, *Terror.com. Irak, Europa y los nuevos frentes de la Yihad*, Ediciones Universidad de Navarra (EUNSA), Navarra, 2008.

MIRÓ LLINARES, Fernando, *El cibercrimen. Fenomenología y criminología de la delincuencia en el ciberespacio,* Derecho Penal y Criminología, Editorial Marcial Pons, Madrid, 2012.

MONNI, Piero, *El Archipiélago de la vergüenza: turismo sexual y pedofilia*, Editorial Biblioteca de Autores Cristianos, Madrid, 2004.

MONTES NOBLEJAS, Diego, *A vueltas con el terrorismo e Internet: hacia una definición de ciberterrorismo*, Revista de Derecho UNED, número 27, Madrid, 2021. Disponible en: https://revistas.uned.es/index.php/RDUNED/article/view/3 1102

MONZÓN TORRES, Juan Pablo, *Ciberguerra: nuevos desafíos a la seguridad de los Estados*, Capítulo X. Se encuentra disponible en: https://esdeglibros.edu.co/ index.php/editorial/catalog/download/73/96/1239?inline=1

MORALES PRATS, Fermín, *Pornografía infantil e Internet*, Universidad Autónoma de Barcelona (Barcelona), 2002. Disponible en: https://www.uoc.edu/in3/ dt/20056/20056.pdf

MORILLAS FERNÁNDEZ, David Lorenzo, *Análisis dogmático y criminológico de los delitos de pornografía infantil: especial consideración de las modalidades comisivas relacionadas con Internet*, Editorial Dykinson, Madrid, 2005.

MORILLO, Christina, *97 cosas que todo profesional de la seguridad informática debería saber: la sabiduría colectiva de los expertos*, Anaya Multimedia, Madrid, 2022.

MORÓN LERMA, E., *Internet y Derecho Penal: Hacking y otras conductas ilícitas en la Red*, Pamplona, Aranzadi, 1999.

MUNIESA TOMÁS, Pilar, HERRERA SÁNCHEZ, David, GUERRERO OLMOS, Jorge, MARTÍNEZ MORENO, Francisco, RUBIO GARCÍA, Marcos, GIL PÉREZ, Victoria, SANTIAGO OROZCO, Ana María y GÓMEZ MARTÍN, Miguel Ángel, *Informe sobre la criminalidad en España*, Dirección General de Coordinación y Estudios, Secretaría de Estado de Seguridad, Ministerio del Interior, Gobierno de España, 2022.

OCHOA PINEDA, Amada Cesibel, ARANDA TORRES, Cayetano José, *Sexting: signo de identidad juvenil en la sociedad digital*, Sexología 1, Universidad del Azuay, Casa Editora, Edual, El Ejido (Almería), 2019.

ORELLANA, Carlos Iván y CARILLO, Adilio, *El miedo al cibercrimen: explorando una faceta novedosa de la inseguridad ciudadana*, Red de Conocimiento sobre Seguridad Ciudadana (Conose), Editorial *FLACSO*, San José, Costa Rica, 2023.

ORTIZ PRADILLO, J.C., *La investigación del delito en la era digital: los derechos fundamentales frente a las nuevas medidas tecnológicas de investigación*, Editorial Fundación Alternativas, Madrid, D.L., 2013.

ORTS BERENGUER, Enrique y ROIG TORRES, Margarita, *Delitos informáticos y delitos comunes a través de la informática*, Editorial Tirant lo Blanch, Valencia, 2001.

PANTANO, Ariel, *Ciberguerra*, Universidad de Palermo, Argentina. Disponible en: https://dspace.palermo.edu/dspace/bitstream/handle/10226/1448/Ciberguerra-Pa ntano%2068586.pdf?sequence=1&isAllowed=y

PASCUAL MARTIN, María Teresa, *Diligencias de investigación y nuevas tecnologías*, Universidad de Salamanca, 2015.

PAUDEL, S., *Vulnerable Web Applications and how to Audit Them: Use of OWASP Zed Attack Proxy effectively to find the vulnerabilities of web applications*, 2016.

PÉREZ SUÁREZ, Jorge Ramiro, DÍAZ GALÁN, Julio, MUÑOZ ANGUITA, Mario, CORDERO VERDUGO, Raquel Rebeca y SILVA ESQUINAS, Antonio, *Guía de buenas prácticas sobre el uso de las redes sociales*, Universidad Europea, Grupo de Conocimiento-Investigación en Problemáticas Sociales, Edición: Unión de Asociaciones Familiares, Madrid, 2023.

PÉREZ-WIESNER, Mateo, POVEDA FERNÁNDEZ-MARTÍN, María, y LÓPEZ-MUÑOZ, Francisco, *El fenómeno de las redes sociales: evolución y perfil del usuario*, Departamento de Psicología, Facultad de Ciencias de la Salud, Universidad Camilo José Cela, Madrid, 2014.

POVEDA CRIADO, Miguel Ángel, *Delitos en la red: cibercrimen, ciberdelitos, ciberseguridad, ciberespionaje y ciberterrorismo*, Fragua, Madrid, 2015.

RAJÁN, A., & ERTURK, E., *Web Vulnerability Scanners: A Case Study. arXiv prepint arXiv: 1706.08017*. Disponible en: https//:arxiv.org/abs/1706/08017, 2017.

RAYÓN BALLESTEROS, María Concepción y GÓMEZ HERNÁNDEZ, José Antonio, *Cibercrimen: particularidades en su investigación y enjuiciamiento*, Anuario Jurídico y Económico Escurialense, XLVII, Madrid, 2014.

RESIO, Mara, *Delitos sexuales en la era digital, Cibercrimen y Delitos Informáticos. Los nuevos tipos penales en la era de Internet*, Suplemento especial, ERREIUS, Buenos Aires (Argentina), 2018. Se encuentra disponible en: https://www.pe nsamientopenal.com.ar/system/files/2018/09/doctrina46963

RIESCO GARCÍA, María, MARCHAL ESCALONA, Antonio Nicolás y CABO PIMENTEL, Juan María, *Ciberterrorismo. Máster en Ciberdelincuencia*, Universidad Nebrija, Madrid. Disponible en: https://www.nebrija.com/programa s-postgrado/master/ciberdelincuencia/pdf-asignaturas/ciberterrorismo.pdf

RODRÍGUEZ FLOREZ, María Eugenia, *América Latina ¿debe crear un sistema de normas armonizadas para el cibercrimen?*, Trabajos de Investigación en Políticas Públicas, Departamento de Economía, U. de Chile, número 16, septiembre 2013.

ROMEO CASABONA, Carlos María, *Poder informático y seguridad jurídica la función tutelar del derecho penal ante las nuevas tecnologías de la información*, Colección Impactos, Madrid: Fundesco, D.L., 1988.

ROVIRA DEL CANTÓ, Enrique, *Delincuencia informática y fraudes informáticos*, Editorial Comares, Albolote (Granada), 2002.

SAIN, Gustavo, *¿Qué es la ciberguerra?* Revista pensamiento penal, Buenos Aires (Argentina), 2016. Se encuentra disponible en: https://www.pensamientopenal.c om.ar/system/files/2016/02/doctrina42952.pdf

SAIN, Gustavo, *Delitos informáticos y cibercrimen: alcances, conceptos y características. Cibercrimen y Delitos Informáticos. Los nuevos tipos penales en la era de Internet*, Suplemento especial, ERREIUS, Buenos Aires (Argentina),

2018. Disponible en: https://www.pensamientopenal.com.ar/system/files/2018/09/doctrina46963

SALCEDO, Octavio J., FERNÁNDEZ, Carlos A. y CASTELLANOS, Lilia, *Hackers en la sociedad de la información: análisis de su dinámica desde una perspectiva social*, Universidad Distrital Francisco José de Caldas, Facultad Tecnológica, 2012.

SALOM CLOTET, Juan, *El ciberespacio y el crimen organizado*, Capítulo Tercero, Cuadernos de Estrategia, Ciberseguridad. Retos y amenazas a la seguridad nacional en el ciberespacio, número 149, 2011. Disponible en: https://proteccion data.es/wp-content/uploads/2022/02/El-ciberespacio-y-el-crimen-organizado .pdf

SÁNCHEZ MEDERO, Gema, *Ciberespacio y el Crimen Organizado. Los nuevos desafíos del siglo XXI*, Facultad de Ciencias Políticas y Sociología, Universidad Complutense de Madrid, Madrid, 2012.

SÁNCHEZ MEDERO, Gema, *La ciberguerra: los casos de Stuxnet y de Anonymous*, Derecom, número 11. Nueva Época. Septiembre-Noviembre, Madrid, 2012,

SÁNCHEZ SECO, Luis, *Blanqueo de capitales. Motivos que justifican la existencia de la regulación de prevención del blanqueo de capitales,* Agencia Estatal de Administración Tributaria, Cuadernos de Formación 14/15. Volumen 19/2015. Disponible en. https://www.ief.es/docs/destacados/publicaciones/revistas/cf/1 9_14.pdf

SCHNEIER, Bruce, *La mente del hacker: como revertir la situación cuando las élites rompen las reglas*, Anaya Multimedia, Madrid, 2023.

SHINDER, Debra Littlejhon, *Prevención y detección de delitos informáticos*, Editorial Anaya Multimedia, Madrid, 2003.

SI LIAO, ZHOU CHENMING, ZHAO YONGHUI, ZHANG ZHIYU, ZHANG CHENGWEI & GAO YAYU, *A Comprehensive Detection Approach of Nmap: Principles, Rules and Experiments*, 2020. Disponible en: hhtps://ieeexplore.ieee. org/abstract/document/9329410

SUBIJANA ZUNZUNEGUI, Ignacio José, *El ciberterrorismo: una perspectiva legal y judicial*, Eguzkilore, número 22, San Sebastián, 2008.

TAMARIT SUMALLA, Josep María, y GUIRAO CID, María del Carme, *Ciberterrorismo. Concepto y aproximación al fenómeno*, Universitat Oberta de Catalunya, Barcelona, 2020.

TEMPERINI, Marcelo, *Delitos informáticos y cibercrimen: alcances, conceptos y características. Cibercrimen y Delitos Informáticos. Los nuevos tipos penales en la era de Internet*, Suplemento especial, ERREIUS, Buenos Aires (Argentina), 2018. Disponible en: https://www.pensamientopenal.com.ar/system/files/2018/09/doctrina46963

TORRES SORIANO, Manuel, *Terrorismo yihadista y nuevos usos de Internet: la distribución de propaganda*, ARI 110/2009, Real Instituto Elcano, Madrid, 2009.

VERTON, Dan, *Black Ice. La amenaza invisible del ciberterrorismo*, Editorial McGraw-Hill, Madrid, 2004.

VIVAR FRANCO, I.A., *Aplicación de hacking ético para identificar amenazas, riesgos y vulnerabilidades en la red wifi*, Universidad Técnica de Babahoyo, 2023.

PÁGINAS WEB Y DOCUMENTOS DE TEXTO

https://www.rae.es/obras-academicas/diccionarios/diccionario-de-la-lengua-espanola

https://bibliotecadigital.aecid.es/bibliodig/pub_aecid/es/consulta/registro.do?id=12725

Sistematización del Curso Virtual. Ciberdelincuencia. *Curso la Ciberdelincuencia: Tratamiento preventivo, procesal y sustantivo desde una perspectiva internacional*, Consejo General del Poder Judicial, Aula Iberoamericana, Cooperación Española, Conocimiento/Intercoonecta, Segunda Edición, 2021.

https://www.pandasecurity.com/es/mediacenter/tipos-de-cibercrimen/ *Tipos de Cibercrimen*, Educación Digital, Marzo 22, 2023.

Cibercrimen y Delitos Informáticos. Los nuevos tipos penales en la era de Internet, Suplemento especial, ERREIUS, Buenos Aires (Argentina), 2018. Disponible en: https://www.pensamientopenal.com.ar/system/files/2018/09/doctrina46963

https://www.mseg.gba.gov.ar/areas/Vucetich/MANUALES%20DE%20MATERIAS%202022/MANUAL%20Cibercrimen%20y%20delitos%20inform%C3%A1ticos

Cibercrimen y Delitos informáticos, Apuntes para la materia, Superintendencia de Institutos de Formación Policial, Subsecretaría de Formación y Desarrollo Profesional, Ministerio de Seguridad, Gobierno de la provincia de Buenos Aires, 2022. Disponible en: https://www.google.com/search?q=Cibercrimen+y+Delitos+inform%C3%A1ticos%2C+Apuntes+para+la+materia%2C+Superintendencia+de+Institutos+de+Formaci%C3%B3n+Policial%2C+Subsecretar%C3%ADa+de+Formaci%C3%B3n+y+Desarrollo+Profesional%2C+Ministerio+de+Se

guridad%2C+Gobierno+de+la+provincia+de+Buenos+Aires%2C+2022.&oq=
Cibercrimen+y+Delitos+inform%C3%A1ticos%2C+Apuntes+para+la+mater
ia%2C+Superintendencia+de+Institutos+de+Formaci%C3%B3n+Policial%
2C+Subsecretar%C3%ADa+de+Formaci%C3%B3n+y+Desarrollo+Profesional
%2C+Ministerio+de+Seguridad%2C+Gobierno+de+la+provincia+de+Bueno
s+Aires%2C+2022.&gs_lcrp=EgZjaHJvbWUyBggAEEUYOdIBCTM0MTd
qMGoxNagCCLACAQ&sourceid=chrome&ie=UTF-8&zx=173892288514
0&no_sw_cr=1

https://www.incibe.es/sites/default/files/docs/guia-ciberataques/osi-guia-ciberata
ques

Guía de ciberataques, todo lo que debes saber a nivel de usuario, Incibe, Instituto
Nacional de Ciberseguridad, Oficina de Seguridad del Internauta, Secretaría
de Estado de Digitalización e Inteligencia Artificial, Vicepresidencia Tercera
del Gobierno, Ministerio de Asuntos Económicos y Transformación Digital,
Gobierno de España, 2020.

https://www.sonicwall.com/medialibrary/es/ebook/tipos-de-ciberataques-y-como
-prevenirlos

Tipos de Ciberataques y cómo prevenirlos, Sonicwall Inc., 5455Great America
Parkway, Santa Clara, CA 95054, 2017.

Oficina de las Naciones Unidas contra la Droga y el Delito, *Compendio de
Ciberdelincuencia Organizada*, Viena, 2022. Disponible en: https://www.unodc.
org/documents/Cybercrime/tools-and-resources/compendio_de_delincuencia_o
rganizada_es

https://www.lisanews.org/ciberseguridad/como-es-el-perfil-del-ciberdelincuente/

https://www.campusciberseguridad.com/blog/item/133-tipos-de-hackers

https://www.unir.net/derecho/revista/que-es-ciberdelincuencia/

https://www.asperis.es/glosario-ciberseguridad/grey/

https://www.google.com/search?q=tipos+de+ataques&oq=tipos+de+ataque&gs_
lcrp=EgZjaHJvbWUqBwgAEAAYgAQyBwgAEAAYgAQyBggBEEUYOTI
GCAIQRRhAMgcIAxAAGIAEMgcIBBAAGIAEMgcIBRAAGIAEMgcIBhA
AGIAEMgcIBxAAGIAE0gEKMTE3MTFqMGoxNagCCLACAQ&sourceid
=chrome&ie=UTF-8

https://www.akamai.com/es/glossary/what-is-cyber-crime#:~:text=La%20ciberdeli
ncuencia%20es%20una%20forma,internet%20para%20cometer%20actos%20
ilegales

https://blog.hubspot.es/website/que-es-ciberdelincuencia

https://www.fortinet.com/lat/resources/cyberglossary/types-of-cyber-attacks

https://msmk.university/ciberdelincuente/

https://www.mediasource.mx/blog/que-es-la-ciberdelincuencia-como-prevenirla-y-ejemplos

https://www.raeeandalucia.es/actualidad/consejos-sobre-como-eliminar-datos-perso nales-dispositivos-antes-reciclarlos

https://openwebinars.net/blog/los-15-tipos-de-ciberataques-que-deberias-conocer/

https://www.iebschool.com/blog/ciberseguridad-ataques-tecnologia/

https://www.incibe.es/sites/default/files/docs/guia-ciberataques/osi-guia-ciberata ques.pdf

https://www.channelpartner.es/seguridad/principales-ciberataques-en-espana-en-2 024/

https://indalics.com/blog/ciberdelincuencia

https://es.linkedin.com/pulse/la-prueba-forense-en-ciberseguridad-necesidad-de-un -l%C3%B3pez-maluenda

https://www.ibm.com/es-es/topics/digital-forensics

https://legaltcm.com/estrategias-legales-para-combatir-la-ciberdelincuencia/

https://www.consilium.europa.eu/es/policies/cybersecurity/

https://www.google.com/search?sca_esv=cede7393a1f5fe97&q=Ley+de+ciberse guridad+Europea&sa=X&ved=2ahUKEwiwpaWVoeiJAxVtfKQEHcpbHw EQ1QJ6BAhDEAE&biw=1366&bih=641&dpr=1

https://www.deltaprotect.com/blog/ley-de-ciberresilencia-ue

https://www.redseguridad.com/actualidad/cibercrimen/que-es-la-ciberdelincuenci a-y-como-se-puede-prevenir_20220117.html

https://urepublicana.edu.co/pages/publicaciones/principal/noticia/10_consejos_sen cillos_para_no_caer_ciberdelitos

https://indalics.com/informe-pericial-informatico

https://www.icagi.net/archivos/archivoszonapublica/noticias/ficheros/Fragmento% 20interiores%20libro%20Guia%20prueba%20penal.pdf

https://www.google.com/search?q=informe+sobre+la+cibercriminalidad+en+es pa%C3%B1a+2024&oq=&gs_lcrp=EgZjaHJvbWUqCQgBEEUYOxjCAzIJC AAQRRg7GMIDMgkIARBFGDsYwgMyCQgCEEUYOxjCAzIRCAMQA BgDGEIYjwEYtAIY6gIyEQgEEAAYAxhCGI8BGLQCGOoCMhEIBRAAG

AMYQhiPARi0AhjqAjIRCAYQABgDGEIYjwEYtAIY6gIyEQgHEAAYA
xhCGI8BGLQCGOoC0gEJNDY1MWowajE1qAIIsAIB&sourceid=chrome&
ie=UTF-8

https://sosafe-awareness.com/es/blog/tendencias-ciberdelincuencia-2024/

https://www.itreseller.es/seguridad/2024/12/el-474-de-los-espanoles-ha-sufrido-una
-estafa-o-intento-de-estafa-en-el-ultimo-ano

LISA Institute, *Deesfakes*: *Qué es, tipos, riesgos y amenazas*. Se encuentra disponible
en: https://www.lisainstitute.com/blogs/blog/deepfakes-tipos-consejos-riesgos-a
menazas?srsltid=AfmBOopPHvtQSx4Vz_O5zFhx-Q7UiUvr78ultBoNzn8k
6EyriLKfU_kP

Los atacantes han comenzado a utilizar IA generativa como parte de su infraestructura,
it. Digital Security, Actualidad, 16 de octubre de 2024. Se encuentra disponible
en: https://www.itdigitalsecurity.es/actualidad/2024/10/los-atacantes-han-come
nzado-a-utilizar-ia-generativa-como-parte-de-su-infraestructura.

*Los delitos financieros y los cometidos por Internet son los que más preocupan a la
policía de todo el mundo, según un nuevo informe de INTERPOL*, de fecha 19
de octubre de 2022. Disponible en: https://www.interpol.int/es/Noticias-y-aconte
cimientos/Noticias/2022/Los-delitos-financieros-y-los-cometidos-por-Internet
-son-los-que-mas-preocupan-a-la-policia-de-todo-el-mundo-segun-un-nuevo-
informe-de-INTERPOL.

Fraudes por Internet: ¿Qué tipos de estafas son más habituales? Derecho, 8 de abril
de 2024. Disponible en: https://www.unir.net/revista/derecho/fraudes-internet/

Mori, C., Cooke, J. E., Temple, J. R., Ly, A., Lu, Y., Anderson, N., Rash, C., &
Madigan, S. (2020). The Prevalence of Sexting Behaviors Among Emerging
Adults: A MetaAnalysis. Archives of Sexual Behavior, 49(4), 1103-1119
disponible en: https://doi.org/10.1007/s10508-020-01656-4

https://www.calameo.com/read/0017023294a9db524e69e

SARRÍA, Cintia, *Prostitución 2.0*: *la explotación sexual a través de la pantalla*,
Blog Médicos del Mundo, Madrid, 2023. Se encuentra Disponible en: https://ww
w.medicosdelmundo.org/blog/uncategorised/prostitucion-2-0-la-explotacion-sex
ual-a-traves-de-la-pantalla/

PÉREZ RAMÍREZ, Meritxell, HERRERO MEJÍAS, Oscar, PASCUAL FRANCH,
Alejandra, GIMÉNEZ-SALINAS FRAMIS, Andrea y DE JUAN ESPINOSA,
Manuel, *Informe de consumidores de pornografía infantil*, Instituto de Ciencias
Forenses y de la Seguridad, Universidad Autónoma de Madrid, Gobierno de
España, Ministerio del Interior, Secretaría General de Instituciones Penitenciarias,

Madrid, 2017. Disponible en: https://ccff.icfs.es/wp-content/uploads/2017/03/I nforme_Consumidores-pornografia-infantil.pdf

SOTOCA-PLAZA, Andrés, RAMOS-ROMERO, Manuel, y PASCUAL-FRANCH, Alejandra, *El perfil del consumidor de imágenes de abuso sexual infantil: semejanzas y diferencias con el agresor offline y el delincuente dual*, Anuario de Psicología Jurídica, Colegio Oficial de la Psicología de Madrid, Fundación Colegio Oficial de la Psicología de Madrid, Volumen 30 nº 1, Madrid, 2020. Disponible en: https://journals.copmadrid.org/apj/art/apj2019a11

ROMI, Juan Carlos y GARCÍA SAMARTINO, Lorenzo, *Algunas reflexiones sobre la pedofilia y el abuso sexual de menores*, Cuadernos de Medicina Forense, Año 3, número 2 (93-112). Disponible en: https://www.csjn.gov.ar/cmfcs/files/pdf/_ Tomo-3(2004)/Numero-2-3/12.pdf

BOSCH, Patricia, *Las comunidades pedófilas en las redes tienen estructura, jerarquía, roles definidos y simbología propia*, El Reportaje, La Vanguardia, Sociedad, 20 de diciembre de 2020. Se encuentra disponible en: https://hemero teca-paginas.lavanguardia.com/LVE05/PUB/2020/12/20/LVG202012200491LB .pdf

Guía S.O.S. contra el Grooming, Padres y Educadores, INTECO, Instituto Nacional de Tecnologías de la Comunicación, Gobierno de España, Ministerio de Industria, Energía y Turismo. Se encuentra disponible en: https://www.adolescenciasema .org/usuario/documentos/sos_grooming.pdf

Equipo de Expertos en Educación, Universidad Internacional de Valencia, Educación/Psicología, *Tipos, causas y consecuencias del bullying*, Valencia, 2023. Disponible en: https://www.universidadviu.com/es/actualidad/nuestros-e xpertos/las-diversas-formas-de-bullying-fisico-psicologico-verbal-sexual

Banco de España, Eurosistemas, PORTALCLIENTEBANCARIO, BANCO DE ESPAÑA, *Carding: el robo de los datos de las tarjetas bancarias*, Madrid, 2023. Disponible en: https://clientebancario.bde.es/pcb/es/blog/carding—uso-ilegitimo -de-datos-de-tarjetas-bancarias.html

https://seon.io/es/recursos/fraudes-del-comercio-electronico/

https://www.libertaddigital.com/ciencia-tecnologia/tecnologia/2025-01-16/sabia s-que-los-anuncios-online-pueden-llegar-a-tener-malware-el-incibe-avisa-7207 734/

SEPIDES, SEPI Desarrollo Empresarial, Unidad Operativa de Prevención del Blanqueo de Capitales y de la Financiación del Terrorismo del Grupo Sepedis, Consejo de Administración, 2022. Disponible en. https://sepides.es/wp-content/ uploads/2022/07/Manual-Prevencion-Blanqueo-de-Capitales_Version-0.7.pdf

TORRE, Lidia de la, *Las redes sociales*: *conceptos y teorías*, UCA, Pontificia Universidad Católica Argentina, Biblioteca digital de la Universidad Católica Argentina, Consonancias Año, 11, Número 39, 2012. Disponible en: *Las redes-sociales conceptos y teorias*.pdf

Ciberseguridad, *¿Qué es un cracker informático? Todo lo que debes saber*. Se encuentra disponible en: https://ayudaleyprotecciondatos.es/2021/10/18/cracker/

PRENSA ESCRITA

ADRADOS HERRERO, Antonio, *Ciberguerra 2024*: *Israel, Irán y Hamas*, Silicon, Technology, Powering Business, 14 de febrero de 2024. Disponible en: https://www.silicon.es/ciberguerra-2024-israel-iran-y-hamas-2494615

MILLÁN, Ramón, *La ciberguerra de Ucrania*, bit, la revista profesional sobre tecnología y transformación digital, tribuna. Disponible en: https://bit.coit.es/opinion/la-ciberguerra-de-ucrania/

POITEVIN, Víctor, *Uso de herramientas de la ciberseguridad en la guerra ruso-ucraniana*: *análisis estratégico de una primera e importante guerra*, Stormshield, 9 de octubre de 2024. Disponible en: https://www.stormshield.com/es/noticias/uso-de-herramientas-ciberneticas-en-la-guerra-ruso-ucraniana-analisis-estrate gico-de-una-primera/

PRIETO, M., Informe, *Espionaje, ataques destructivos y desinformación*: *así se libra la ciberguerra en el conflicto Israel-Hamas*, Expansión, Economía digital, Madrid, 14 de febrero de 2024. Se encuentra disponible en: https://www.expans ion.com/economia-digital/innovacion/2024/02/14/65cba752468aeb61418b4580. html

WAJSMAN, Gustavo, *Ciberataques masivos. El caso de Israel y Hamas*, Instituto de Relaciones Internacionales/Universidad Nacional de La Plata, Boletines del Instituto de Relaciones Internacionales, Departamento de Seguridad Internacional y Defensa, Ángel Pablo Tello. Disponible en: https://www.iri.edu.ar/index.ph p/2024/06/13/ciberataques-masivos-el-caso-de-israel-y-hamas-por-gustavo-wajs man/

COLECTIVO PROFESIONAL DE POLICÍA MUNICIPAL, Sindicato (CPPM), *Hackers y seguridad*, Madrid. Se encuentra disponible en: *Hackers y ciberseguridad*.pdf

REVISTAS

BLASCO FONTECILLA, Hilario, *El impacto de las redes sociales en las personas y en la sociedad*: *redes sociales, redil social, o ¿telaraña?*, Tarbiya, número 49, 2021. Disponible en: *El impacto de las redes sociales en las personas y en la sociedad*.pdf

CLIMENT SANCHÍS, Silvia, *La comunicación y las redes sociales*, Revista de investigación, ³ciencias, editada por Área de Innovación y Desarrollo, S.L., 2012.

DUQUE MÉNDEZ, Néstor Darío y TAMAYO ALZATE, Alonso, *Hackers, Crackers y otros…*, Revista Departamento de Ciencias, Universidad Nacional de Colombia, Sede Manizales, junio 2000.

HÜTT HERRERA, Harold, *Las redes sociales*: *una nueva herramienta de difusión*, Reflexiones, volumen, 91, número 2, Universidad de Costa Rica, San José (Costa Rica), 2012.

NIEVA, Machín y GAZAPO, Manuel, *La ciberseguridad como factor crítico en la seguridad de la Unión Europea*, Revista UNISCI, núm. 42, Universidad Complutense de Madrid, (Madrid) 2016.

PÉREZ-WIESNER, Mateo, POVEDA FERNÁNDEZ-MARTÍN, María y LÓPEZ-MUÑOZ, Francisco, *El fenómeno de las Redes Sociales*: *evolución y perfil del usuario*, Universidad Camilo José Cela, Facultad de Ciencias de la Salud, Departamento de Psicología, Revista de Psicología y Educación, Volumen 13, Número, 1, 2014.

ROIG DOMÍNGUEZ, Gustavo, *Hacktivismo*: *Hackers y Redes Sociales*, Documentos 11, Revista de Estudios de Juventud, número 76, 2007. Disponible en: *Hacktivismo. hackers y redes sociales*.pdf

SAIN, Gustavo, *¿Qué es un hacker?* (I), Revista Pensamiento Penal. Disponible en: *Que es un hacker*.pdf

SALCEDO, Octavio J., FERNÁNDEZ, Carlos A., y CASTELLANOS, Lilia, *Hackers en la sociedad de la información*: *análisis de su dinámica desde una perspectiva social*, Revista Visión Electrónica, Año 6, número 1, Enero-Junio de 2012.

ZAMORA, Nano, *Redes Sociales*, Revista electrónica de Educación e Innovación Multimedia, 2010. Disponible en: *Redes sociales*.pdf

ORGANISMOS INTERNACIONALES

Comisión Europea, Newsroom, *La Comisión da a conocer "ProtectUE", la nueva Estrategia Europea de Seguridad Interior*, Estrasburgo (Francia), 1 de abril de 2025.

Web Oficial de la UE, Report, Study, *Informe sobre la ciberseguridad y la resiliencia de las infraestructuras y redes de comunicaciones de la UE*, 21 de febrero de 2024.

CONGRESO VIRTUAL INTERNACIONAL

REGUEIRO MARTÍN-ALBO, Carmen, PUYAL GONZÁLEZ, Sandra, SÁNCHEZ RODRIGUEZ, Julia y EXPÓSITO DURÁN, Elena, *Redes sociales en la actualidad. Contexto e impacto sociocultural*, Interpsiquis 2022, XXIII Congreso Virtual Internacional de Psiquiatría, Psicología y Salud Mental, del 23 de mayo al 3 de junio de 2022.

LEGISLACIÓN Y TEXTOS JURÍDICOS

Ley Orgánica 5/2010, de 22 de junio, por la que se modifica la Ley Orgánica 10/1995, del 23 de noviembre, del Código Penal, BOE número 152, de 23 de junio de 2010, artículo 183 bis, página 54842.

Constitución Española, BOE número 311, de fecha 29 de diciembre de 1978.

Ley 10/2010, de 28 de abril, *de prevención del blanqueo de capitales y de la financiación del terrorismo*, Boletín Oficial del Estado, número 103, de 29 de abril de 2010, Sec. I, página 37460.

BOE número 281, de 24 de noviembre de 1995, Ley Orgánica 10/1995, de 23 de noviembre, del Código Penal, Capítulo XIV, *De la receptación y el blanqueo de capitales*, Artículo 301.1.

JURISPRUDENCIA

Sentencia del Tribunal Supremo, de 28 de mayo de 2008.

Sentencia del Tribunal Supremo, de 19 de diciembre de 2008.

Sentencia del Tribunal Supremo, de 28 de enero de 2009.

SÍGUENOS EN INSTAGRAM Y ACCEDE GRATIS A NUESTRA BIBLIOTECA DIGITAL DURANTE 30 DÍAS.

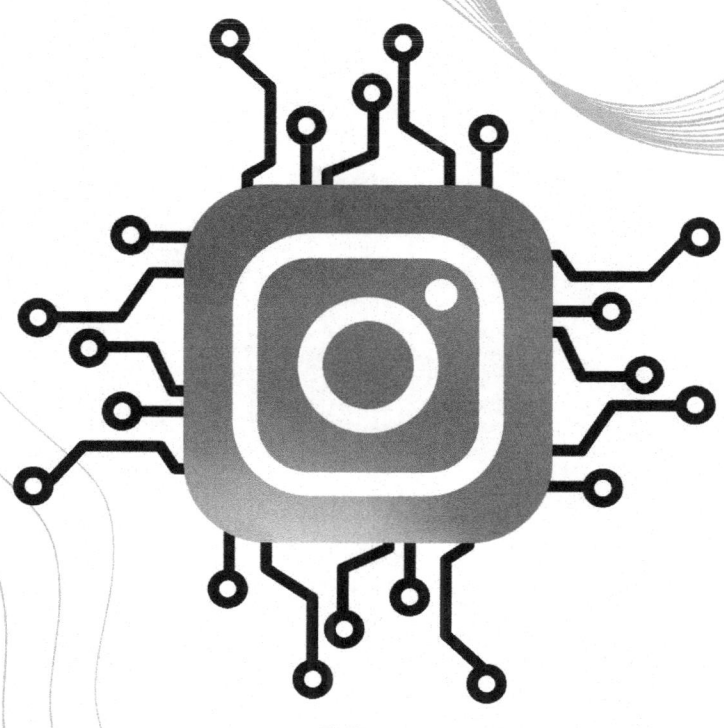

@grupoeditorialrama

¡ENVIANOS TU MAIL POR PRIVADO!

Grupo Editorial
ra-ma

40 ANIVERSARIO